CHINE

GUIDES OLIZANE / DÉCOUVERTE

Australie
Bali
Bhoutan
Burkina Faso
Canada
Cap-Vert
Cuba
Egypte
Ethiopie
Inde
Iran
Liban
Madagascar
Malaisie
Mongolie
Népal
Nouvelle-Zélande
Ouzbékistan
Philippines
Route de la Soie
Seychelles
Sri Lanka
Suisse
Viêt-nam

GUIDES OLIZANE / AVENTURE

Asie centrale
Ladakh-Zanskar
Rajasthan
Tibet

GUIDE OLIZANE / MARITIME

Caraïbes, de la Dominique à Trinidad

GUIDE OLIZANE (hors collection)

Angkor, cité khmère

CHINE

Charis CHAN

GUIDES OLIZANE

Porte de la Paix céleste, entrée de la Cité Interdite à Pékin.

Editions OLIZANE
11, rue des Vieux-Grenadiers, 1205 Genève - Suisse
guides@olizane.ch – catalogue: www: olizane.ch

ISBN 2-88086-279-5
Mise à jour: Peter Neville-Hadley et Helen Loveday

Photographies : Airphoto international Ltd 259, 286-287, Magnus Barlett 140-141, 149, 185, 192, 198, 215, Kevin Bishop 10-11, 39, 52, 54, 153, 156, 234-235, 252-253, 276-277, China Guides Series 199 (haut droite), China Photo Library 9, 108, 199 (haut gauche, et bas droite), 203, Gina Corrigan 266, Hanart T Z Gallery 221, Hongkong and Shanghai Bank Group Archives 38, 49, Pat Lam 114-115, William Lindesay 7, 8, 44-45, 80-81, 162, 285, Luo Zhong Ming 61, Keith Macgregor 34-35, James Montgomery 5, 22, 56, 128, 144, 159, 281, Museum of History 237, National Museum of Shaanxi History 75, Tom Nebbia 90, 199 (bas gauche), 241, Thomas Cook Archives 27, Wang Gang Feng 244-245, John Warner Publications 118-119, Wattis Fine Arts 17, 101, How Man Wong 170-171, 178-179, 227, 230, Zhong Ling 175.

Graphisme de la couverture: Jean-Claude Silvy
Cartes et plans: Tom Le Bas et Au Yeung Chui Kwai
Mise en pages: Editions Olizane
Impression et reliure: LegoPrint, Italie

中华人民共和国万岁

TABLE DES MATIÈRES

L'approche des tombeaux impériaux Ming, au nord-ouest de Pékin, protégés par des allées de sculptures zoomorphes en pierre.

La Grande Muraille, près de Badaling.

Famille mongole devant sa yourte.

THÈMES PARTICULIERS

EXTRAITS LITTÉRAIRES

ADRESSES UTILES

CARTES

INTRODUCTION

LES CIRCUITS CLASSIQUES ET LES AUTRES

Il fut un temps où le touriste étranger ne pouver visiter la Chine qu'en se joignant à un voyage de groupe organisé par la CITS (China International Travel Service), l'agence officielle d'Etat. Aujourd'hui, bien qu'une grande majorité des touristes choisissent encore le voyage organisé, les possibilités qui leur sont offertes se sont multipliées: la gamme des types d'itinéraires proposés par les agences s'est beaucoup agrandie et il est, bien sûr, tout à fait possible de voyager de manière indépendante. Quelle que soit la solution choisie, il est vivement recommandé de bien se renseigner sur le pays avant de partir.

Ce guide a été conçu pour vous donner les informations les plus récentes sur les destinations les plus intéressantes de la Chine actuelle. Il n'est pas exhaustif; ainsi ne comprend-il pas toutes les villes susceptibles d'être visitées ni toutes les excursions possibles. Il inclut les sites principaux, ainsi qu'une sélection de destinations plus exotiques que vous pourrez apprécier soit en participant à un circuit soit en les entreprenant individuellement. La présentation de ce livre a été conçue pour aider à la préparation d'un voyage en Chine, que ce soit un circuit passant par plusieurs villes ou un voyage couvrant une ou plusieurs régions spécifiques. Les villes qui figurent dans ce livre ont été divisées en trois catégories: les capitales culturelles, les villes traditionnelles et modernes, et les villes situées dans un site pittoresque. Il n'existe aucune règle dans le choix des destinations, mais une sélection comprenant au moins une ville de chaque catégorie vous permettra d'apprécier la diversité et le contraste de la vie urbaine chinoise. Les autres excursions peuvent être combinées avec un tour « standard », et vont de la descente classique du Yangzi à l'exploration des régions frontalières de la Chine. Quelques pages en fin de guide sont également consacrées à Hong Kong. Son rôle de « porte d'entrée de la Chine » en fait une escale des plus appréciées et parfaitement logique pour commencer ou terminer un voyage en Chine. Aucun guide de la Chine ne serait complet s'il ne faisait référence à ce mariage unique alliant les expériences chinoises et occidentales.

Pages précédentes: Détail d'un pavillon du Palais d'Eté à Pékin.

Les circuits classiques

Les voyages organisés en Chine apportent une solution immédiate aux problèmes liés au temps, à la langue, à l'argent et sont une bénédiction pour celui qui part pour la première fois. Un circuit bien organisé avec un guide parlant chinois est vivement recommandé, même à ceux qui ont l'habitude d'organiser leur propre itinéraire partout ailleurs dans le monde. Les personnes qui ont vécu et travaillé en Chine apprécieront également l'aspect insouciant d'un circuit, car elles ne sont que trop bien informées de toutes les difficultés qui peuvent surgir dans certaines régions.

Les Chinois ouvrent un nombre sans cesse croissant de destinations aux agences internationales. Mais si le voyageur individuel a maintenant un plus grand choix de lieux à visiter, le nombre de voyageurs a également augmenté. Les réformes économiques de ces dernières années ont permis au Chinois moyen d'avoir maintenant plus d'argent pour ses voyages, ce qui a mis en évidence les faiblesses des transports dans le pays. Le voyageur individuel doit souvent se battre ou faire preuve de charme pour obtenir une place d'avion ou de train.

Vers la fin des années 80, les hôtels affichaient complet dans les grandes villes pendant les saisons du tourisme de masse au printemps et en automne, et le voyageur individuel qui n'avait pas réservé à l'avance pouvait se voir contraint de dormir par terre ou bien était dirigé vers des hôtels-dortoirs situés en dehors du centre-ville. Bien que le nombre de chambres d'hôtel dans les villes principales ait fortement augmenté ces dernières années, il est encore parfois nécessaire de dépenser considérablement de temps et d'énergie pour trouver une chambre qui corresponde à votre budget et à vos besoins. D'un autre côté, les prix des hôtels en Chine sont maintenant devenus plus compétitifs et beaucoup d'entre eux, particulièrement dans les villes qui ont trop construit d'hôtels pendant les années de boom, offrent des rabais spéciaux pour les week-ends ou pendant l'hiver. Il est aujourd'hui possible de se présenter à la réception d'un hôtel sans réservation préalable et de négocier le prix d'une chambre (exception faite des hôtels d'Etat où les prix sont fixes).

La réservation des billets de train ou d'avion reste un problème majeur pour le voyageur individuel. Il est rarement possible d'arriver à la gare et d'acheter un billet pour le train que l'on désire. A moins d'avoir des contacts en Chine (par exemple, des contacts officiels ou un ami à une ambassade étrangère) la part de votre temps que vous devrez consacrer à régler divers problèmes de logement et de transport risque d'être suffisamment grande pour ruiner vos vacances.

Si, pour des raisons de temps ou de préférence personnelle, vous choisissez un circuit organisé, souvenez-vous qu'il existe des circuits à thème (pouvant aller de la randonnée à bicyclette à la botanique) en plus des circuits plus classiques offrant une variété de destinations diverses. Si vous êtes particulièrement intéressé par un aspect scientifique ou éducatif de la Chine (par exemple, l'ornithologie ou l'acuponcture) il peut s'avérer utile de contacter une organisation chinoise professionnelle ou spécialisée qui pourra éventuellement vous aider à organiser des visites particulières.

Les personnes qui se sont inscrites à un tour classique ne devraient pas hésiter à demander s'il est possible de rajouter la visite d'une institution ou d'un site au circuit annoncé. Les agents de voyage, s'ils sont prévenus, peuvent aviser la CITS de toutes demandes particulières. Toutefois, ne vous attendez pas à des miracles car il arrive que même les visites prévues soient soudainement annulées et la CITS a la fâcheuse habitude de modifier les programmes à la dernière minute, quand le représentant de l'agence ne peut plus faire grand chose. La CITS a également l'habitude d'emmener les groupes dans le plus grand nombre possible de magasins afin d'alléger la bourse des visiteurs. Le voyageur astucieux demandera que lui soit proposée une alternative au énième arrêt dans un de ces magasins.

Si vous décidez de « compter sur vos propres forces » pendant une journée ou une demi-journée au cours de votre circuit, vous pourrez louer votre propre moyen de transport ou utiliser les transports publics, ou encore vous munir d'une carte et suivre les conseils d'un guide sympathique. Mais sachez que les guides du CITS ressemblent à de bons pasteurs. Ils aiment regrouper leurs ouailles afin de ménager leur tranquillité d'esprit. Vous devrez donc agir avec tact lorsque vous leur demanderez des aménagements personnels du programme et vous devrez aussi tenir compte de l'opinion et des besoins de vos compagnons de voyage – ne prévoyez pas des aménagements qui auraient pour eux comme conséquence de devoir vous attendre indûment pour vous permettre de les rejoindre.

Les autres circuits

Ce chapitre a été prévu pour les personnes qui choisissent un tour des différentes régions de Chine aussi bien que pour celles qui souhaitent préparer elles-mêmes leur circuit. Chaque année, de nouvelles régions de Chine s'ouvrent aux étrangers, ou bien qui étaient le seul domaine des voyageurs parlant chinois et munis de sacs à dos, ont été ouvertes par des agences de voyages entreprenantes. Ces agences ont, avec la collaboration du gouvernement chinois, contribué à développer des infrastructures là où, précédemment, il n'en existait aucune, et elles ont également exercé des pressions pour que soit inclus dans les itinéraires touristiques un plus grand nombre de sites historiques et archéologiques – sites qui autrefois n'étaient connus que des seuls érudits.

Le fait d'organiser un voyage se disant « d'aventure » ne signifie pas que le côté aventureux disparaisse, mais plutôt que le touriste a plus facilement accès à des lieux peu connus, difficiles à visiter tout seul. Prenons l'exemple des circuits sur le Yangzi ; le voyageur individuel qui réserve sa couchette sur un bateau de ligne aura le plaisir de descendre le fleuve en compagnie de Chinois effectuant leur trajet quotidien vers leur lieu de travail ou qui sont eux-mêmes en vacances. Le touriste qui choisit de partir en croisière de luxe perd ce contact permanent avec la population, mais il a la possibilité de faire des excursions et des escales dans les petites villes que croise le bateau. D'une manière générale, on pourrait dire que le voyage organisé s'adresse à ceux qui disposent de moins de temps, mais qui ne sont pas limités sur le plan financier, alors que le voyage individuel concerne ceux qui ont tout leur temps, mais moins d'argent.

Si vous décidez de renoncer au voyage organisé en faveur d'un voyage que vous préparerez vous-même, alors faites vôtre la maxime des scouts, « Toujours prêt ! » car un voyage en Chine qui ne serait pas bien pensé, peut entraîner une série de cauchemars bureaucratiques et ruineux. Rassemblez le plus d'informations possible avant de partir. La CITS a des bureaux à Hong Kong et à Paris qui peuvent vous renseigner et vous conseiller. Il existe aussi des bureaux de la CTS (China Travel Service), un organisme de voyage pour les Chinois d'outre-mer qui pourra également vous conseiller.

Vérifiez quels vaccins sont exigés, en particulier si vous projetez de visiter certaines régions frontalières parmi les plus pauvres, et assurez-vous que vous possédez des médicaments contre le mal d'altitude si vous vous rendez au Tibet. Vous n'aurez pas besoin d'un équipement spécial pour marcher en montagne, à moins que vous n'ayez prévu d'escalader l'Himalaya. Pour la Chine, mieux vaut emporter une paire de grosses chaussures de marche bien confortables ; à noter, pour que vous puissiez prévoir votre budget de voyage, que la plupart des autres objets de première nécessité (à l'exception des tentes et des sacs de couchage) peuvent facilement être achetés dans les grands magasins en Chine.

La liste des choses à faire et à ne pas faire variera en fonction de votre âge, de votre santé, et de votre volonté d'acquérir ou non quelques rudiments de chinois. Pensez à acheter un lexique avant de vous rendre en Chine, car la plupart des gens sont confrontés à des problèmes linguistiques dès qu'ils sortent des grandes villes. Vous pouvez toujours vous joindre à une excursion journalière, que la CITS organise dans les grandes villes comme Xi'an, où il n'est pas très facile, ni bon marché, de se rendre sur les lieux à visiter situés en dehors de la ville. Il est agréable d'y aller en bus, mais cela prend du temps. Se trouver un compagnon pour partager un taxi pour la journée peut souvent s'avérer la meilleure solution. Il est, de fait, agréable de partager également ses repas, car la cuisine chinoise est toujours meilleure lorsqu'elle se déguste à plusieurs.

Celui qui voyage tout seul en Chine doit par-dessus tout s'armer de patience, faire preuve de tolérance et faire face à l'adversité. Les Chinois n'ont jamais admiré celui qui perd facilement son calme. Un proverbe chinois dit que l'on devrait être capable « de retenir un bateau dans son estomac », dont l'équivalent en français pourrait être « avaler une couleuvre » ! Les problèmes courants qu'un voyageur rencontre en Chine vont du manque d'eau chaude aux pannes de courant. Evitez la Chine si vous êtes facilement irrité par les petits inconforts car les voyages en Chine sont connus pour mettre à l'épreuve la patience des sages.

Il existe en Chine une quantité de destinations hors des sentiers battus qui attendent d'être découvertes du grand public et de plus en plus de programmes comprennent des activités telles que le trekking ou la marche en haute montagne.

Marchand de plantes, Canton 1799.

16

Pu-Qua, Canton, Delin.

Dadley, London, Sculp.

Published May 4. 1799, by W. Miller, Old Bond Street. London

Carte régionale de Chine
KAZAKHSTAN
Almaty
MONGOLIE
KIRGHIZISTAN
Urumqi
Kashgar
TADJIKISTAN
Turfan
Muztagata
XINJIANG
Dunhuang
Khotan
Jiayuguan
GANSU
Lac Qinghai
QINGHAI
Xining
Lanzhou
TIBET (XIZANG)
Nouvelle Delhi
NÉPAL
SICHUAN
Shigatse
Xixabangma
Lhassa
Chengdu
Qomolangma (Mt Everest)
Kathmandou
Gongga Shan
Emei Shan
BHOUTAN
INDE
INDE
BANGLADESH
Dacca
Kunming
Dali
Calcutta
YUNNAN
BIRMANIE
Mandalay
GOLFE DU BENGALE
LAOS
THAÏLANDE
Rangoun

RUSSIE
Ulan Bator
MONGOLIE
HEILONGJIANG
RUSSIE
Harbin
Changchun
JILIN
MONGOLIE INTÉRIEURE
Shenyang
LIAONING
MER DU JAPON
CORÉE DU NORD
Baotou
Hohhot
Pékin
Qinhuangdao
Pyongyang
Datong
Wutai Shan
HEBEI
Tianjin
Dalian
Yinchuan
Jaune
BO HAI
Séoul
Yantai
NINGXIA
Taiyuan
Ji'nan
Qingdao
CORÉE DU SUD
Yan'an
Fleuve
SHANXI
Tai Shan
SHANDONG
MER JAUNE
JAPON
Luoyang
Xi'an
Grand Canal
JIANGSU
Hua Shan
Zhengzhou
SHAANXI
HENAN
ANHUI
Wuxi
Hefei
Suzhou
Shanghai
HUBEI
Lac Tai
Yangzi
Wuhan
Huang Shan
Hangzhou
MER DE CHINE ORIENTALE
Chongqing
Lac Dongting
Lac Payang
ZHEIJIANG
Changsha
Nanchang
GUIZHOU
HUNAN
JIANGXI
Guiyang
Fuzhou
Taipei
FUJIAN
Guilin
Xiamen
GUANGXI
GUANGDONG
TAIWAN
Guangzhou
Nanning
Macau
Hong Kong
VIÊT-NAM
Hanoi
Haikou
MER DE CHINE MÉRIDIONALE
HAINAN
PHILIPPINES

LE VOYAGE EN CHINE AUJOURD'HUI

Pour les quelques touristes occidentaux qui obtinrent la permission de visiter la Chine à la fin des années 1970, les très dures conditions de voyage – hôtels tristes de style soviétique, service médiocre, changements arbitraires d'itinéraire – étaient le prix à payer pour le privilège de découvrir une telle destination. Pour beaucoup, un voyage en Chine était une expérience à ne pas manquer, mais ne pouvait guère être qualifié de vacances.

Aujourd'hui, après la désintégration du bloc communiste et l'adoption en Chine d'un «socialisme aux caractéristiques chinoises», toute la société chinoise est en mouvement. Une nouvelle classe de chefs d'entreprises a vu le jour, les villes sont devenues plus animées, et les rues regorgent de petits restaurants et de magasins privés, ouverts tard le soir tous les jours de la semaine. Une mode vestimentaire de style occidental, très colorée, à remplacé les uniformes bleu sombre de l'époque Mao.

Avec l'ouverture progressive du pays, l'infrastructure touristique, les transports et les communications ont connu une amélioration considérable. Des hôtels de classe internationale, parfois très luxueux, ont été construits dans presque toutes les grandes villes, et les McDo et autres débits de fast-food sont devenus les lieux de rencontre favoris des jeunes. Le touriste étranger en Chine n'est plus coupé du monde; lorsqu'il retourne à son hôtel, il peut suivre les dernières nouvelles sur CNN, répondre à ses e-mail, ou surfer sur internet. Pour peu qu'il ait emporté son téléphone portable avec une couverture mondiale, il peut rester en contact permanent avec ses proches ou son bureau.

De grandes autoroutes relient maintenant plusieurs des centres principaux du pays, dont Shanghai, Suzhou, Pékin et Tianjin, ainsi que les sites touristiques les plus courus, comme la Grande Muraille ou la fameuse armée de terre cuite à Xi'an. Les aéroports ont été rénovés et agrandis, les vieux appareils soviétiques remplacés par des Boeing et des Airbus. Mais toutes ces innovations suffisent à peine à satisfaire à une demande toujours croissante, surtout depuis que la liberté de voyager a conduit à un véritable raz-de-marée de touristes chinois, désireux de visiter leur propre pays. Au plus haut de la saison touristique, au printemps et en automne, certains sites sont pris d'assaut et il peut être impossible de trouver des billets de train ou d'avion ou des chambres d'hôtels.

Une manière de pallier à ce problème est de voyager hors-saison, pendant l'hiver. Bien qu'il fasse froid, le visiteur aura au moins la compensation de voir la Grande Muraille sans hordes de touristes. A cette époque, le sud de la Chine a un climat très doux, sans les fortes pluies et les typhons qui sévissent en été et en automne.

Voici quelques conseils qui peuvent faciliter votre séjour en Chine, en particulier s'il s'agit de votre première visite :

Les foules Dans ce pays le plus peuplé du monde, vous serez immanquablement mêlé à des foules d'une densité extraordinaire, bien plus impressionnantes que les heures de pointe dans le métro parisien ou londonien. Très souvent – à un guichet de gare, par exemple, ou pour monter ou descendre d'un bus – vous serez poussé et bousculé de tous les côtés et vous serez probablement amené à agir de la même manière pour arriver à vos fins.

Les toilettes La plupart des voyageurs étrangers sont dégoûtés par l'état des toilettes publiques en Chine. Dans certains sites, on note depuis peu une petite amélioration, mais en général attendez-vous au pire. Emportez toujours du papier toilette avec vous car celui-ci n'est fourni que dans les grands hôtels.

La nourriture La nourriture chinoise en Chine est généralement très différente de celle qui est servie dans les restaurants chinois en Occident. C'est non seulement une question de goût mais aussi de différences dans les produits eux-mêmes ; ainsi les œufs sont plus jaunes en Chine, l'ail plus fort, et la viande de poulet moins tendre. Le prix d'un plat est un reflet des ingrédients qui y entrent et non pas de l'habileté du chef. Très souvent, les meilleurs plats sont les plus simples, comme le poisson cuit à la vapeur, le tofu maison, les jeunes choux au gingembre et à l'ail.

Si vous voyagez en groupe, il y a certaines expériences que vous n'allez pas avoir l'occasion de faire mais qui peuvent vous en montrer plus sur le pays et ses habitants que dix visites à la Grande Muraille :

- Levez-vous très tôt et sortez vers 6 heures du matin pour aller au parc le plus proche voir les excercices de *taijiquan* (gymnastique chinoise) et de *qigong* (exercices respiratoires).
- Faites un tour en bus public. Lorsque vous achetez votre billet dans le bus, demandez le *zhongzhan*, le terminus, si vous n'avez pas de destination particulière.
- Baladez-vous dans les marchés et les rues. Si vous achetez quelque chose, essayer de marchander le prix. Faites attention aux pickpockets.

INFORMATIONS PRATIQUES

COMMENT SE RENDRE EN CHINE

La Chine compte trois aéroports internationaux, à Pékin, Canton et Shanghai. Depuis Hong Kong, il existe des vols directs avec les compagnies aériennes chinoises vers Pékin, Dalian, Canton, Hangzhou, Kunming, Shanghai, Tianjin, Xiamen et Xi'an, et des vols charter vers un grand nombre d'autres villes, dont Changsha, Chengdu, Nankin, Ningbo, Wuhan et Guilin. Dragonair, une compagnie de Hong Kong, offre des vols vers Pékin, Chengdu, Dalian, Guilin, Hangzhou, Kunming, Nankin, Shanghai, Tianjin et Xiamen. Les réservations pour ces vols peuvent être faites à Hong Kong ou depuis l'étranger.

Il est également possible de se rendre en Chine par train ou par bus. Le Transsibérien fait la liaison entre Moscou et Pékin deux fois par semaine, via Ulaan Baatar en Mongolie ou Harbin. Plus à l'est, il est maintenant possible de pénétrer directement au Xinjiang depuis le Kazakhstan grâce à la nouvelle voie reliant la capitale de ce pays, Almaty, à Urumqi. D'autres liaisons existent entre Hanoi et Kunming, au Yunnan et Nanning, au Guangxi. Depuis la réunification, des trains directs ont été mis en service entre Pékin ou Shanghai et Kowloon, à Hong Kong. Des services réguliers d'hydroglisseurs relient aussi Macao, Hong Kong et Canton. Depuis les grands ports maritimes du Japon, Yokohama, Osaka ou Nagasaki, il est possible de se rendre en bateau à Shanghai ; d'autres liaisons existent entre Kobe, Inchon (Corée) et Tianjin ou Weihaiwei (Shandong).

La voie la plus impressionnante pour entrer en Chine est sans conteste le « Karakoram Highway », une route spectaculaire qui traverse les chaînes du Karakoram et du Pamir, formant la frontière entre le Pakistan et la Chine, et qui mène à l'ancienne ville marchande de Kashgar, au sud-ouest du Xinjiang. D'autres voies de terre relient Almaty à Urumqi, Bishkek (Kirghistan) à Kahsgar, ou encore le Laos au Yunnan (attention, ces routes ne sont pas toujours ouvertes aux étrangers). Il est possible depuis 1998, moyennant un permis officiel, d'organiser le passage entre la Birmanie et la Chine par le poste frontière de Ruili (Yunnan).

Déesse de la Miséricorde, Guanyin aux mille bras,
temple de Puning, Chengde.

VISAS

Le touriste qui fait partie d'un groupe entre généralement en Chine avec un visa collectif – document unique où figurent tous les membres du groupe. Ce visa est obtenu par l'agence de voyage pour le compte de ses clients. Des visas individuels peuvent être obtenus par l'intermédiaire des agents de voyages de Hong Kong, au bureau des visas du ministère des Affaires étrangères de la RPC à Hong Kong, ou à l'ambassade de Chine de votre pays. Il existe également un bureau à l'aéroport de Pékin qui délivre les visas sur place. L'obtention d'un visa pour la Chine est relativement facile aujourd'hui mais Hong Kong reste encore l'endroit le plus rapide à l'étranger.

Un visa touriste, qui est valable 30 jours, vous donne accès à toutes les villes ou régions ouvertes du pays (c'est-à-dire toutes les capitales provinciales et les lieux touristiques) et vous n'aurez besoin d'aucun autre document. Il est possible de faire prolonger son visa pour un mois supplémentaire en s'adressant aux bureaux de la Sécurité publique (*gongan ju*) en Chine. Faites la demande pour une extension au maximum quatre jours avant la date d'expiration du précédent visa. Il est possible de demander jusqu'à trois extensions (mais il faut souvent avoir de bonnes raisons pour obtenir la troisième). Des visas à double entrée ou à entrées multiples pour affaires sont également disponibles, mais ne peuvent être prolongés.

DOUANE

Les responsables des douanes traitent les groupes de touristes avec courtoisie; ne vous attendez donc pas à être retenu longuement à la douane. Dès votre entrée en Chine, vous devrez remplir un formulaire de « déclaration de douane », dont vous devrez conserver le double qui sera à rendre lorsque vous quitterez le territoire. Il vous sera demandé d'établir la liste des objets que vous amenez en Chine tels que montres, appareils de photo, bijoux, radios, magnétophones. Les objets figurant sur la liste ne doivent pas être vendus ou donnés pendant votre séjour et le douanier pourra vous demander de les voir lors de votre départ.

On vous demandera également de déclarer les quantités d'argent étranger que vous amenez en Chine. Lorsque vous changez de l'argent à votre hôtel ou à la banque, il est recommandé de bien conserver les reçus pour pouvoir rechanger vos yuan en dollars à la sortie du pays.

L'exportation des antiquités est contrôlée et il est interdit d'exporter des objets fabriqués avant 1795. La plupart des antiquités vendues dans les magasins de l'Amitié ou chez les antiquaires ne sont pas très anciens et, du moment qu'ils portent un sceau de cire rouge ou une étiquette indiquant que les autorités permettent leur exportation, vous pouvez les sortir de Chine sans problème. De nouveau, il est recommandé de bien garder les reçus. En général, vous n'aurez aucun mal non plus à exporter les objets anciens que vous avez achetés dans les marchés qui ne portent pas de sceau.

DEVISES

La monnaie chinoise est appelée *Renminbi* (« monnaie du peuple » – en abrégé RMB). L'unité de base est le yuan (plus couramment appelé kuai). Le yuan ou kuai est divisé en dix jiao (appelé mao) et est égal à 100 fen. (Les termes yuan et jiao sont généralement seulement écrits et l'on parlera plus souvent de kuai et de mao.) Dix fen font un mao et dix mao font un kuai. Le yuan et le jiao se présentent sous forme de billets et le fen sous forme de petites pièces.

En mai 1980 avait été introduit un second système de devises, appelés FEC (certificats de devises étrangères), à l'usage des touristes. Afin de mettre fin au marché noir important qui s'était développé dans le pays, ce système a été aboli en 1994 ; depuis cette date, les étrangers se servent de la même monnaie RMB que les Chinois. Ceci dit, il existe parfois des « prix spéciaux pour étrangers », nettement plus élevés que pour les autochtones.

Devises étrangères

Le montant de devises étrangères que vous pouvez emporter en Chine n'est pas limité. Vous devez garder tous vos bordereaux de change, car la banque peut vous demander de les lui présenter lorsque vous voudrez reconvertir vos RMB en quittant la Chine.

Toutes les principales devises librement négociables peuvent être échangées contre des RMB auprès des succursales de la Banque de Chine, dans les hôtels et dans les magasins. Le taux de change varie en fonction du marché monétaire international.

Chèques et cartes de crédit

Tous les principaux chèques de voyages européens, américains et japonais sont acceptés et sont échangés à un taux légèrement plus favorable que l'argent comptant. Les principales cartes de crédit internationales sont désormais acceptées presque partout dans les magasins et hôtels des grandes villes.

Pourboires

Bien qu'officiellement interdite, cette pratique a fait sa réapparition dans les grandes villes. Vous pouvez très bien donner un pourboire à votre guide ou à votre chauffeur de car pour lui montrer que vous avez apprécié ses services, mais il n'est absolument pas nécessaire d'en laisser dans aux chaffeurs de taxi ou les restaurants.

SANTÉ

La CITS demande à ceux qui ne sont pas en bonne santé par suite de « maladie mentale, maladies contagieuses ou maladies chroniques graves, incapacité, grossesse, sénilité ou handicap physique » de ne pas entreprendre de voyage en Chine. L'expérience a prouvé que ce conseil est judicieux. Un voyage qui est fatigant, mais stimulant pour celui qui est en bonne santé, peut devenir une expérience éreintante pour celui qui ne l'est pas.

Si vous tombez malade en Chine, vous serez conduit à l'hôpital local où vous recevrez le meilleur traitement (pas toujours d'un niveau auquel les Occidentaux sont habitués) et l'on vous mettra en chambre privée si c'est possible. Les frais médicaux sont spécialement élevés, aussi est-il important de contracter une assurance maladie, sous quelque forme que ce soit, avant de visiter la Chine.

Aucune vaccination n'est obligatoire, mais sont recommandés les vaccins contre l'hépatite A et B, ainsi que ceux contre la poliomyélite, le tétanos, le choléra et, pour ceux qui partent entre avril et octobre, contre l'encéphalite B. Ces recommandations devraient être adaptées au voyage que vous projetez. Pour un parcours limité aux grandes villes et leurs environs ces précautions peuvent être réduites au minimum. Par contre, si vous allez voyager dans le sud-ouest ou dans des régions très reculées, prenez toutes les précautions possibles.

Les maux dont se plaignent le plus souvent les étrangers en Chine sont les infections respiratoires et les rhumes. Dans le nord, par exemple à Pékin, les hivers sont très froids et secs et il est recommandé de s'habiller chaudement et de boire beaucoup de liquides. Ne buvez que l'eau bouillie pendant votre séjour en Chine ; les hôtels fournissent généralement des thermos d'eau bouillie – chaude ou refroidie – qui est changée chaque jour. Si vous mangez dans la rue, assurez-vous que la nourriture est fraîche. Epluchez les fruits et évitez les légumes crus.

CLIMAT ET VÊTEMENTS

A l'intérieur des dix millions de kilomètres carrés que compte le vaste territoire de la Chine, il n'est nullement surprenant d'y trouver d'importantes variations climatiques. Il est même difficile de généraliser pour des régions relativement

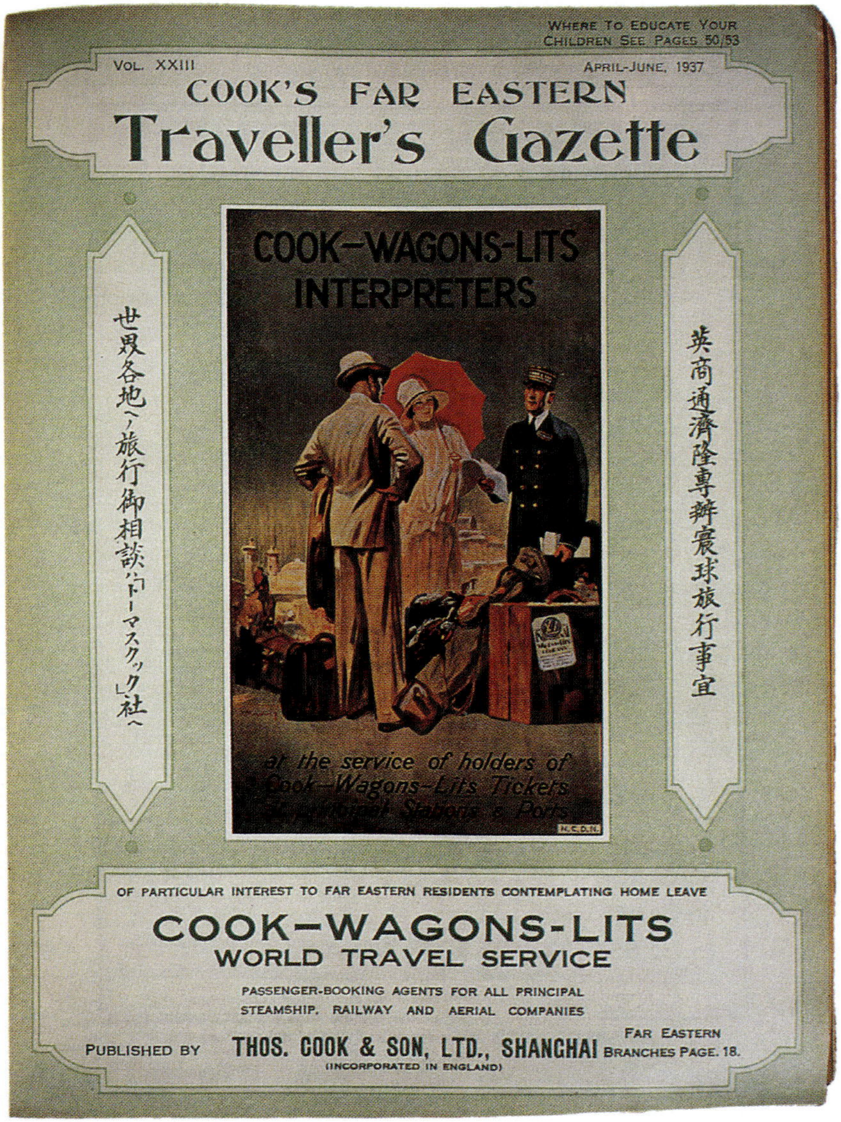

La *Gazette du voyageur en Extrême-Orient,*
publiée par l'agence de voyages Cook, avril-juin 1937.

petites, à cause des effets de l'altitude et des micro-climats locaux. Avant de décider de la meilleure saison pour effectuer un voyage, il convient de vérifier soigneusement le temps qu'il fait dans chaque ville de l'itinéraire. Evidemment, si vous choisissez la saison la plus agréable pour visiter une ville, vous choisissez en même temps le moment où les sites touristiques et les hôtels sont le plus fréquentés.

L'hiver est rigoureux dans le nord: la température minimum à Pékin avoisine les –5°C entre décembre et mars et son maximum se situe aux environs de 0°C. Si vous allez encore plus au nord vers Shenyang ou à l'ouest vers la Mongolie intérieure, il fait encore plus froid. Par contre, l'été dans le nord peut être désagréablement chaud et humide. La température à Pékin peut s'élever au-dessus de 38°C, alors que la température moyenne minimale est de 25°C entre juin et septembre. La ville connaît une saison des pluies en juillet et en août. Les meilleures périodes pour visiter le nord sont incontestablement le printemps et l'automne, où l'on peut s'attendre à avoir moins de pluie, un ciel dégagé et des températures agréables.

Au sud, la région de la vallée du Yangzi (qui inclut Shanghai) a un climat semi-tropical. Les étés sont longs, chauds et humides, avec des conditions climatiques notoirement désagréables à Wuhan, Chongqing et Nankin – villes que les Chinois ont, à juste titre, dénommées les « trois fournaises ». Les hivers sont courts et froids, la température descend en dessous de zéro, alors que le printemps et l'automne sont les saisons les plus agréables, avec des nuits fraîches et des températures diurnes aux environs de 24°C. L'humidité reste élevée tout au long de l'année – la moyenne pluviométrique à Shanghai est de 114 centimètres.

Le Sud subtropical (Canton est sur le tropique du Cancer) connaît une période chaude et humide de six mois, d'avril à septembre, avec des journées de fortes pluies (la moyenne pluviométrique de Canton est de 165 centimètres). L'automne y est très agréable, avec un temps sec et ensoleillé; les températures diurnes avoisinent les 24°C. Le printemps peut être nuageux et humide, alors que l'hiver est court – il dure de janvier à mars – mais apporte des journées d'un froid surprenant.

La plupart des itinéraires touristiques conduisent le visiteur à travers différentes zones climatiques, sauf à partir du milieu de l'été où il fait chaud pratiquement dans tous les endroits ouverts aux touristes. Toutefois, les personnes qui décident de voyager avec plusieurs tenues complètes de rechange peuvent se retrouver avec des frais stupéfiants pour excédents de bagages. Les Chinois ont tendance à être stricts sur les 20 kg de bagages tolérés en avion. Il serait plus pratique de prévoir des vêtements qui puissent facilement être enlevés ou ajoutés en fonction du temps.

Les Chinois eux-mêmes ne sont pas très formalistes à propos de l'habillement et ils n'attendent pas des touristes qu'ils soient élégants en toutes circonstances – même pour un banquet. Cependant, pour les hommes d'affaires il est d'usage de porter un costume avec cravate dans les grandes villes. Autrement, à moins d'être invité à une réception officielle, des vêtements décontractés suffisent amplement.

Aussi emportez des habits pratiques et des chaussures robustes et confortables. Les hommes n'ont besoin de rien de plus élégant qu'une veste sport et les femmes se sentiront correctement habillées en pantalon en toute occasion. Quoique les Chinois deviennent un peu plus hardis en ce qui concerne leurs propres vêtements, ils se sentent toujours offusqués par tout ce qui est trop voyant et, en particulier, par les tenues trop dénudées. Mais dans cette Chine qui change rapidement, même les attitudes à l'égard des vêtements s'assouplissent. Les jeunes se tiennent bien au courant des dernières modes de Hong Kong et ont tendance à adopter les styles occidentaux. Les femmes devront néanmoins laisser leurs vêtements trop décolletés chez elles.

L'hiver dans le lointain Nord-Ouest et au Tibet exige de lourds vêtements, des sous-vêtements chauds, d'épais manteaux, des tricots, des bottes fourrées, des gants et des couvre-chef pour se protéger des morsures du vent. Les hôtels

Températures mensuelles moyennes en degrés centigrades

	Pékin	Xi'an	Urumqi	Shanghai	Canton	Chengdu
Janvier	–4,5	–1	–15	3	13	7
Février	–2	2	–12	4	14	8
Mars	4,5	8	1	8	16	13
Avril	13	14	11	14	22	18
Mai	19	19	19	19	26	22
Juin	24	25	24	23	27	24
Juillet	25,5	26,5	26	27,5	28	26
Août	24	25,5	24	27,5	28	26
Septembre	19	19,5	17	23	27	22
Octobre	12	13,6	8	17,5	24	18
Novembre	4	6,5	–3	11,5	20	12
Décembre	–2,5	0,6	–12	6	15	8

Carte physique de Chine

RUSSIE
vers Moscou
RUSSIE
Manzhouli
vers Moscou
Harbin
Monts Khinghan
Changchun
Shenyang
Désert du Gobi
Hohhot
CORÉE DU NORD
Mer du Japon
Pékin
Dalian
Yinchuan
Fleuve Jaune
Tianjin
Bo Hai
Plateau de Loess
Taiyuan
Shijiazhuang
Qingdao
CORÉE DU SUD
Ji'nan
Lanzhou
Mer Jaune
JAPAN
Lianyungang
Baoji
Zhengzhou
Xi'an
Nanjing
Hefei
Shanghai
Chengdu
Bassin du Sichuan
Yangzi River
Wuhan
Hangzhou
Chongqing
Mer de Chine orientale
Nanchang
Changsha
Wuyi Shan
Guiyang
Fuzhou
Taipei
Guilin
Xiamen
Guangzhou
Océan Pacifique
Kaohsiung
Nanning
vers Hanoi
Pingxiang
Hong Kong
VIÊTNAM
Golfe du Tonkin
Haikou
Mer de Chine méridionale
© Airphoto International Ltd.

et les bus touristiques sont habituellement bien chauffés, alors que les musées, les lieux publics et même certains théâtres ou restaurants ne le sont pas.

Pour l'été, quel que soit l'endroit en Chine, prenez des vêtements aussi légers que possible – de nombreux lieux que vous visiterez n'auront pas l'air conditionné. Vous pouvez être amené à faire des visites dans la journée en pleine chaleur, aussi pensez à vous prémunir contre le soleil, en particulier si vous avez prévu de visiter le Tibet ou le Xinjiang, où des lunettes de soleil sont indispensables. Il serait sage d'ajouter à vos bagages un imperméable léger.

Vous n'avez besoin que de quelques vêtements de rechange, car les services de blanchisserie des hôtels sont partout très rapides, peu onéreux et efficaces. Le nettoyage à sec est possible, bien qu'il soit plus sage d'attendre d'être rentré chez vous pour faire nettoyer vos vêtements préférés.

QU'EMPORTER ?

Alimentation, boissons et tabac

L'époque est heureusement révolue où les touristes qui désiraient des boissons alcoolisés occidentales devaient les emporter avec eux. Un nombre sans cesse croissant de boutiques et de magasins de l'Amitié vendent des vins et des spiritueux d'importation à des prix comparables à ceux des pays occidentaux. On vend également des cigarettes d'importation à des prix raisonnables. Mais si vous tenez à emporter vos propres marques, une réglementation douanière appliquée avec souplesse vous autorise à importer exempts de droit 400 cigarettes et deux bouteilles d'alcool.

On trouve du café maintenant plus facilement qu'à l'époque où la Chine venait d'ouvrir ses portes aux touristes. Le café du petit déjeuner dans de nombreux hôtels est devenu tout à fait buvable. Mais si vous en désirez à d'autres moments de la journée, emportez un café soluble (ainsi que lait en poudre et sucre) et servez-vous des thermos d'eau chaude placés dans votre chambre et dans les trains. Les buveurs de thé qui préfèrent le thé indien au thé chinois devront également emporter le leur. On vend dans de nombreux hôtels en Chine des cacahuètes, des biscuits, du chocolat et des confiseries.

Films

De nombreux touristes regrettent amèrement de ne pas avoir emporté assez de films. On trouve des films un peu partout en Chine mais le bon format n'est pas toujours disponible au bon moment. Vous avez, en fait, le droit d'importer jusqu'à six douzaines de pellicules et 914 mètres de film, aussi emportez-en suffisamment pour être assuré de ne pas être à court durant votre voyage.

Les cassettes Videocam sont maintenant disponibles dans la plupart des grandes villes. En revanche, les nouveaux films mutiformats (Advantix et autres) ne sont pas encore en vente en Chine.

Médicaments et articles de toilette

Emportez tous les médicaments prescrits dont vous avez besoin, et une provision de médicaments à usage général. On trouve les produits pharmaceutiques de base en Chine, mais il est plus prudent (et vous éviterez de perdre du temps à les trouver) de pouvoir subvenir vous-mêmes à vos besoins.

Autrefois introuvables, les articles de toilette d'importation sont aujourd'hui disponibles un peu partout dans le pays et il n'est donc plus nécessaire d'en emporter un stock avec soi, à moins que vous ne teniez absolument à une marque particulière.

Appareils électriques

Le voltage peut varier d'une région à l'autre, mais le plus souvent c'est du 220-240 V. Attention, les prises électriques ne sont ni de taille ni de formes standard. On trouve parfois des adaptateurs dans les hôtels et dans les magasins de l'Amitié, mais le mieux, si vous ne pouvez vraiment pas vous passer d'un appareil électrique, serait d'emporter des adaptateurs de différents modèles.

Lecture

Jusqu'à la fin des années 70, les seules lectures mises à la disposition du touriste étaient les exemplaires de *La Chine en construction*, un magazine publié en plusieurs langues, qui met l'accent sur l'aspect positif du socialisme en Chine, et les communiqués de presse de la Nouvelle Agence de Presse chinoise. Les touristes qui visitent la Chine peuvent désormais se procurer des exemplaires des magazines internationaux dans les plus grands hôtels, ainsi que la presse régionale et internationale importée de Hong Kong. Des livres étrangers sont aussi vendus dans les galeries des hôtels ainsi que des traductions en français de certains romans chinois, publiés en Chine; ceux qui connaissent l'anglais pourront lire le quotidien chinois *China Daily*.

LE VOYAGE AUJOURD'HUI

De manière générale, la qualité des services touristiques en Chine s'est nettement améliorée ces dix dernières années. De nouveaux aéroports ont été construits, les hôtels offrent un véritable confort, et de nouvelles régions ont été ouvertes aux touristes étrangers. Néanmoins, la rénovation de l'infrastructure

MOTOROLA

touristique prend parfois du retard, face à une clientèle surtout asiatique de plus en plus nombreuse. Que vous soyez en groupe ou que vous voyagiez indépendamment, soyez flexibles et attendez-vous à des retards ou des changements d'horaire si vous prenez l'avion. Il sera parfois nécessaire de modifiter légèrement votre itinéraire.

Les groupes organisés

Bien qu'un nombre sans cesse croissant d'étrangers voyagent individuellement en Chine ou utilisent les services d'autres agences, une grande partie d'entre eux passe par la CITS (China International Travel Service), l'agence de voyage pour étrangers qui a des bureaux dans plus de 140 villes. Elle établit l'itinéraire, réserve les hôtels, organise le transport, élabore le programme des visites quotidiennes, fournit les guides-interprètes et s'occupe de bien d'autres choses encore.

Même si la CITS est maintenant en mesure d'offrir au touriste étranger un plus grand choix en matière d'hébergement hôtelier, de transport et d'itinéraires touristiques en général, on a du mal à s'imaginer à quelle tâche peu enviable est confrontée la CITS, qui a pour mission de devoir jongler avec une infrastructure hôtelière et des moyens de transport limités pour pouvoir héberger tous ses visiteurs étrangers. On comprendra aisément qu'une fois que la CITS a établi ses programmes, elle ne soit pas susceptible de les modifier à la demande des touristes, ou même des agences de voyages. Les infrastructures touristiques de la Chine ne peuvent tout simplement pas fonctionner avec grande souplesse pour le moment.

La CITS détermine à l'avance le contenu d'un circuit (l'ordre dans lequel les lieux seront visités et le nombre de jours à passer dans chacun d'entre eux), mais certains détails ne sont habituellement pas communiqués aux visiteurs ou aux groupes étrangers avant leur arrivée en Chine, comme par exemple le nom de l'hôtel ou le déroulement exact des visites quotidiennes.

La décentralisation au sein de la CITS qui a récemment été mise en œuvre a conduit à une concurrence entre les bureaux des grandes villes et à une amélioration de certains services, mais cela a aussi entraîné des difficultés de coordination au niveau national. Ce qui apparaît souvent aux yeux des étrangers comme un manque d'efficacité est en réalité dû à l'incapacité de la CITS à jongler avec les ressources dont elle dispose face à une demande toujours croissante. Les changements de dernière minute aux programmes sont donc fréquents.

Pages précédentes :
Vue nocturne sur la péninsule de Kowloon, Hong Kong.

Dès le moment où un groupe arrive en Chine, un guide-interprète de la CITS sera généralement là pour l'accueillir et pour le raccompagner, au moment du départ, jusqu'à la salle d'embarquement. Le niveau des guides varie considérablement. Vos guides peuvent être bien informés et parler couramment votre langue, ou, en revanche, avoir peu voyagé en Chine, avoir une connaissance limitée de la région où ils servent de guide, et avoir eu peu souvent l'occasion de pratiquer votre langue. Mais, ce qui est plus important, ils sont presque tous serviables, tâcheront de répondre à toutes vos questions et font généralement d'agréables compagnons de voyage.

Comme tous les hôtes enthousiastes, la CITS attend de vous que vous gardiez un rythme soutenu. Vous pouvez avoir à monter les 392 marches du mausolée du Dr Sun Yat-Sen à Nankin par les températures torrides de l'été, voyager dans une jeep sans chauffage en longeant le lit d'une rivière gelée au plus profond de l'hiver mongol ou être assis sur des bancs durs dans un stade mal ventilé pour regarder un spectacle d'acrobates pendant plusieurs heures.

Pour profiter au maximum de votre circuit en Chine, vous devez être parfois prêts à renoncer à une longue pause, qui vous permettrait de prendre une douche, ou à votre apéritif habituel. Mais les guides de la CITS sont loin d'être des tyrans. Si le programme est trop chargé, ils accepteront de vous laisser vous reposer toute une journée à votre hôtel ou sauter une excursion pour vous permettre de vous promener par vos propres moyens.

Le voyage individuel

Certaines agences peuvent organiser des circuits à la carte, avec voiture et chauffeur, pour des voyageurs seuls ou en petits groupes jusqu'à quatre ou cinq personnes. Ces circuits peuvent s'avérer relativement onéreux et s'adressent surtout aux voyageurs qui ont déjà une connaissance générale de la Chine et désirent explorer une région particulière en profondeur, ou qui veulent visiter des sites difficilement accessibles autrement.

Ceux qui préfèrent voyager sans aucune préparation préalable devront s'attendre à patienter parfois longuement pour obtenir un billet d'avion ou de train, surtout pendant la haute saison, soit au Nouvel An chinois, et les périodes de mai à juin et de septembre à octobre.

TRANSPORTS

La CITS prend en charge toute l'organisation du voyage pour ses hôtes étrangers. Elle choisit la date, l'heure et le type de transport, effectue les réservations, s'avise des permis de circuler nécessaires et s'assure que les bagages partent des hôtels sur le bon train ou avec le bon avion. Il ne reste plus au touriste qu'à payer ses propres frais d'excédents de bagages.

La plupart des touristes étrangers voyagent en avion pour les longues distances entre les grandes villes et effectuent en train les trajets plus courts.

Transports aériens

Les vols internes chinois se sont beaucoup améliorés depuis la fin du monopole détenu par la CAAC. Il existe aujourd'hui une trentaine de compagnies régionales semi-indépendantes, telles que China Eastern (basée à Shanghai) et China Southwest (à Chengdu), équipées pour certaines de Boeing et d'Airbus. Tout l'équipement au sol est en cours de rénovation, et les pilotes ainsi que le personnel de bord sont censés prendre des cours de formation continue. Ceci dit, voyager en avion en Chine conserve toujours un léger parfum d'aventure. Les vols peuvent être annulés an cas de mauvais temps, surtout dans les régions reculées, les sièges réservés peuvent être mystérieusement occupés par d'autres personnes, et certains vols sont tout simplement annulés sans raison apparente.

Le premier train à vapeur à Shanghai, juin 1876. Artiste inconnu.

Quelques locomotives à vapeur sont encore en service dans le nord du pays, riche en charbon.

Pékin et Shanghai sont fiers de leurs nouveaux aéroports internationaux, dotés d'un équipement à la pointe du progrès. Toutefois, dans d'autres villes, les aéroports sont encore des lieux austères, offrant un minimum de services.

Trains

La plupart des touristes étrangers apprécient les longs trajets en train, quoiqu'ils répugnent de prime abord à emprunter ce moyen de transport. La « classe molle », avec couchettes ou places assises, qui est la classe généralement utilisée par les étrangers et les responsables de haut rang, allie charme, confort et efficacité : eau chaude et thé vert à profusion, nettoyage régulier du sol, chauffage efficace en hiver, voiture-restaurant servant une cuisine chinoise correcte – le tout constitue des conditions idéales pour être bien assis et admirer la diversité de la campagne chinoise. Les passagers qui voyagent de nuit sont confortablement installés dans des compartiments à quatre couchettes aux rideaux de velours. Chaque voiture est équipée d'un WC. Un point fort du chemin de fer chinois, que l'on ne se retrouve pas toujours dans les pays occidentaux, est sa ponctualité. Pour être à l'heure en Chine, la meilleure solution est toujours le train.

Bus

La CITS dispose d'un parc d'autobus pour les visites. Les groupes de touristes sont habituellement véhiculés dans des bus Hino de 40 sièges importés du Japon, équipés d'air conditionné, de chauffage et d'un micro en état de marche. Des bus Toyota de 16 sièges peuvent être attribués aux groupes plus petits ; bien que très corrects, ils ne sont pas conçus pour des Européens de grande taille et il peut être difficile d'y allonger les jambes.

Taxis

Les taxis sont une bonne solution pour vos déplacements en ville. Ils ne sont pas aussi chers qu'en Occident et les chauffeurs sont habituellement heureux de vous attendre pendant que vous faites vos achats, pendant vos visites ou lorsque vous prenez un repas dans un restaurant local. Les tarifs sont calculés sur la base du temps et de la distance et, dans certaines villes, le compteur métrique est la norme. Mais ceux-ci ne fonctionnent pas toujours et il est plus prudent de se mettre d'accord avec le chauffeur sur le prix d'une course avant de partir.

Transports publics

Seuls les visiteurs les plus téméraires se hasarderont à emprunter les transports publics. Il existe d'efficaces services de bus et de trolleybus dans la plupart des villes chinoises, mais il est difficile d'en saisir tout de suite le fonctionnement, en particulier si vous ne parlez pas le chinois. Les plans du réseau de bus sont écrits en chinois, de même que les panneaux aux arrêts des bus. Comme le prix du voyage est calculé sur la distance parcourue, vous devrez aussi être capable de formuler en chinois votre destination. Les bus sont toujours bondés aux heures de pointe et ne circulent que très lentement. Prévoyez donc suffisamment de temps si vous avez un rendez-vous à une heure précise.

TÉLÉCOMMUNICATIONS

La Chine a bien développé son réseau de communications internationales ; aussi les appels téléphoniques longue distance ainsi que l'envoi de fax ou de e-mail peuvent être très facilement faits depuis les grands hôtels, certains bureaux de poste, ou encore les cafés internet qui existent dans la plupart des grandes villes. Les lettres par avion et les cartes postales arrivent en général à destination, même si elles mettent un certain temps. Si vous souhaitez expédier vos achats volumineux ou lourds à votre domicile, demandez au bureau de poste de les emballer dans un carton. Le service est en général très efficace mais les frais d'expédition sont relativement élevés. La meilleure solution est souvent d'envoyer des petits paquets par bateau.

LES DÉPENSES

Le voyageur occidental qui se rend en Chine va généralement faire un long voyage en avion et le prix de son billet va être l'une de ses dépenses principales. Comme les vols depuis l'Europe et les Etats-Unis vers Hong Kong sont plus nombreux et moins chers que les vol directs vers une ville chinoise, beaucoup de touristes qui se rendent en Chine passent par cette ville.

Le prix des voyages en groupe en Chine varie selon la durée et les destinations, mais pour un voyage «classique» de 14 jours, qui comprendrait Pékin, Xi'an, Shanghai, Suzhou, Guilin et Canton et qui se terminerait à Hong Kong, il faut compter au moins 120 $US par jour, sur place (sans les vols pour Pékin et Hong Kong). Ce prix inclurait des hôtels de première classe, tous les repas, les transports internes et les excursions.

Les prix varient aussi selon la saison; ils sont au plus haut en mai, juin, septembre et octobre, mais baissent considérablement de décembre à mars.

Même si vous voyagez avec un sac à dos et en «assis dur», ne vous attendez pas à ce que la Chine soit aussi bon marché que d'autres pays asiatiques comme l'Inde ou le Népal. Toutefois, la concurrence générée par une privatisation croissante, ainsi que les incertitudes liées à la santé générale de l'économie en Asie ont tendance à faire baisser les prix. N'hésitez pas à demander – poliment – à la réception de l'hôtel une réduction sur le prix affiché.

Le double système des prix – un prix pour les Chinois et un autre plus élevé pour les étrangers – en vigueur dans les années 80, a pratiquement disparu. Les billets de train et d'avion, et les entrées pour les musées, les sites touristiques et les parcs sont maintenant vendus au même tarif pour tous.

LES ACHATS EN CHINE

Le développement économique de la Chine dans les années 1990 a conduit à une très nette amélioration de la qualité des produits en vente sur le marché, ainsi qu'une plus grande diversité de marchandise. A ceci s'ajoute un regain d'intérêt pour l'artisanat et les traditions anciennes, de sorte que le visiteur a aujourd'hui un choix d'articles beaucoup plus varié qu'autrefois et pour toutes les bourses. Ces articles sont en vente un peu partout, les magasins privés ayant pour la plupart remplacé les anciens Magasins de l'Amitié, gérés par l'Etat et réservés aux étrangers. La soie est particulièrement intéressante à acheter en Chine. Vous pouvez facilement vous faire tailler des chemises ou des blouses en soie sur mesure si vous restez au même endroit plus d'une semaine. Les tailleurs de Hong-Kong sont encore plus rapides – et généralement plus habiles à rendre un style étranger. Exposés par rouleaux, les lourds brocards en soie d'or étincelant, de pourpre ou d'émeraude, sont très appréciés des visiteurs chinois d'outre-mer ainsi que les soies imprimées dites de Shantung à carreaux et à rayures, suffisamment lourdes pour convenir pour des vestes et des pantalons. Les écharpes en soie sont mieux dessinées maintenant qu'au début des années 80 et Shanghai en propose un excellent choix dans ses grands magasins.

Pour ceux qui aiment le thé et veulent goûter à de nouvelles variétés, une visite dans les provinces du sud de la Chine leur offre une chance de déguster les meilleurs thés disponibles. Hangzhou est renommée pour son thé vert Longjing, de même que Yunnan pour son Pu Er. Ce qui va le mieux pour accompagner une boîte à thé, c'est une théière de Yixing. Dans la province de Jiangsu, Yixing est détentrice d'une tradition remontant à plusieurs siècles dans la fabrication de théières non vernissées. Ces théières sont remarquables par la simplicité stylistique de leurs formes.

Les bijoux incrustés de pierres précieuses et les pièces ornementales, sculptées dans de plus grosses pierres, sont en vente dans tous les magasins de l'Amitié. Il existe d'excellentes usines qui taillent les pierres précieuses dans de nombreuses villes chinoises, où des lapidaires avec leurs fraises à eau peuvent passer des années à sculpter une seule pièce en jade, en corail ou en quartz rose. Certaines des sculptures représentent d'étranges paysages, ou encore des immortels taoïstes, et se servent habilement de la texture ou de la marbrure naturelle de la pierre pour obtenir un effet spécial. Les perles de rivière en Chine sont très jolies et moins chères que les perles de culture. De nombreux magasins vous proposeront des colliers de corail, d'améthystes, de perles et autres pierres précieuses.

La broderie reste l'un des achats les plus prisés des visiteurs d'outre-mer. A cause des frais de main-d'œuvre élevés, peu de pays occidentaux ont conservé la tradition des broderies faites à la main, aussi la broderie chinoise est de plus en plus recherchée. On peut dépenser une fortune dans l'achat d'une broderie à double face (l'effet peut aussi bien s'apprécier à l'endroit qu'à l'envers), la spécialité de Suzhou où cet art tend à la perfection. De plus en plus d'articles à usage courant sont brodés à la main, nappes, serviettes de table ou de toilette et tabliers.

Nombreux sont les voyageurs qui aiment repartir de Chine en rapportant chez eux une peinture ou une porcelaine. Faites toutefois attention, vous ne ferez que rarement de bonnes affaires dans les magasins d'antiquités chinois. Vous pourrez plus vraisemblablement trouver ce que vous cherchez à Hollywood Road, à Hong-Kong. Les douaniers chinois vous confisqueront tout ce qui aura été acheté sans être muni du sceau rouge officiel, alors que les magasins gouvernementaux d'antiquités proposent rarement à la vente des pièces de plus de cent ans. En ce moment, on trouve à Hong-Kong un certain nombre de jolies poteries chinoises antiques, entrées en fraude sur le territoire et provenant de fouilles illicites faites en Chine (à vous de décider si vous voulez acquérir une telle pièce).

A Pékin, rendez-vous le week-end à Panjiayuan où des centaines d'étals vous proposent jades, mobilier, porcelaine, livres anciens, cartes et peintures. Autres visites intéressantes, Guwancheng et Hongqiao, où sont situés de nombreux petits magasins de curiosités et de bibelots divers.

Les produits de l'industrie artisanale des minorités sont disponibles dans les magasins des grandes villes, de même que dans les boutiques des régions des minorités. Vous n'avez pas besoin d'aller jusqu'à la forêt de Pierre du Yunnan pour acheter une sacoche sani cousue au point de croix, puisque vous pouvez désormais la trouver dans les boutiques d'art et d'artisanat de Pékin. Pourtant il n'en demeure pas moins vrai que les meilleurs produits de cet artisanat des minorités se découvrent sur leur lieu d'origine. Parmi les articles favoris se trouvent les couvertures tibétaines, les tapis de selles mongols (pour les selles en bois dur), les bijoux et les vêtements du Yunnan, les bottes, les coiffes brodées et les poignards du Xinjiang.

Les minorités ne sont pas les seules à avoir leurs spécialités. Certaines provinces et villes sont renommées pour un artisanat qui leur est propre. Au Fujian, c'est la laque ; Shantou possède une tradition de porcelaines peintes et de très beaux draps en toile, bordés de dentelles faites au crochet. Shanghai offre un magnifique choix de baguettes en bois sculpté et incrusté de filigrane d'argent, tandis que le Sichuan est célèbre pour ses produits en bambou et en rotin. Et la liste est interminable !

En fin de compte, faire des achats en Chine, cela vous conduira à une vraie chasse aux trésors, à vos propres trésors.

Pages suivantes :
Aube sur le tracé particulièrement sinueux
de la Grande Muraille, près de Jiankou.

L'ÉCONOMIE DE LA CHINE

Paul Mooney

Le bol de riz de fer

Le voyageur qui arrive aujourd'hui pour la première fois en Chine et qui voit l'intense activité des marchés de rue et l'approvisionnement des grands magasins, avec des équipements stéréo de dernier cri, des téléviseurs et des jeux vidéo arrivés directement de Hong Kong, aura peut-être de la peine à croire que toute cette abondance aurait été chose impensable il y a un peu plus de vingt ans. A l'époque, il était plus courant de voir les ménagères faire la queue dès l'aube, avant même l'ouverture des marchés, pour tenter d'acheter de quoi préparer le repas du soir ; avec un peu de chance, elles repartaient avec un bout de poulet décharné et des légumes défraîchis. Les rayons des magasins étaient généralement vides, et les clients boudaient les magasins, sauf lorsqu'un chargement d'un produit convoité arrivait. La nouvelle se répandait alors comme une traînée de poudre et des foules se précipitaient dans l'espoir souvent vain d'acheter un ventilateur ou une télévision. Bien sûr, ces mêmes produits se trouvaient aussi en vente aux magasins de l'Amitié mais accessibles aux seules personnes munies de devises étrangères.

Lorsque les communistes avaient pris le pouvoir en 1949 ils avaient promis un avenir meilleur, mais la redistribution socialiste des richesses n'a pas amené d'améliorations significatives des conditions de vie. Pendant l'hiver de 1955-56, les nouveaux dirigeants de la Chine entamèrent leur politique de collectivation de l'agriculture en organisant les familles de paysans en coopératives et en leur octroyant ce qui avait été auparavant des terres privées. Ceci fut suivi en 1958 par le fameux Grand Bond en avant, une campagne destinée à accélérer le développement rural et industriel. Cette grande vision de Mao, qui impliqua la mobilisation massive de toute la population du pays, fut un échec complet. Tenues de remplir des quotas de production quasi surhumains, fermes et usines rapportèrent des chiffres de production gonflés. De toute manière, une grande partie de la production était de très mauvaise qualité et inutilisable. L'expérience échoua, et des quantités gigantesques de labeur et de produits bruts avaient été gaspillées. Dans le chaos économique et la famine qui s'ensuivirent, des millions de Chinois périrent.

Pendant les premières années du socialisme, on créa les communes populaires, qui regroupaient plusieurs milliers de familles de paysans et qui s'occupaient de toutes les activités liées à l'agriculture, de même que la sécurité, l'éducation et la santé. Les communes étaient subdivisées en brigades de production, de quelques centaines de familles, et en équipes, de vingt à trente familles.

L'industrie et le commerce furent également gérés par l'Etat. La plupart des habitants des villes furent placés dans des *danwei*, ou unités, chez leur employeur. Le *danwei* se chargeait de trouver un logement et de fournir des soins médicaux pour chaque membre, et s'occupait parfois aussi de l'éducation des enfants. Une fois rattachée à une unité, chaque personne en restait membre à vie mais elle perdait la possibilité de changer d'emploi si elle le désirait. Ceci dit, il était très rare de se faire renvoyer et, à la retraite, le poste pouvait passer à un de ses enfants. Ce système d'assistance publique qui encadrait chacun de la naissance à la mort était appelé le « bol de riz de fer ».

La décennie des réformes

Malheureusement, la présence de ce système empêchait toute initiative personnelle. L'économie fonctionnait mal après des années d'apathie et de ressources gaspillées, avec une bureaucratie abrutissante et un système de production inefficace. Dès la mort de Mao en 1976, le capitalisme commença à faire sa réapparition.

La Chine est un pays essentiellement agraire et l'ouverture vers une économie de marché eut un effet profond sur la vie quotidienne. A partir de 1979, les paysans ne furent plus obligés de verser leur surplus au gouvernement mais purent le vendre au marché libre et garder le bénéfice pour eux. Dans les années 1980, il y eut un accroissement considérable de la productivité agricole et les disettes des décennies précédentes ne furent plus qu'un souvenir. Les paysans devinrent les nouveaux riches avec un pouvoir d'achat qu'ils n'avaient jusqu'alors jamais connu. Pour la première fois, la société urbaine, qui n'avait que peu de moyens de suppléer à ses revenus, commença à envier la vie rurale.

Ces réformes agraires furent accompagnées par l'introduction dans les entreprises étatiques d'un système de responsabilité de gestion qui amena les premiers éléments du principe de marché à l'économie socialiste. Pour beaucoup d'entreprises, le résultat fut une efficacité et une productivité accrues.

Si, auparavant, peu de personnes étaient prêtes à abandonner leur «bol de riz de fer», à ce moment des millions commencèrent à réaliser qu'elles ne pourraient jamais s'enrichir en travaillant pour l'Etat, et donc créèrent leurs propres petites entreprises. Entre novembre 1993 et juin 1994, les entreprises étatiques réduisirent leur main-d'œuvre de 159 000 personnes, alors qu'à la même époque les compagnies privées en engageaient plus de deux millions. Ces nouveaux chefs d'entreprise – qualifiés par Mao au début des années 50 de « queues capitalistes qui doivent être tranchées » – comptent aujourd'hui parmi les hommes les plus riches du pays.

Un journal régional rapporta en juin 1991 que les vérifications des comptes par l'Etat avaient révélé que 490 chefs d'entreprise avaient chacun mis de côté plus d'un million de yuan, une somme qu'un ouvrier d'usine moyen en Chine aurait mis quelque 800 ans à gagner. Ces millionnaires avaient visiblement pris Deng Xiaoping au mot lorsque celui-ci déclarait qu'il était acceptable que « certains deviennent riches avant les autres, pour ensuite conduire tout le monde à la prospérité ».

Mais ces réformes économiques ne pouvaient être réalisées en isolement, et pour que la Chine rattrape les pays industrialisés il lui fallait des capitaux occidentaux et une technologie moderne. La politique de la « porte ouverte » qui commença en 1979 était destinée à attirer les investissements étrangers et les projets à capitaux mixtes. Dans le sud du pays, on établit des zones économiques spéciales où devait se concentrer cet investissement.

Pendant les années 1980, l'économie s'est développée à un taux d'environ 10 % par an. Dans les grandes villes, près de 80 % des familles possèdent une télévison couleur. En 1990, la Chine avait triplé le commerce avec l'étranger, et était devenue le treizième exportateur mondial.

Les problèmes de marché

A la fin de la décennie, il devint évident que de graves problèmes allaient survenir. Le développement industriel avait été trop rapide pour une infrastructure vétuste et les réseaux ferroviaires et routiers en particulier ne pouvaient plus faire face à la demande. Pour la première fois depuis longtemps, l'inflation atteignit 30 %.

Un programme d'austérité fut introduit en 1988 et les réformes temporairement arrêtées. La récession mit en lumière d'autres problèmes, notamment la diminution du nombre d'emplois pour les jeunes pour qui l'avenir n'était guère réjouissant.

Il est probable que le chômage continue à augmenter au fur et à mesure que l'industrie se modernise et que la surface des terres cultivables diminue. On estime qu'en 1998, le nombre de sans-emplois, tant dans les régions urbaines que rurales, atteignait déjà les 150 millions. L'accroissement du chômage dans les zones rurales a conduit à la formation d'une « population flottante » de plus de 100 millions de travailleurs (des hommes pour la plupart) qui inondent les grands centres urbains à la recherche d'un emploi.

La corruption, elle, est devenue un véritable fléau, présent à tous les échelons de la bureaucratie et du gouvernement. Certains cadres communistes ont profité de leur influence pour placer leurs parents et leurs amis dans des entreprises privées rentables. Les enfants des cadres influents, appelés « petits princes », figurent parmi les membres de divers conseils d'administration de compagnies tant régionales qu'étrangères. D'autres officiels, profitant de leur accès privilégié à certains produits très demandés, les achètent à prix coûtant avant de les revendre sur le marché au prix fort.

Les protestations populaires et les manifestations devinrent de plus en plus nombreuses et culminèrent avec l'occupation de la place Tiananmen à Pékin au printemps 1989. La répression gouvernementale qui s'abattit par la suite sur les manifestants fut unanimement condamnée à l'étranger, et l'économie fut durement touchée par les sanctions et le gel sur les prêts étrangers qui furent imposés. Malgré ces difficultés, la Chine continua avec ses réformes. Au début des années 1990, des bourses furent ouvertes à Shanghai et à Shenzhen.

Mais un problème se posa lorsque les conservateurs prirent le pouvoir après le chaos des manifestations de 1989 et s'opposèrent aux réformes de Deng

Epicerie à Canton, aquarelle de William Prinsep.

Xiaoping. Bien que s'étant retiré de son dernier poste officiel en 1989, Deng revint sur la scène en 1992 lors d'un voyage quasi-impérial dans le sud du pays pour tenter de rallier le soutien des dirigeants régionaux. Selon la presse, l'octogénaire aurait alors annoncé qu'«il n'y a pas de raison d'avoir peur du capitalisme. Toute personne qui ne met pas en œuvre les réformes devrait être obligée de se retirer du pouvoir, qui qu'elle soit.»

Encouragés par cet appel, les officiels du Sud chinois reprirent de plus belle les réformes. Au Hunan, par exemple, province natale de Mao et région très conservatrice, le produit intérieur brut, de même que le commerce avec l'extérieur, avaient plus que doublés à la fin de l'année, et les investisseurs étrangers étaient à nouveau accueillis à bras ouverts.

Pendant l'été 1993, Zhu Rongji lança une série de mesures d'austérité destinées à ralentir la croissance effrénée de l'économie. Le résultat fut très limité, et le plus gros problème auquel le gouvernement devait – et doit encore – faire face est celui des entreprises étatiques peu rentables. Incapables de payer les salaires des ouvriers et les dettes de ces entreprises, les dirigeants craignent toutefois de graves répercussions si elles devaient toutes être fermées. Mais ces usines, encore très importantes par leur nombre, continuent à produire des articles de qualité inférieure et démodés, qui restent la plupart du temps invendus et doivent être stockés à grands frais dans des entrepôts. La performance désastreuse de ces entreprises d'Etat serait un argument suffisant pour une privatisation complète ne serait l'aspect politique de la question. Selon les rapports officiels, plus de la moitié d'entre elles tournent à perte et ne survivent que grâce aux subsides gouvernementaux, soit 50% du déficit budgétaire annuel de la Chine. Et pourtant, elles représentent 50% de la production industrielle totale et emploient 70% de la main-d'œuvre du pays. En 1998, le gouvernement commença à fermer les usines les plus déficitaires et réduisit fortement la taille du fonctionnariat, malgré ses craintes concernant la montée massive du chômage et les menaces d'instabilité sociale que ces mesures engendraient.

Le président Jiang Zemin est conscient que la menace la plus sérieuse pour la stabilité du pays viendra de ces millions d'ouvriers non payés des entreprises d'Etat. Nombre de spécialistes de l'économie encouragent donc le gouvernement à continuer sa politique de zhuada fangxiao, «saisir le grand et libérer le petit», politique qui permet aux entreprises clé de l'Etat de survivre, tout en laissant au secteur privé une grande liberté de manœuvre. Ainsi, le gouvernement a sélectionné mille entreprises déficitaires qu'il continue de subventionner, au détriment des autres qui ne recevront aucune aide en cas de faillite. Ce choix a été opéré selon des critères stratégiques: les industries de la défense et de l'infrastructure (transport, télécommunications, etc.) demeureront aux mains du gouvernement, alors que l'industrie légère et les biens de consommation passeront dans le secteur privé.

La volonté avec laquelle les nouveaux dirigeants, rassemblés autour de Jiang Zemin et de Zhu Rongji, mettent en place la réforme des entreprises est une indication de l'importance accordée au pragmatisme prôné auparavant par Deng Xiaoping. Celui-ci ne disait-il pas: «Qu'importe que le chat soit noir ou blanc, du moment qu'il attrape les souris»? La relève des générations aidant, les choix politiques qui s'offrent maintenant à la Chine ne sont plus à faire entre conservateurs et réformateurs, mais entre réformateurs modérés et réformateurs plus radicaux.

En ce début de nouveau millénaire, la Chine va devoir affronter de nouveaux défis. Son adhésion à l'Organisation mondiale du Commerce (OMC) va lui offrir des avantages évidents (un plus grand accès aux marchés internationaux) mais comporte également des risques substantiels car la concurrence va augmenter sur le marché chinois. Des moments de transition difficile vont inévitablement surgir dans les décennies à venir. En attendant, toute la Chine porte son regard avec fierté vers Pékin, où se dérouleront les Jeux olympiques de l'été 2008.

LA CUISINE CHINOISE

Une longue histoire, un vaste territoire et des contacts avec des cultures étrangères ont tous contribué à faire de la cuisine chinoise l'une des plus grandes cuisines du monde. Mais peut-on vraiment parler de « cuisine chinoise » quand on pense à la variété étonnante de ses cuisines régionales ?

Pour répondre à cette question, rendons-nous d'abord dans la cuisine elle-même. Presque tous les plats chinois sont préparés dans un *wok*, sorte de poêle à fond arrondi que l'on peut employer pour frire, mijoter, cuire à la vapeur ou fumer. Pour économiser le combustible et pour préserver la fraîcheur des produits, la plupart des ingrédients sont découpés en lamelles ou en petits cubes et cuits aussi rapidement que possible. Ces principes sont appliqués à travers tout le pays et ce qui distingue les plats d'une région à une autre sont les goûts plutôt que les techniques de cuisson.

Il existe quatre grandes cuisines en Chine qui correspondent à des régions géographiques, bien que certains plats soient communs aux quatre régions et que les frontières précises de celles-ci soient parfois contestées. Ces régions sont le Shandong et le nord de la Chine, le Sichuan et les régions de l'ouest, Canton et le sud, et Yangzhou et le delta du Yangzi. La cuisine de ces régions est nécessairement influencée par les différentes conditions géographiques et climatiques qui y règnent. Ainsi le nord du pays a un climat beaucoup plus sec que le sud mais avec des hivers longs et rigoureux pendant lesquels peu de produits frais sont cultivés. Dans le sud, en revanche, fruits, légumes et riz poussent toute l'année en abondance et la cuisine cantonaise se distingue par l'extraordinaire variété de ses composants. La région de Shanghai est dominée topographiquement par un système complexe de canaux, de lacs et de rivières ; en conséquence, sa cuisine fait grand usage de poisson frais et de riz. Plus à l'ouest, au Sichuan, où le taux d'humidité est très élevé, le problème de la conservation des produits a conduit à une grande variété de plats basés sur des aliments fumés, salés, séchés, épicés ou conservés au vinaigre.

La cuisine du **Shandong** est connue pour ses plats de crustacés et de fruits de mer, en particulier crevettes, coquilles Saint-Jacques et holothuries, préparées avec des sauces salées à base de pâte de soya. Cette pâte est fréquemment employée dans le nord de la Chine pour les viandes autant que les poissons et permet de conserver certains produits pendant l'hiver. A la fin de l'automne, on voit dans les rues d'impressionantes masses de choux que les ménagères empi-

Une spécialité culinaire de la Chine du Nord: les *jiaozi*, raviolis farcis de viande de porc ou de légumes hâchés.

lent dans un coin de leur appartement; ces choux seront servis à chaque repas jusqu'au printemps. Malgré le manque de légumes frais, les marchés proposent néanmoins en hiver des fruits produits dans la région, notamment de belles poires juteuses et de gros kakis oranges et rouges.

Un grand nombre de plats pékinois ont été influencés par la proximité des steppes de Mongolie et de Manchourie, ainsi que par la présence de communautés musulmanes. Le fameux canard laqué de Pékin est d'origine mongole et la viande de mouton est très souvent mangée à la capitale alors qu'on ne la trouve que rarement plus au sud. Les viandes sont généralement marinées puis rôties ou cuites en barbecue sur du charbon de bois.

Le **Sichuan** est réputé pour sa cuisine épicée, aux saveurs très prononcées. L'un des ingrédients clé de cette cuisine est le poivre du Sichuan, ou *huajiao*, une petite baie rouge qui pousse en abondance dans la région. Combinée avec d'autres ingrédients, comme la sauce de soya, le zeste de mandarine ou l'huile de sésame, elle forme la base d'une vaste gamme de sauces différentes.

L'ail, la ciboule et le piment sont également très fréquemment employés, surtout dans le *Mapou doufu* (tofu à la viande de porc hachée et au piment) et dans les plats appelés *yuxiang* (« saveur de poisson »), qui n'ont aucun rapport avec le poisson mais sont cuits dans une sauce de haricots fermentés, d'ail, de vin et – bien sûr – de piment. Pour la fondue sichuanaise, le fameux *huoguo* de Chongqing, des morceaux de viande (notamment tripes et abats), de poisson et de légumes sont trempés dans un bouillon de *huajiao* et de pâte de haricots pimentée. Attention, d'aucuns ont trouvé ce plat beaucoup trop épicé à leur goût, même lorsque la portion de piments est réduite de moitié !

Pourtant, tous les plats sichuanais ne sont pas épicés, comme le canard fumé au camphre et au thé (*zhangcha kaoya*), ou la viande de bœuf enrobée de riz moulu et cuite à la vapeur (*fenzheng niurou*).

La cuisine de **Yangzhou** et de **Shanghai** est peut-être la moins bien connue en Occident et pourtant elle se distingue de celle des autres régions par sa grande subtilité et sa sophistication – bien que certains y voient aussi une trop grande complexité dans la préparation des plats. Contrairement au Sichuan, la cuisine du delta du Yangzi emploie des produits très frais pour des plats desquels ressort la saveur naturelle des principaux ingrédients. Dans cette région, chacune des grandes villes a ses propres spécialités ; ainsi Hangzhou est connue pour ses raviolis, son thé de Longjing et son poisson du lac de l'Ouest cuit avec le

Les *shaobing* sont des pains cuits dans un four de type *tandoori*.

célèbre vinaigre noir de Zhenjiang (*Xihu cuyu*). A Suzhou et Yangzhou, il faut essayer les jambons au miel, le poisson cuit à la vapeur, et les divers gâteaux et soupes sucrées que l'on déguste dans les maisons de thé. Parmi les spécialités de Shanghai, notons en particulier les crabes *dazhaxie* que l'on mange en automne avec une sauce de vinaigre et de gingembre. La cuisine végétarienne, qui s'est développée dans les monastères taoïstes et bouddhistes, est également très importante dans cette région et il existe une remarquable variété de plats à base de légumes et de tofu qui ressemblent à s'y méprendre à des rôtis et des ragoûts de viande.

La cuisine de **Canton** est celle qui représente le plus souvent la cuisine chinoise à l'étranger car c'est de cette région que sont originaires la plupart des communautés chinoises d'outre-mer. Le Cantonais à la réputation de manger pratiquement toutes les viandes imaginables, y compris le serpent, le chien et le chat. Dans son ensemble, la cuisine cantonaise est très raffinée et c'est ici que les soupes de nids d'hirondelles et d'ailerons de requin sont les plus savoureuses. Les fameux *dim sum* (petits raviolis chinois), dont il existerait plus de deux mille variétés, sont servis au petit déjeuner ou à midi. Ils se présentent sous toutes les formes: frits, cuits à la vapeur ou au four, et fourrés de crevettes, de viande de porc grillée, ou encore de pâte de graines de lotus.

La cuisine cantonaise est subdivisée en plusieurs cuisines locales, dont celle de la ville de Canton elle-même, celle des Hakka, des émigrants venus du nord de la Chine au 13e siècle, et celle de Chaozhou (ou Chiu Chow), un ancien port de mer situé à l'est de la province du Guangdong. Cette dernière cuisine est peu connue en dehors du sud et de Hong Kong mais mérite qu'on la découvre, en particulier certains plats comme l'oie au vinaigre, la soupe yin-yang, et les boulettes de crabe. Les repas Chiu Chow sont accompagnés de minuscules tasses de thé très fort, appelé Tie Guanyin, et qui aide à la digestion.

A travers toute la Chine, ce sont le riz et le blé (sous forme de nouilles ou de pains cuits à la vapeur) qui constituent la base de l'alimentation. Pour les Chinois, les plats cuisinés sont considérés comme des accompagnements au riz ou aux nouilles, alors qu'en Occident ce serait plutôt le contraire. Lors d'un banquet – événement rare pour la plupart des Chinois mais fréquent pour les touristes – on consommera plus de viande, de poisson et de légumes que de riz. En général, le riz est plus souvent servi dans le sud que dans le nord où l'on préférera les nouilles et les pains à la vapeur (*mantou*). Dans le nord-est, en Manchourie, il existe aussi une longue tradition de pain de sorgho cuit à la vapeur (*wotou'r*). Les *mantou* sont souvent servis au petit déjeuner avec du

Les terrasses de restaurants ont fait récemment leur apparition marquée dans les rues de Pékin : ici, un restaurant de la minorité Hui musulmane.

potage de riz (*zhou* ou *xifan*) et du lait de soya (*doujiang*). Essayez les délicieux pains fourrés d'une pâte sucrée de haricots rouges (*hongdou bao*). A Shanghai, bien que l'on soit dans une région productrice de riz, on mange beaucoup de ces pains.

Les trois critères les plus importants pour juger un plat chinois sont la couleur, l'odeur et le goût (*san xiangwei*). Avec l'accent qu'elle porte sur les légumes, les huiles végétales et les protéines végétales, la cuisine chinoise est extrêmement saine. Pour les Chinois, il existe un lien évident entre la santé d'une personne et son alimentation. Les plats sont d'ailleurs traditionnellement divisés en catégories « chaude » et « froide », selon leur effet sur le corps. Ainsi, les viandes de chien et de serpent sont mangées à Canton en hiver parce qu'elles sont « réchauffantes ». Lorsqu'un médecin chinois soigne un patient, il conseillera une alimentation appropriée, en attirant l'attention du malade sur les ingrédients à éviter ou à manger à tout prix. Beaucoup de plats considérés par les Occidentaux comme « bizarres » sont hautement prisés par les Chinois pour leurs qualités « fortifiantes », notamment l'holothurie et l'aile de requin.

Les années de la Révolution culturelle (1966-76) ont porté atteinte aux traditions culinaires chinoises. La cuisine fut qualifiée de bourgeoise et de décadente au même titre que d'autres arts traditionnels ; les grands chefs furent renvoyés et les restaurants fermés pour faire place à des cantines où travaillaient des cuisiniers sans formation aucune et dépourvus de motivation. La Chine est encore en train de se remettre de cette décennie de puritanisme culinaire et peu de restaurants ont atteint le niveau des meilleurs établissements de Hong Kong ou de Taiwan. Néanmoins, depuis quelques années, certains restaurants fondés avant l'époque communiste s'efforcent de mériter à nouveau leur réputation d'autrefois et ils sont généralement bondés.

La plupart des touristes mangent dans les restaurants des grands hôtels où la nourriture est souvent inintéressante et ne constitue pas une bonne introduction aux cuisines régionales. Pour cela, mieux vaut aller aux nombreux restaurants privés qui ont été ouverts depuis une dizaine d'années et qui offrent un bon rapport qualité-prix même si leur apparence est des plus modestes. Si vous faites partie d'un groupe et que vous désiriez mangez dans un endroit autre qu'à l'hôtel, demandez à votre guide ou à la réception de vous recommandez un restaurant local et de vous écrire sur un papier le nom et l'adresse en chinois pour pouvoir le montrer au chauffeur de taxi. Vous pouvez également leur demander d'écrire les noms de quelques plats régionaux. Et si le restaurant n'a pas de menu en anglais vous pouvez toujours regarder ce que mangent vos voisins et demander la même chose !

BANQUETS CHINOIS

Les voyageurs occidentaux du 18e et du 19e siècle sont rarement restés indifférents face à la cuisine chinoise; si certains se sont lancés avec enthousiasme à la découverte de cet aspect de la culture si exotique à leurs palais, beaucoup d'entre eux n'en ont conservé que des souvenirs désagréables, voire même un profond dégoût. Voici les expériences de deux de ces voyageurs.

«Après une semaine de séjour dans ce monastère extra muros, je me résolus à changer de domicile, et je parvins à déterrer un appartement dans la ville, près de la porte de l'Est. [...] Cependant les moines de Bouddha ne voulurent pas me laisser partir sans me traiter. On juge que j'acceptai leur invitation avec empressement. Le dîner n'avait rien, au premier abord, qui différait sous le rapport des mets, de ce qu'on voit sur la table des gens «qui n'ont pas quitté le monde». Les bouddhistes disent bien haut qu'ils se sont séparés du reste des hommes, et, pour preuve, donnent leur renonciation à toutes les choses d'un monde méprisable. Ils professent l'abstention complète de toute nourriture qui ait eu vie, d'ail et d'huile. [...] S'il faut en croire certains bruits publics, les principaux monastères, dans l'intérieur de la Chine, sont connus pour la vie somptueuse qu'y mènent les reclus. Dans la circonstance dont je parle, je m'amusai beaucoup de voir, dans le dîner que me donna la communauté, comment, à l'aide seulement de leurs provisions grossières, telles que purées de fèves, légumes, etc., ils cherchèrent à se conformer, autant que possible, aux usages du monde extérieur. A la première vue, comme je l'ai dit, les plats semblaient pareils à ceux qu'on sert à une table d'hôte. Jusqu'à ce que je les eusse goûtés, tout ce que je voyais me semblait être des ragoûts de viande ou des rôtis de volailles. La peau des poulets annaonçait une cuisson bien à point : j'avais bien vis-à-vis de moi le morceau délicat; mais, lorsque je voulus découper, mon couteau entra dans une sorte de gâteau de fèves, coloré par un four de campagne, et portant l'impression d'un linge à tissu épais. Nous avions à manger du faux mouton, de fausses volailles, de faux nids d'hirondelles, de faux..., etc. Je dois dire cependant que le vin était vrai et irréprochable, si l'on peut appeler vin une liqueur distillée du riz, connus sous le nom de vin de Chao-hing.»

William Charles Milne, *La vie réelle en Chine*, Paris, 1860

«Un dîner chinois n'est plus une nouveauté; mais c'est toujours une affreuse chose, on pourrait ajouter un affreux souvenir, pour des estomacs européens. Le dessert seul eût pu trouver grâce à nos yeux, et c'est par le dessert que nous débutâmes. Deux longues rangées de pyramides, hautes à peine de trois ou quatre pouces et composées d'amandes, de sucreries, de fruits secs et de fruits confits, nous offrirent, au moment où nous entrâmes dans la salle du festin, un coup d'œil gracieux qui eût fait bondir de joie une réunion de bambins parisiens ou une assemblée de jeunes magots de la Chine. Après cet innocent service apparurent les réchauds d'étain chargés d'aliments inconnus, les plats de métal tout fumants des nauséabondes vapeurs de l'huile de ricin et de la graisse fondue; puis, devant chaque convive, les domestiques déposèrent bientôt des bols remplis jusqu'au bord d'œufs de faisan ou de pigeon, de boules gélatineuses, de lambeaux d'holothurie, de filaments blanchâtres craquant sous la dent comme des cordes à violon. Il fallait arroser ces sinistres mélanges de tasses de thé sans sucre ou de tasses de sam-chou, boisson tiède et empyreumatique obtenue par la distillation du riz. [...]

Puis, quand ce supplice gastronomique semblait achevé, quand chacun de nous avait reçu de Ki-ing, de Houan, de Po-tin-qua ou d'un autre convive quelque fragment emprunté par ces aimables épicuriens à leur propre assiette, quand nous avions tous, bon gré mal gré, fait honneur à ces offrandes habilement transportées au bout des bâtonnets, il nous fallut reconnaître que le véritable dîner n'était point encore commencé. Un gros de marmitons venait de se précipiter dans la salle chargé comme un régiment qui reviendrait de la maraude, de porcs et de moutons rôtis, de poules, d'oies, de canards, d'une basse-cour entière passée au fil de la broche. Ce fut en notre présence que les écuyers tranchants, appuyant la paume de leur sale main sur ces chairs saignantes, découpèrent les minces tranches de viande qu'ils vinrent nous offrir. Heureux les estomacs de fer qui purent résister à tant d'épreuves! Enfin, le vice-roi eut pitié de ses hôtes; les bols de riz se montrèrent sur la table, et après cet hommage rendu à l'épi nourricier de la Chine, nous pûmes nous lever, rendant grâces au ciel de n'avoir pas succombé à notre premier dîner chinois.»

Jean Edmond Jurien de la Gravière, *Voyage en Chine et dans les mers et archipels de cet empire pendant les années 1847, 1848, 1849, 1850,* Paris, 1854.

HISTOIRE DE LA CHINE

LA PRÉHISTOIRE

De nombreuses traces de villages néolithiques, datant du 5e millénaire avant J.-C., ont été retrouvées dans les vallées du moyen Yangzi et de la rivière Wei dans le nord de la Chine. Selon les textes historiques traditionnels, la première dynastie chinoise aurait été celle des Xia (du 23e au 18e siècle avant J.-C.), fondée par Yu le Grand, connu dans les légendes pour être parvenu à contrôler une immense inondation qui menaçait le pays. Jusqu'à présent, les fouilles archéologiques n'ont pas prouvé l'existence de cette dynastie qui est encore considérée par beaucoup comme étant mythique.

LES SHANG ET LES ZHOU DE L'OUEST

Le royaume des Shang (16e siècle-1027 avant J.-C.) se développa dans la province actuelle du Henan, à proximité du fleuve Jaune. A partir des os divinatoires inscrits et d'autres objets rituels et quotidiens qui ont été retrouvés, une image émerge, encore fragmentaire il est vrai, d'une société aristocratique qui employait déjà des chars et des armes de bronze à la guerre, qui fortifiait ses villes avec des murs de terre battue et qui fabriquait pour le culte des ancêtres des vases en bronze d'un raffinement remarquable.

Ce culte des ancêtres, qui comprenait des sacrifices, était rendu par le roi dont on pensait que les ancêtres pouvaient intercéder auprès du dieu suprême du Ciel en faveur de leurs descendants sur terre. Ainsi le concept d'un lien étroit entre pouvoir politique et pouvoir spirituel se développa très tôt et était fermement établi à la fin de la période Shang. Ce concept évolua par la suite pour devenir la théorie du Mandat céleste selon laquelle le droit de régner dépendait de l'habileté du roi à apaiser le Ciel pour empêcher que celui-ci ne lâche sur terre les forces destructives de la nature, sous forme de sécheresse, d'inondations ou de tremblements de terre. Si le roi se conduisait de manière injuste ou immorale, ses rapports harmonieux avec le Ciel seraient immédiatement brisés et la famine et le chaos s'ensuivraient. Le mandat du Ciel lui serait alors retiré et toute rébellion contre lui serait moralement justifiée.

Le mandat fut finalement retiré aux Shang et transmis aux Zhou, anciens vassaux des Shang. Sous les Zhou (1027-771 avant J.-C.), se développa un

Soldat en terre cuite, Xi'an.

système féodal basé sur l'octroi de fiefs aux parents et aux fidèles officiers du souverain. Le lieu d'origine des Zhou étant la vallée de la Wei, dans la province du Shaanxi, ils établirent leur capitale près de l'actuelle ville de Xi'an, d'où le nom de Zhou de l'Ouest pour couvrir la période de deux siècles et demi de leur règne dans cette région.

LES ZHOU DE L'EST

Au fur et à mesure que les fiefs des Zhou prospérèrent, le pouvoir central s'affaiblit. Les fiefs devinrent en pratique de petits Etats indépendants mais qui reconnaissaient nominalement la suzeraineté du roi Zhou. En 770 avant J.-C., suite à une invasion de nomades des steppes, les Zhou furent contraints d'abandonner leur capitale et de fuir plus à l'est, jusqu'à Luoyang. C'est le début de la période des Zhou de l'Est, période qui est divisée en deux phases, les Printemps et Automnes (771-476 avant J.-C.), qui doit son nom à une annale historique qui relate les événements de l'époque, et les Royaumes Combattants (475-221 avant J.-C.). Toute la période des Zhou de l'Est fut marquée par des guerres, des alliances et des contre-alliances entres les différents Etats. En cinq siècles, les quelques centaines de petits royaumes du début des Zhou furent réduits à l'époque des Royaumes Combattants à sept Etats principaux.

Mais malgré les guerres, cette époque connut également un développement intellectuel et artistique sans précédent et vit notamment la formation des grandes écoles de pensée chinoises, dont le confucianisme et le taoïsme. Confronté à une véritable désintégration politique et sociale, Confucius (551-479 avant J.-C.) s'efforça d'y remédier en proposant le principe de gouvernement par la moralité et la vertu, dont le souverain serait un modèle idéal pour tous ses sujets.

LE PREMIER EMPIRE: LA DYNASTIE DES QIN *(221-206 avant J.-C.)*

Le combat que se livraient les divers royaumes à la fin des Zhou se termina en 221 avant J.-C. par la victoire finale de l'Etat de Qin. Toute la Chine se trouva unifiée sous une monarchie centralisée. Pour administrer le vaste territoire qu'il avait conquis, le premier empereur, Qin Shi Huangdi, créa une forme d'organisation politique et un appareil bureaucratique qui devaient durer quelque 2000 ans. Pendant les onze années de son règne le premier empereur entreprit une séries de mesures administratives et de constructions à grande échelle, dont la standardisation de la monnaie, une codification des lois, l'unification du système d'écriture, le renforcement des murailles de défense le long de la frontière nord (la Grande Muraille), et la construction d'un réseau routier pour faciliter le déplacement des troupes.

LA DYNASTIE DES HAN *(206 avant J.-C. – 220 après J.-C.)*

Le premier empereur des Qin mourut en 210 avant J.-C. et le règne de son successeur fut de très courte durée. Des rébellions éclatèrent dans tout l'empire et conduisirent à une guerre civile. Une nouvelle dynastie émergea de ce chaos, celle des Han, fondée par Liu Bang, un général d'origine humble. Une période de progrès agricoles, technologiques (découvertes de la boussole magnétique et de la fabrication du papier) et sociaux débuta, et les derniers vestiges du féodalisme disparurent avec l'instauration d'un système d'examens impériaux pour le recrutement des fonctionnaires.

Ce fut également une période d'expansion territoriale et d'exploration vers le sud, le nord-est (la Corée) et l'ouest. L'empereur Wudi envoya des expéditions au-delà des frontières chinoises en Asie centrale, dont notamment celle de Zhang Qian, parti en 139 avant J.-C. à la recherche d'alliés pour combattre les Xiong Nu, les nomades des steppes. Ces expéditions, et la présence de soldats chinois en Asie centrale, permirent l'ouverture de ces routes caravanières de commerce qui allaient par la suite être connues sous le nom de Routes de la Soie et le long desquelles le bouddhisme allait arriver en Chine depuis l'Inde au 1er siècle après J.-C.

ANARCHIE ET PARTITION *(220-581)*

Au 1er siècle après J.-C., l'empire Han, affaibli par des luttes intestines et les intrigues des eunuques, fut secoué par une série de rébellions. Pendant le règne du dernier empereur Han, le véritable pouvoir était détenu par un général nommé Cao Cao. En 221, le fils de celui-ci exigea l'abdication de l'empereur et fonda une nouvelle dynastie, celle des Wei. Deux clans rivaux établirent également leurs propres royaumes, l'Etat de Wu dans l'est et l'Etat de Shu Han dans le sud-ouest. Cette époque, connue sous les nom de Trois Royaumes (220-265), fut marquée par la guerre et les troubles sociaux.

L'Etat de Wei fut rapidement remplacé par la dynastie des Jin occidentaux (265-316) mais celle-ci ne put empêcher l'arrivée des nomades Xiongnu et fut contrainte en 316 de fuir à Nankin. L'empire chinois se trouva réduit aux territoires au sud du Yangzi, le nord étant contrôlé par une série de dynasties non chinoises (xiongnu, toba et mongoles), toutes éphémères, et appelées les Seize Royaumes.

Ces « barbares », qui n'avaient aucune expérience d'une société complexe urbaine, s'étaient servis de l'appareil administratif existant et employaient des méthodes chinoises de gouvernement pour gérer leur domaine. Petit à petit, ils adoptèrent eux-mêmes les coutumes chinoises, abandonnant leur propre langage et leurs habitudes traditionnelles. En 581, un général du nom de Yang Jian usurpa le trône des Toba Wei et se lança à la conquête du sud, traversant le Yangzi et unifiant à nouveau la Chine. Il fonda une nouvelle dynastie, celle des Sui.

LA RÉUNIFICATION DES SUI *(581-618)*

L'époque Sui, bien que courte, parvint à rétablir un appareil gouvernemental qui allait être à la base de la grande dynastie suivante des Tang. Le successeur de Yang Jian, Yang Di, qui accéda au trône en 605, se montra d'une extravagance devenue légendaire. Il fit construire le Grand Canal qui devait, une fois terminé, relier Pékin au nord à Hangzhou au sud. D'une importance économique et stratégique vitale, ce canal nécessita néanmoins le labeur de milliers d'hommes aux travaux forcés et suscita un profond sentiment de mécontentement dans tout le pays, aggravé par les campagnes militaires désastreuses de l'empereur en Corée. Des rébellions éclatèrent et Yang Di fut assassiné en 618.

LA DYNASTIE DES TANG *(618-907)*

La nouvelle dynastie qui émergea à la chute des Sui devait être l'une des plus glorieuses de l'histoire chinoise. Les Tang créèrent une administration forte, avec des fonctionnaires dans les ministères, les directorats et les comités recrutés par un système d'examen. L'invention, au 8e siècle, de l'imprimerie et les efforts entrepris pour permettre à un plus grand nombre d'avoir accès à des écoles, permit d'encourager les études. La littérature est d'ailleurs le domaine qui connut peut-être la plus grande créativité, grâce notamment à des poètes tels que Li Bo, Wang Wei, Du Fu et Bai Juyi.

Dans le domaine de l'économie, la Chine parvint à étendre son commerce jusqu'en Inde, et la politique d'ouverture qui caractérisa le règne du second empereur Tang, Taizong (627-649), transforma la capitale, Chang'an (Xi'an) en un carrefour de traditions venues de tous les coins du monde. Moines, marchands, voyageurs, ambassadeurs de Perse et de Byzance, tous y étaient les bienvenus, de sorte que la métropole compta rapidement plusieurs quartiers de communautés non chinoises, avec leurs propres lieux de culte, églises nestoriennes, mosquées, temples bouddhistes. Lorsque le moine Xuanzang rentra d'Inde en 645 avec des copies de sutras bouddhistes, il fut reçu par le souverain en personne, comme l'avait été, quelques années auparavant, un prêtre nestorien.

Après le règne de Taizong, la cour fut dominée par une femme au caractère impitoyable qui, à force d'intrigues, s'éleva du rang de concubine à celui d'impératrice. Pendant quelques années, elle se contenta de régner en coulisse, manipulant à son gré l'empereur, avant de devenir impératrice elle-même, sous le nom de Wu Zetian. Elle changea le nom de la dynastie en Zhou et régna jusqu'à ce qu'elle soit contrainte à abdiquer, à l'âge de 80 ans.

Après la mort de Wu Zetian et la restauration de la dynastie Tang, la Chine connut une longue période de prospérité et de stabilité. Le règne de l'empereur Xuanzong (712-756), appelé Minghuang (l'empereur brillant) marque l'apogée de l'époque Tang du point de vue culturel. Mais ce règne se termina de façon tragique lorsqu'un général d'origine turque, An Lushan, déclencha une rébellion en 755. Vers la fin de son règne, Xuanzong avait perdu le contact avec les réalités des affaires d'Etat et était tombé sous l'influence de sa courtisane favorite, Yang Guifei, et des membres de la famille de cette dernière. Lorsque la capitale fut menacée par les forces d'An Lushan, Xuanzong s'enfuit au Sichuan, et Yang Guifei fut tuée en route. La dynastie survécut encore 150 ans, mais après la rébellion, matée en 763, les Tang ne reprirent jamais complètement le contrôle politique du pays. Les commandants des régions militaires demeurèrent très puissants et les tendances séparatistes s'accentuèrent, conduisant finalement à la division de l'empire en Etats indépendants.

LES CINQ DYNASTIES ET LES DIX ROYAUMES *(907-960)*

Dans le nord de la Chine, cinq dynasties éphémères se succédèrent et la capitale fut transférée de Chang'an à Kaifeng. En quelque cinquante années, dix royaumes contrôlèrent diverses régions du pays, dont deux royaumes « barbares », ceux des Tangut, un peuple tibétain, et des Khitan, une tribu originaire de la Manchourie. On assista à un exode des officiels et des lettrés depuis le nord vers la vallée du Yangzi où la culture Tang avait été préservée.

LES SONG DU NORD *(960-1127)* ET DU SUD *(1127-1279)*

En 960, la Chine fut à nouveau unifiée, cette fois-ci par les Song, basés d'abord à Kaifeng, puis à Hangzhou, d'où la division de la dynastie en deux phases dites du Nord et du Sud.

Les premiers empereurs Song, assez pacifiques, se contentèrent d'apaiser les diverses peuplades nomades qui menaçaient toujours le nord du pays.

Contrairement à leurs prédécesseurs, ils ne tentèrent pas d'étendre leur territoire au-delà des limites traditionnelles au sud du bassin du fleuve Jaune. Entre l'an 1000 et la fin de la dynastie, la paix régna. L'empire était géré par une bureaucratie efficace, et connut une longue période d'expansion économique, due en partie aux réformes fiscales amenées par un ministre brillant, Wang Anshi ; ces réformes profitèrent aux paysans dont les impôts furent allégés au grand dam des propriétaires terriens et des riches marchands. Sous le patronage d'une série d'empereurs habiles le pays connut une nouvelle période d'épanouissement artistique et intellectuel. La peinture en particulier attint un niveau jusque là inégalé.

La paix se termina lorsqu'une nouvelle menace apparut sous le règne de l'empereur Huizong (1100-1125) : les Jurchen, peuple guerrier originaire de la Manchourie. Huizong abdiqua en faveur de son fils et s'enfuit vers le sud, laissant la voie ouverte aux Jurchen qui envahirent le pays, assiégèrent Kaifeng et fondèrent la dynastie des Jin. La cour en exil des Song, établie à Hangzhou, tenta en vain à plusieurs reprises de reprendre le nord, et entre deux expéditions les empires Song et Jin coexistèrent dans une paix relative. En 1147, les Jin furent à leur tour attaqués par une nouvelle tribu venue des steppes, les Mongols, qui les détruisirent en 1234.

Devenu Grand Khan en 1206, Genghis intensifia sa campagne de conquêtes qui devait rendre les Mongols maîtres d'une grande partie de la Chine. La région de Hangzhou résista jusqu'en 1276 et, quelques années plus tard, les derniers fugitifs de la cour des Song se retranchèrent au Fujian où ils moururent en 1279.

LA DYNASTIE MONGOLE DES YUAN *(1279-1368)*

Hangzhou, qui échappa au pillage par les Mongols, impressionna profondément Marco Polo, le voyageur et commerçant vénitien qui servit à la cour de Kublai Khan, le petit-fils de Genghis Khan. La capitale d'hiver de Kublai fut établie plus au nord, à Khanbaliq (Pékin). Si Kublai adopta un nom chinois, Yuan, pour sa dynastie, il s'assura que les Mongols ne soient pas assimilés par la population en majorité chinoise du pays.

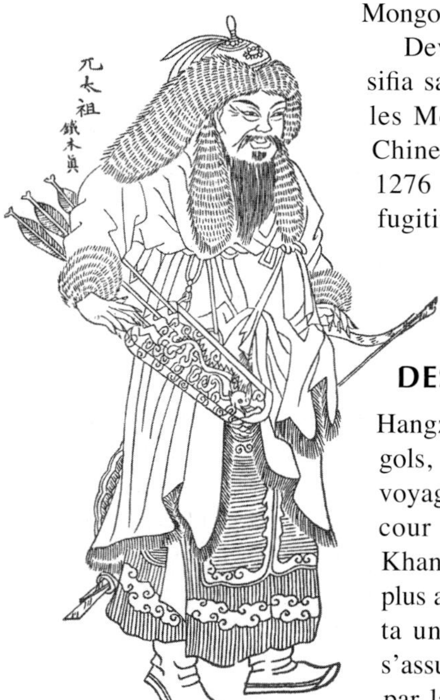

Gengis Khan.

Les divers groupes ethniques que comprenait la Chine furent officiellement distingués les uns des autres, et les Chinois du Sud (que l'on suspectait de sentiments nationalistes) se retrouvèrent au dernier échelon des classes ainsi formées.

Les meilleures années de la dynastie des Yuan furent celles du règne de Kublai Khan. Grâce aux contacts établis avec le Moyen-Orient et l'Occident, la Chine prit connaissance de nombreuses découvertes scientifiques et culturelles, et notamment de l'astronomie arabe. Avec l'arrivée d'une mission franciscaine à Khanbaliq, l'Europe commença à prendre conscience de l'existence de la Chine.

Aucun des sept empereurs suivants n'eut la stature de Kublai Khan. Avec l'affaiblissement de l'autorité centrale, les troubles sociaux et l'opposition à la dynastie étrangère augmentèrent, et les Yuan furent renversés par des insurgés conduits par un ancien bandit et moine du nom de Zhu Yuanzhang.

LA DYNASTIE DES MING *(1368-1644)*

Zhu Yuanzhang est né dans une famille de paysans pauvres de la province de l'Anhui et il avait tout d'abord pensé à établir sa capitale dans cette province. Mais il se décida finalement pour la ville de Nankin, stratégiquement mieux située dans la vallée du Yangzi qui avait été le centre commercial et culturel de l'empire à partir des Song du Sud. Depuis le début, l'empereur-roturier, qui prit le titre de Hongwu, était décidé à concentrer tout le pouvoir en sa personne. Son long règne (1368-1398) fut marqué par une grande stabilité à l'intérieur du pays mais au prix d'une tyrannie impitoyable.

Ce fut le troisième empereur Ming, Yongle, qui transféra la capitale à Pékin, probablement pour des raisons de défense. La menace mongole sur les frontières septentrionales conduisit à une période de fortification et de construction de murailles, dont la partie orientale de la Grande Muraille.

L'exploration et la navigation furent encouragés à cette époque et l'amiral Zheng He (1371-1435) fut envoyé à la tête de sept expéditions jusqu'aux côtes de l'Arabie et de Timor. Mais au contraire des voyageurs européens, les Chinois ne créèrent pas d'empire maritime commercial. L'Occident était à ce moment en pleine expansion territoriale et commerciale et, en 1514, les premiers navires portuguais débarquèrent à Canton, à une époque où la politique chinoise était défavorable aux étrangers. Mais malgré les lois qui interdisaient spécifiquement le commerce privé avec les étrangers, les Européens ne se découragèrent pas et les Portugais furent bientôt suivis des Hollandais et, en 1637, des Anglais.

A partir du début du 16e siècle, le pouvoir impérial des Ming s'affaiblit. A la cour, devenue corrompue, le pouvoir était détenu par les eunuques. Les intérêts de l'empire furent négligés, même si d'énormes sommes furent dépensées à la protection de la frontière du nord. Entre-temps, les Manchous consolidaient leur propre pouvoir en Manchourie et, en 1629, ils se présentèrent devant la Grande Muraille, sans toutefois parvenir à la franchir. L'empire chinois était devenu la proie d'insurrections et lorsque Pékin tomba aux mains des rebelles en 1644, le dernier empereur Ming, Chongzhen, se suicida sur la Colline de Charbon, derrière le palais impérial. Un de ses généraux, espérant que les Manchous l'aideraient à mettre fin à la rébellion, leur ouvrit l'une des portes de la Grande Muraille, à Shanhaiguan, et les laissa pénétrer en Chine. Ainsi, les Manchous s'avancèrent sur Pékin, mal défendue et démoralisée par la mort de l'empereur, et la capturèrent sans rencontrer d'opposition.

LA DYNASTIE DES QING *(1644-1911)*

Les conquérants manchous, les descendants des Jurchen qui avaient établis la dynastie Jin, gouvernèrent la Chine d'abord par un système appelé des bannières, emprunté à leur propre culture. Dans ce système, les diverses tribus étaient groupées en quatre, puis en huit corps placés en garnison à travers tout le pays. Certaines pratiques administratives des Ming furent néanmoins conservées et, une fois les rébellions au sud du Yangzi matées, l'empire fut consolidé par trois souverains habiles, Kangxi (1662-1722), Yongzheng (1723-1735) et Qianlong (1736-1795).

Kangxi et ses successeurs se montrèrent plus conciliants envers les Chinois conquis que ne l'avaient été les Mongols et adoptèrent eux-mêmes la culture chinoise. Les jésuites qui se rendirent à Pékin au 18e siècle, décrivirent un empire prospère et puissant.

Il en alla très différemment au 19e siècle avec la désintégration graduelle d'une structure impériale qui était devenue trop résistante au changement. Les Européens profitèrent des premiers signes de cette dégénération pour ouvrir une Chine isolationniste au monde occidental. Après une guerre (1839-1842) causée par l'interdiction d'importer de l'opium en Chine (le commerce de l'opium était contrôlé par l'Angleterre), les Britanniques forcèrent le gouvernement Qing à ratifier un traité permettant aux commerçants étrangers d'avoir accès à cinq ports chinois.

Cinq ans plus tard, le sud du pays fut secoué par une violente rébellion, celle des Taiping, qui affaiblit irrémédiablement le pouvoir des Qing et propulsa la dynastie vers sa mort.

Les défaites successives des armées Qing sur plusieurs fronts faillit conduire à la partition de l'empire entre la Russie, l'Allemagne, la Grande-Bretagne, le Japon et la France. La crise s'intensifia et certains membres du gouvernement soutinrent un mouvement de réforme qui préconisait l'adoption d'éléments de la technologie et des connaissances occidentales dans l'espoir de réhabiliter de la Chine. Mais la très conservatrice impératrice douairière Cixi, qui était de loin la personne la plus puissante à la cour, était absolument opposée à la modernisation et toute tentative de réforme était donc vouée à l'échec.

En résistant ainsi au changement, les Qing rendirent ce changement en fin de compte inévitable. La dynastie ne survécut pas longtemps à Cixi qui mourut en 1908. Les Chinois comprirent que la survie du pays ne pouvait être assurée que par la chute de la dynastie et la popularité du mouvement révolutionnaire du docteur Sun Yat-sen augmenta. En novembre 1911, après que plusieurs grandes villes furent tombées aux mains des républicains, les deux tiers de la Chine firent sécession et la République fut proclamée quelque temps après. Puyi, le jeune empereur, abdiqua en février 1912, mettant fin à plus de 2000 ans de dynasties impériales en Chine.

Rue Sungkiang, Shanghai, au début du 20e siècle.

CHRONOLOGIE DES DYNASTIES CHINOISES

Shang	16e siècle - 1027 avant J.-C.
Zhou de l'Ouest	1027-771
Zhou de l'Est	771-221
Printemps et Automnes	771-475
Royaumes Combattants	475-221
Qin	221-206
Han Antérieurs	206 avant J.-C. - 8 après J.-C.
Xin	8-24
Han Postérieurs	25-220
Trois Royaumes	220-265
Jin de l'Ouest	265-316
Dynasties du Nord et du Sud	317-589
Seize Royaumes	317-439
Zhao Antérieurs	304-329
Qin Antérieurs	351-383
Qin Postérieurs	384-417
Wei du Nord	386-534
Wei de l'Ouest	535-556
Zhou du Nord	557-581
Sui	581-618
Tang	618-907
Cinq Dynasties	907-960
Song du Nord	960-1127
Song du Sud	1127-1279
Jin (Jurchen)	1115-1234
Yuan (Mongols)	1279-1368
Ming	1368-1644
Qing (Manchous)	1644-1911
République de Chine	1911-1949
République Populaire de Chine	1949-

LES TRÉSORS ARCHÉOLOGIQUES DE LA CHINE ANCIENNE

Les touristes en Chine apprécient les visites des sites archéologiques et des musées, mais ils se sentent souvent frustrés par le manque de panneaux explicatifs en langues étrangères. La solution qui s'impose est de s'assurer d'avoir à votre disposition un guide ou un interprète. Mais si vous faites partie d'un groupe touristique important, il est parfois difficile d'entendre les explications tout en regardant ce qui est exposé. Cette introduction aux trésors chinois anciens est conçue pour vous permettre de reconnaître ce qui est exposé dans un musée et de pouvoir aller à votre propre rythme.

Les œuvres d'art chinoises les plus anciennes sont des récipients en poterie et des disques de jade sculpté – pendentifs et sceptres – datant de la période néolithique (7000 à 1500 ans avant J.-C.). Ces vases étaient destinés à un usage quotidien et à des fins rituelles. Les pièces en jade étaient utilisées soit comme ornements, soit pour des rites, notamment des rites funéraires. Les pièces les plus finement ciselées du début du néolithique ont été trouvées dans la région côtière de l'est de la Chine, dans la province du Zhejiang, et appartiennent à la culture dite de Liangzhu. Des poteries de la période néolithique ont été découvertes dans de nombreux sites à travers toute la Chine et même dans l'extrême ouest de l'actuelle province du Xinjiang, longtemps considérée en dehors de la sphère d'influence de la culture chinoise primitive.

Motifs décoratifs sur la poterie de Banpo.

La poterie peinte des peuples de la plaine du fleuve Jaune est la plus connue du visiteur étranger à cause des célèbres fouilles de Banpo, situées juste à l'extérieur de la ville de Xi'an. Banpo était autrefois un grand village qui, de 4000 à 3000 ans avant J.-C., avait ses propres fours et produisait des vases au décor caractéristique. Les vases en argile rouge cuits à température basse de Banpo ont été découverts dans toute la région du fleuve Jaune et sont désignés collectivement sous le nom de céramiques de Yangshao. Il est relativement facile d'identifier ces poteries de Yangshao dans un musée, car elles sont non

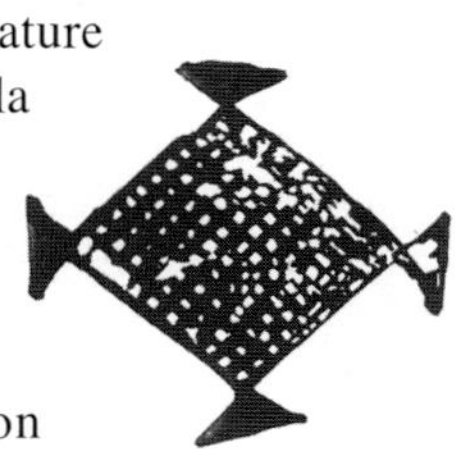

vernissées et décorées de riches motifs de couleur rouge, noire et parfois blanche. Ces motifs peuvent avoir des formes audacieuses en spirale, ou représenter des têtes, des poissons, ou des oiseaux.

Une autre variété de poteries a été fabriquée au néolithique, dans une région située autour de la péninsule de Shandong, sur la côte orientale de la Chine. Connus sous le nom de « poterie noire » ou « poterie de Longshan », ces vases ont une surface noire caractéristique, polie après cuisson. Les poteries noires sont montées au tour et, contrairement aux poteries peintes, elles ne sont pas décorées. Le potier a concentré tout son art dans la création de formes subtiles et élaborées, et ces formes auraient eu une influence importante sur le développement des récipients en bronze de la dynastie Shang.

La dynastie Shang (c. 1600-1027 avant J.-C.) est surtout représentée dans les musées par des vases de bronze, produits d'une science nouvellement perfec-

Le masque dit de *taotie* est le motif décoratif le plus courant sur les bronzes chinois de l'époque Shang. S'il évolue au cours des siècles, les éléments principaux qui le composent ne changent guère. Rigoureusement symétrique de part et d'autre d'une ligne verticale qui représente son nez, il comprend généralement yeux, sourcils, oreilles, cornes et mâchoire supérieure. De chaque côté de la tête, s'étend son corps avec des pattes à griffes et une queue en spirale. Dans le dessin du haut (14e siècle avant J.-C.), seul l'œil de l'animal est facilement reconnaissable alors que dans l'exemple plus tardif en dessous (13e siècle avant J.-C.), le corps est séparé du fond et ses divers éléments sont plus clairement visibles.

tionnée. Il existe un lien très étroit entre l'art du potier et celui du bronzier, et tous deux ont subi des influences réciproques pendant toute la période archaïque en Chine. En effet, les moules servant à la fabrication des bronzes étaient faits d'argile et reprenaient les formes des poteries. D'un autre côté, lorsque le bronzier développait une nouvelle forme de vase, ou qu'il créait de nouveaux motifs décoratifs, ceux-ci pouvaient être rapidement repris par le potier pour son propre usage. Si la possession d'objets en bronze resta pendant longtemps le privilège des nobles, les copies de ces mêmes objets en argile étaient accessibles à une plus grande fraction de la population.

Parmi les formes les plus courantes de vases Shang, notons le gobelet à vin à haut pied et à bec évasé, connu sous le nom de *gu*, et les vases tripodes, appelés *jue* ou *jiao*, à pieds renflés et qui servaient à chauffer le vin. Le motif décoratif principal des bronzes Shang est le *tao tie,* un masque animalier qui apparaît dès l'an 3000 avant J.-C. sur les disques de jade de la côte orientale. Il existe une grande variété de *tao tie* mais tous ont certains éléments en commun, à savoir deux yeux exorbités, une mâchoire supérieure, et un corps stylisé dont les détails se perdent dans les lignes en volute du dessin {voir les masques reproduits en page 72). Certains bronzes Shang, particulièrement vers la fin de la dynastie, ressemblent plus à des sculptures qu'à des récipients et sont ornés de divers animaux et même d'êtres humains exécutés en trois dimensions.

Avec le renversement de la dynastie Shang et le triomphe des Zhou en 1027 avant J.-C., le rôle des bronzes va changer. Sous le règne des rois Shang, ils avaient une fonction esentiellement religieuse et une grande importance dans les rituels et les sacrifices. Sous les Zhou, ils vont devenir des symboles de rang social et de richesse. Petit à petit, les motifs animaliers facilement reconnaissables sont remplacés par des motifs stylisés, basés sur ces mêmes dessins animaliers, et des motifs géométriques.

Le problème de l'origine de la technique de la fonte du bronze a fait l'objet d'un vaste débat: cette technique a-t-elle évolué séparément en Chine et en Occident ou a-t-elle été transmise par les cultures antiques du Proche-Orient ? Les bronzes chinois sont les seuls à incorporer du plomb dans l'alliage de base cuivre-étain, ce qui fait pencher la balance en faveur d'une évolution indépendante du bronze en Chine. L'ajout de plomb dans l'alliage donne au bronze un lustre gris très prisé des connaisseurs.

C'est en grande partie grâce aux bronzes des dynasties Shang et Zhou que l'on a pu étudier l'évolution première de la langue archaïque chinoise. Les inscriptions qui figurent sur les bronzes Shang mentionnent souvent le nom de la personne à qui l'objet avait appartenu ; celles des bronzes Zhou sont plus longues et de nature plus politique. Les vases en bronze sont donc à la fois des archives historiques et des œuvres d'art.

Le jade a conservé une grande importance dans l'art chinois à travers toute son histoire et ce jusqu'à nos jours. Les pièces de jade Shang et Zhou étaient employées comme symboles de puissance. Déjà à l'époque néolithique, certains défunts étaient enterrés avec des kilos de jade et cette pratique va continuer, en moindre quantité, jusque sous les Han. En effet, selon les croyances de l'époque, le jade avait la propriété de préserver les corps et d'empêcher leur putréfaction.

C'est grâce à cette coutume d'enterrer avec les morts tout ce dont ils auraient besoin dans leur vie future que nous devons une grande partie de nos connaissances actuelles sur la Chine ancienne. Les souverains Shang emportaient avec eux dans leur tombe épouses et serviteurs, de même que des services entiers de vases rituels. Sous la dynastie Zhou, des figurines remplacèrent peu à peu les personnes vivantes ; les tombes elles-mêmes deviennent très complexes et sont parfois composées de plusieurs salles différentes. Les objets exposés au musée de Wuhan et qui proviennent de la tombe du Marquis Yi de Zeng (Zhou de l'Est) montrent bien la quantité et de la variété d'objets que pouvait contenir une tombe : instruments de musique en laque et en bronze, vases de bronze, divers récipients laqués dont certains en forme d'animaux, gigantesques sculptures de bronze, mobilier en bois laqué, etc.

L'exemple le plus impressionnant de cette pratique funéraire est sans doute le fameux tombeau du premier empereur de Chine, Qin Shi Huangdi. Celui-ci se fit enterrer, au 3e siècle avant J.-C., avec une armée complète de statues plus grandes que nature. Ces guerriers et leurs chevaux, estimés au nombre de 8000, peuvent être visités à l'extérieur de la ville de Xi'an et ils sont probablement le plus célèbre des trésors archéologiques que compte la Chine. Selon l'historien Han Sima Qian, l'empereur aurait également été enterré avec de fabuleux trésors mais sa tombe n'a pas encore été mise au jour. Pourtant, il existe une croyance largement répandue selon laquelle plusieurs salles de la tombe seraient encore intactes, en dépit des pillages des premières années de la dynastie des Han.

Cette dynastie Han, qui en 206 avant J.-C. a succédé à la brève dynastie des Qin, nous a également légué de magnifiques trésors même si les tombes de l'époque ne sont pas aussi vastes que celle de Qin Shi Huangdi. Les linceuls funéraires en jade sont peut-être les objets les plus spectaculaires des premières

Bronze de la dynastie Shang (13e-11e s. av. J.-C.)

tombes Han. Une demi-douzaine de ces linceuls nous sont parvenus, dont un est exposé au musée de Nankin. Il est composé de petits morceaux de jade, reliés entre eux avec du fil d'or, et qui recouvraient le corps entier de la tête aux pieds comme une combinaison.

A l'époque des Han de l'Est (25-220 après J.-C.) on assiste au remplacement graduel des objets en bronze par des poteries vernies ou des laques. Ces objets sont d'un très grand intérêt et nous fournissent des renseignements détaillés sur la vie quotidienne de l'époque : on y trouve notamment des reproductions de fermes, de maisons, de portes de ville, d'animaux et d'ustensiles, de même que des personnages au travail. Les tombes importantes étaient également recouvertes à l'intérieur de pierres sculptées ou de briques peintes qui retracent la vie de tous les jours et dépeignent aussi bien les loisirs des dames de la cour que des nobles à la chasse, ou des cuisiniers affairés à la préparation d'un festin. Les objets en laque qui étaient apparus dans les tombes Zhou sont toujours fabriqués en grand nombre sous les Han. L'une des expositions les plus intéressantes d'objets en laque se trouve au Musée provincial du Hunan, à Changsha. Ce musée abrite non seulement les objets trouvés à Mawangdui dans la tombe d'une femme noble qui avait vécu au Ier siècle avant J.-C., mais également le corps momifié de la défunte et ses vêtements, préservés grâce à l'humidité du sol.

Ce fut à l'époque Han qu'eurent lieu les premiers contacts entre la Chine et l'Asie centrale. L'arrivée par les routes de la Soie du bouddhisme au Ier siècle après J.-C. ouvrit la Chine à un monde nouveau, celui de l'Inde avec sa riche iconographie religieuse qui allait préparer la voie aux grands sites bouddhiques de Dunhuang, Longmen et Yungang.

LA CALLIGRAPHIE CHINOISE

La calligraphie et la peinture font partie des formes d'expression artistique les plus hautement considérées de la Chine traditionnelle et tout lettré se devait de maîtriser leur pratique. Les candidats aux examens impériaux étaient souvent jugés sur la qualité de leur écriture et une composition, même des meilleures, tracée d'une main malhabile, pouvait entraîner l'échec du candidat. La façon dont un individu maniait son pinceau était considérée comme révélatrice de son caractère et de ses qualités. Aujourd'hui, alors que les étudiants utilisent plutôt des stylos que des pinceaux, une belle écriture suscite toujours l'admiration.

La calligraphie en Chine est une forme d'art en raison de la nature spécifique de la langue chinoise. L'écriture d'un caractère nécessite de tracer une variété de traits différents qui doivent exprimer la fluidité, la légèreté et l'équilibre. Les premiers caractères chinois furent gravés sur des écailles de tortue ou des ossements d'animaux, puis reproduits sur les récipients en bronze. L'utilisation d'un instrument pointu pour les écrire eut naturellement une certaine influence sur leur forme. Ce premier style d'écriture est connu sous le nom de *zhuanshu* (style sigillaire) avec des caractères de nature fortement picturale. Ce style est encore pratiqué de nos jours et est souvent employé, comme son nom l'indique, sur les sceaux.

Pendant la dynastie Qin, les diverses formes d'écriture qui existaient sous les Zhou furent standardisées pour créer un style nommé *lishu* (style de chancellerie), aux caractères plus réguliers et concis. L'invention du papier et l'usage plus répandu du pinceau pendant la dynastie des Han favorisèrent le développement expressif de la calligraphie. Le premier nouveau style à apparaître fut le *kaishu* (style régulier), avec des caractères d'une grande régularité de forme, plus géométriques et carrés qu'auparavant. A cette époque, un second style a également été développé, le *caoshu* (style cursif) qui, avec le *xingshu* (style courant) plus tardif, devait permettre au calligraphe une plus grande liberté d'expression, tout en restant dans certaines limites destinées à empêcher la déformation des caractères. Ces styles, très difficiles à déchiffrer pour le néophyte, ressemblent à une sorte de sténographie chinoise, mais les éléments structurels des caractères sont toujours respectés.

Ces cinq styles de calligraphie chinoise — sigillaire, de chancellerie, régulier, cursif et courant — permettent, à l'intérieur des limites imposées par la convention, de multiples possibilités d'expérimentation stylistique.

Style régulier
Style de chancellerie
Style courant
Style cursif
Style sigillaire

Les lettrés chinois, qui passent leur vie entière à perfectionner leur maniement du pinceau, essayent souvent de maîtriser plus d'un style, en se servant de styles différents selon la circonstance. Les styles cursif et courant sont souvent utilisés pour les poèmes qui accompagnent les peintures, alors que des styles plus formels comme les styles sigillaire, de chancellerie et régulier servent pour les inscriptions officielles, les lettres et les rouleaux de calligraphie suspendus au mur, ainsi que pour les courtes citations de poèmes qui sont souvent accrochées dans les maisons.

C'est à cause de l'importance que les Chinois ont traditionnellement accordée à la formulation de leur langue qu'un caractère bien calligraphié était considéré comme ayant un effet bénéfique. Les boutiques et les restaurants traditionnels ont toujours consacré de vastes sommes d'argent à l'exécution de la calligraphie de leurs enseignes de façon à encourager le client. Le foyer le plus pauvre, où l'on ne sait ni lire ni écrire, achètera des vœux de Nouvel An magnifiquement calligraphiés qui sont accrochés de chaque côté de la porte. Un paysan pauvre fera souvent inscrire le caractère « man », qui signifie « abondance », sur son seau à riz, en guise de porte-bonheur. Les mots étaient censés posséder le pouvoir de leur sens et l'écriture des mots était donc un art vénéré.

L'appréciation d'un tel art s'avère difficile pour ceux qui ne savent pas lire le chinois ; aussi est-il important de bien comprendre ce que vous voyez lorsque vous visitez une exposition de calligraphie. Si votre guide se trouve à proximité, demandez-lui la traduction du texte et une explication sur le style calligraphique. Il vous appartient ensuite d'apprécier l'équilibre des espaces et des caractères sur la page, la fluidité ou la tension, la régularité ou l'irrégularité du style, de rechercher aussi la manière dont le pinceau s'est déplacé sur le papier. La forme est-elle ferme et rigide ou fluide et cadencée ? Les caractères sont-ils tracés séparément avec des traits fermes ou s'enchaînent-ils les uns aux autres? Les réponses à ces questions vous donneront une idée des intentions du calligraphe.

Pages suivantes : Neige sur la Cité interdite.

LES CAPITALES CULTURELLES

XI'AN

Aujourd'hui, lorsqu'on visite Xi'an, la capitale régionale de la province du Shaanxi, il faut des trésors d'imagination pour recréer à partir de cette ville poussiéreuse et sans prétentions, les capitales des onze dynasties chinoises qui s'y sont succédé sur plus de mille ans. Appelée Chang'an sous la dynastie des Tang, c'était une ville de quelque trois millions d'habitants, peut-être la plus grande ville du monde à l'époque. Le plateau de lœss qui entoure Xi'an et la vallée de la Wei, rivière qui coule à proximité de la ville, forment le cœur même de la civilisation chinoise. C'est dans cette région que s'est développée l'une des grandes cultures néolithiques de la Chine et que les Zhou ont établi leur premier royaume ; c'est ici encore, à Chang'an, qu'aboutissait la Route de la Soie. Il est donc naturel que quelques-unes des plus importantes découvertes archéologiques aient été faites près de Xi'an, dont la plus célèbre est sans doute l'extraordinaire armée en terre cuite du premier empereur de Chine. Grâce à cet héritage historique et culturel, Xi'an est devenue aujourd'hui l'une des villes touristiques les plus visitées du pays.

Les sites archéologiques et impériaux

Non loin de l'actuelle Xi'an se trouve le site de l'antique capitale de la dynastie des Zhou (1027-221 avant J.-C.), la grande période de la culture du bronze. Les archéologues ont cependant mis au jour des emplacements encore plus anciens, qui remontent à l'époque néolithique, ainsi que des ossements d'un *Homo erectus* primitif, dont l'origine remonterait à environ 800 000 ans avant J.-C. Les amateurs d'archéologie préhistorique pourront visiter les fouilles d'un village néolithique à **Banpo**, à 11 kilomètres à l'est de la ville, qui est remarquable pour ses poteries peintes (voir page 68). Des fouilles plus récentes ont mis au jour des sites Zhou, dont le plus intéressant est celui qui renferme une chambre funéraire des Zhou de l'Ouest (1027-771 avant J.-C.) et qui se trouve à **Zhangjiapo**. La chambre abrite deux chars en bronze et les restes de six chevaux, que l'on peut maintenant voir dans un petit musée, situé à l'ouest de la ville dans le village de Doumen.

De nombreux objets de l'époque Zhou sont exposés au **Musée historique du Shaanxi** qui comprend également une très belle collection de porcelaines et de bronzes bouddhistes. Autrefois situé dans un temple à l'intérieur des murs de la ville, le musée a récemment été transféré dans des locaux très modernes,

La vieille ville de Xi'an

près de la pagode de la Grande Oie. Les célèbres stèles de pierre inscrites, dont certaines remontent à la dynastie des Tang et qui sont de précieux documents historiques, sont restées à l'ancien musée, rebaptisé **musée Beilin**. Même sans une connaissance de l'écriture chinoise, ces stèles peuvent être appréciées non seulement pour l'intérêt des plans de ville et des portraits qui y figurent, mais également pour la beauté des inscriptions elles-mêmes (essayez de distinguer les différents styles d'écriture). Des estampages de certaines stèles sont en vente au musée mais sont parfois très chers.

Le souverain féodal de l'Etat de Qin, qui, en 221 avant J.-C., a unifié la Chine, est connu sous le nom de Qin Shi Huangdi, le « Premier Empereur ». L'histoire se souvient de lui surtout comme d'un despote. En effet, s'il a entrepris un vaste programme de travaux publics, dont la construction de la Grande Muraille, celui-ci n'a pu être réalisé que grâce aux travaux forcés et a coûté la vie à des milliers de personnes. Mais malgré le sévère contrôle étatique exercé pendant la dynastie Qin, celle-ci ne dura que très peu de temps et fut renversée pendant le règne du Deuxième empereur. Jia Yi, homme d'Etat de la dynastie suivante des Han, a conclu dans un traité célèbre que les raisons de cette chute rapide sont dues à l'incapacité des empereurs Qin de régner avec humanité et droiture, un jugement très confucéen sur le despotisme des Qin. Les quelque 8000 soldats, ainsi que les chevaux et les chars en terre cuite qui gardent la tombe de l'empereur et qui sont restés enterrés pendant 2000 ans, attestent à la fois de sa puissance et de sa mégalomanie.

L'**armée en terre cuite** a été mise au jour en 1974 par des paysans creusant un puits. Le site des fouilles se trouve dans le chef-lieu de **Lintong** à quelques kilomètres du tumulus de l'empereur. Les visiteurs peuvent monter sur le tumulus, mais les chambres funéraires n'ont pas encore été ouvertes de peur d'endommager les précieux trésors qu'elles pourraient renfermer. La tombe aurait été protégée par ses constructeurs avec des pièges de flèches empoisonnées pour empêcher qu'elle ne soit violée. Malgré cela, elle a été pillée sous la dynastie des Han et l'on s'interroge sur ce qu'il peut rester à l'intérieur.

L'armée en terre cuite, dont la mise au jour continue, peut être visitée sur les lieux mêmes où elle fut enterrée. Il existe actuellement trois sites de fouilles ouvert au public ; le plus grand est le premier à avoir été découvert. Ne manquez pas le troisième site, un peu caché à l'arrière du bâtiment principal, et qui a été ouvert depuis quelques années seulement. Dans le musée adjacent, vous pourrez voir des remarquables chars de bronze, des armes découvertes lors des fouilles, ainsi que des modèles des soldats. Vous remarquerez que le visage de chaque guerrier est différent de celui de son voisin, et que les cheveux et le détail des uniformes varient en fonction de leur rang. A l'origine, ces statues en terre cuite étaient toutes peintes mais les couleurs ont aujourd'hui disparu.

Pour ceux qui sont intéressés par la dynastie Qin, une excursion à **Xianyang**, l'ancienne capitale Qin, est recommandée. Les matériaux de construction de l'époque, ainsi qu'une maquette du palais du premier empereur, sont exposés dans le petit musée sur le lieu des fouilles. Le musée de Xianyang, situé au centre ville dans un ancien temple de Confucius, est également très intéressant. Il comprend notamment une impressionnante série de quelque milliers de personnages et de chevaux miniatures en terre cuite datant de la dynastie des Han.

La plus belle collection d'objets Han se trouve au musée provincial du Shaanxi. Toutefois, d'autres objets sont également exposés dans un musée près de l'un des tombeaux Han à l'extérieur de Xi'an. Il s'agit de la **tombe de Huo Qubing**, un jeune général qui servit l'empereur Wudi (140-86 avant J.-C.). Sa tombe se trouve au nord-ouest de Xi'an, près de Maoling, le mausolée de Wudi lui-même. Huo Qubing fut tué à l'âge de 24 ans lors d'une campagne contre les nomades Xiongnu (les Huns) qui représentaient une menace constante sur les frontières nord de la Chine. Pour contrer cette menace, Wudi envoya Zhang Qian en Asie centrale à la recherche d'alliés potentiels, une expédition qui conduisit plus tard à l'ouverture des fameuses Routes de la Soie qui devaient relier la Chine à la Méditerranée. La tombe du jeune général est marquée par de magnifiques sculptures en pierre de chevaux, d'un tigre, d'un sanglier, d'un éléphant et d'un bœuf, ainsi que de deux étranges personnages qui pourraient représenter des dieux ou des démons d'Asie centrale. Un petit musée contient des objets en bronze (monnaie, outils, etc.) ainsi que des matérieux de construction décorés.

Au nord-est de Xi'an se trouve le plus célèbre des **tombeaux Tang** – et qui n'a pas encore été fouillé – celui du premier empereur Tang, Taizong. Quelques-unes des tombes annexes ont toutefois déjà fait l'objet de travaux et le site, connu en chinois sous le nom de **Zhaoling**, comprend un petit musée où se trouve une magnifique collection d'objets funéraires. Des six chevaux en pierre qui étaient autrefois sur le site, quatre sont exposés au musée Beilin à Xi'an et les deux autres sont au musée de l'Université de Philadelphie, aux Etats-Unis.

Le second site funéraire de la famille impériale des Tang, **Qianling**, se situe à l'ouest de la ville. C'est ici que fut enterrée la célèbre impératrice Wu Zetian (624-705), la seule femme de l'histoire de la Chine à avoir régné en son propre nom. Ancienne concubine de l'empereur Taizong, elle usurpa le trône de son fils. La tombe principale de l'impératrice et celle de l'empereur Gaozong n'ont jamais été fouillées, mais celle de la **princesse Yongtai**, petite-fille de l'impératrice Wu, qui aurait été assassinée sur ordre de sa grand-mère, est d'un grand intérêt.

Cette tombe contient des copies des très belles peintures murales qui l'ornaient (les originaux sont exposés au musée provincial du Shaanxi) et qui montrent des femmes de l'époque Tang dans des habits visiblement influencés par les vêtements d'Asie centrale. La composition de ces peintures est légère et élégante, avec des draperies dont le dessin est rendu par une grande souplesse de lignes et des personnages peints soit de face soit de trois quarts. On trouve également des peintures de soldats, de palefreniers avec leurs chevaux, ainsi que le Tigre de l'Occident et le Dragon de l'Orient. La tombe du frère de la princesse, le **prince Yide**, victime également de l'ambition politique de sa grand-mère, est aussi ouverte au public et contient des scènes peintes de chasse et de personnages de la cour.

La tombe voisine du **prince héritier Zhanghuai**, qui fut poussé au suicide par sa mère l'impératrice, renferme une belle peinture murale représentant un match de polo. Toutes ces tombes montrent l'influence de l'Asie centrale à la cour, à l'époque où la Route de la Soie était florissante grâce à la protection des avant-postes militaires chinois.

A Lintong, se trouvent les **sources thermales de Huaqing**, qui étaient à l'origine un parc et un lieu de repos des souverains Tang. Les bâtiments actuels datent de la fin des Qing ; le parc donne sur une magnifique montagne qui abrite plusieurs temples bouddhistes et taoïstes. Le lieu est devenu célèbre à l'époque moderne car c'est là que se produisit en 1936 le fameux « incident de Xi'an », lorsque le généralissime Chiang Kai-shek fut fait prisonnier par un général rebelle qui voulait forcer ainsi les nationalistes à s'allier avec les communistes contre l'occupant japonais. Chiang Kai-shek promit de passer une trêve avec les communistes et fut finalement libéré, mais par la suite il fit exécuter le général pour trahison.

Huaqing est également associé à Yang Guifei, la concubine de l'empereur Xuanzong (712-756) qui passa plusieurs hivers ici. Sous l'influence de sa favorite, l'empereur s'était complètement désintéressé des affaires de la cour et failli en perdre le trône. Un nouveau musée expose des bains de l'époque Tang, dont un en forme de pétale de fleur qui aurait été utilisé par Yang Guifei.

Bien que les sites mentionnés ci-dessus soient tous en dehors de Xi'an, ils sont facilement accessibles. La CITS et la plupart des grands hôtels proposent des tours quotidiens, soit à l'ouest soit à l'est de la ville. Une excursion vers l'est comprend généralement l'armée de terre cuite, Banpo et les sources de Huaqing, alors que celui vers l'ouest vous mènera aux tombeaux Han et Tang.

Sites historiques des environs de Xi'an
Pucheng
Yao Xian
Chunhua
Fuping
Linyou
Yongshou
Sanyuan
Yanliang
Zhao Ling
Qian Ling
Jing He
Wei He
Fengxiang
Qian Xian
Jingyang
Weinan
Hua Xian
Temple Famen
Qishan
Famen
Yang Ling
Musée de l'armée en terre cuite
Lintong
Baoji
Fufeng
Xianyang
Mao Ling
Caijiapo
Airport Expressway
Xingping
Sources chaudes de Huaqing
Puji
Mei Xian
Xi'an
Wei He
Zhouzhi
Lantian
Chang'an
Temple Xingjiao
Hu Xian
Wangqu
Relief
3000 m
2000 m
1000 m
500 m
Temple Xiangji
Temple Caotang
MONTAGNES QINGLING
N
0 10 20 30 40 50 km

Les temples bouddhiques

Sous la dynastie Tang, Chang'an était non seulement une ville très prospère, mais également un important centre religieux où se rendaient les pèlerins bouddhistes venus d'Asie centrale et d'Inde. C'est à cette époque que le moine Xuanzang partit pour l'Inde d'où il ramena des textes bouddhistes qu'il entrepris de traduire. D'autres lettrés arrivaient également du Japon et de Corée pour étudier le bouddhisme à Chang'an, et l'architecture des temples que l'on voit encore aujourd'hui au Japon a été en grande partie inspirée des constructions de l'ère Tang.

Il reste malheureusement relativement peu d'exemples d'architecture Tang, que ce soit à Xi'an ou ailleurs en Chine, à cause de la persécution religieuse qui eut lieu sous le règne de l'empereur Tang Wuzong, au milieu du 8e siècle. Parmi les bâtiments bouddhistes qui existent encore, notons les pagodes de la Grande et de la Petite Oie sauvage qui se trouvent juste au sud des murs de la ville. Toutes deux faisaient partie de vastes ensembles religieux aujourd'hui disparus. La **pagode de la Grande Oie sauvage** (Dayanta), haute de sept étages, a été construite en 652 à la demande du moine-pèlerin Xuanzang. Elle est adjacente au **temple Da Ci'en**, dont seule une partie des bâtiments subsiste. La **pagode de la Petite Oie Sauvage** (Xiaoyanta) a été construite en 707 et ne compte plus que treize étages, les deux étages supérieurs ayant été détruits au cours d'un tremblement de terre. Il est possible de grimper au sommet des deux pagodes par des escaliers intérieurs, et celle de la Petite Oie offre une vue particulièrement belle sur la ville.

Dans la région immédiate de Xi'an se trouvent les vestiges de plusieurs temples Tang qui ont été reconstruits à des époques ultérieures. Certains ont récemment été restaurés avec l'aide financière de la Fondation bouddhiste japonaise. Le **temple Xingjiao**, qui se trouve à 22 kilomètres au sud-est de Xi'an, est un centre religieux en pleine activité. Dans le parc qui l'entoure sont les monuments funéraires en forme de pagode construites en l'honneur du moine Xuanzang et de deux de ses disciples. Les bâtiments actuels ont été reconstruits au début du siècle.

Le **temple Daxingshan** est une reconstruction des années 1950 d'un célèbre temple Sui et Tang, considéré comme le lieu d'origine de la secte lamaïste Mizong. Il se trouve dans le parc Xinfeng, juste au sud de la pagode de la Petite Oie.

Le **temple Xiangji**, situé à 19 kilomètres au sud de Xi'an en pleine campagne, a conservé sa belle pagode de onze étages du 8e siècle. C'est le berceau de la secte bouddhiste de la Terre Pure (Qingtu), qui connaît un grand succès au Japon (école Jôdo). Les dons fait au temple par des Japonais ont d'ailleurs permis de payer les travaux de restauration. Un magasin sur place vend des estampages dont un, très beau, qui représente une illustration gravée du temple à l'époque Tang.

Si vous avez le temps, il existe encore d'autres temples à découvrir aux alentours de Xi'an, dont le **temple Huayan**, près du Xingjiaosi, et, à 56 kilomètres au sud-ouest, le **temple Caotang**, construit en 855.

Visite de la ville

La ville de Xi'an telle qu'elle se présente aujourd'hui date de la dynastie des Ming et est bien plus petite qu'elle ne l'était à l'époque Tang. Une promenade le long des remparts de la ville, récemment rénovés, vous donnera une bonne idée de sa taille (le meilleur endroit pour y monter est à la porte Est). Les autres constructions Ming qui méritent une visite sont tous facilement accessibles à pied : la tour de la Cloche, la tour du Tambour et la Grande mosquée. La **tour de la Cloche** est aujourd'hui située au centre d'un carrefour ; la cloche servait à marquer l'aube, lorsque les portes de la ville s'ouvraient, alors que le tambour était frappé à la tombée de la nuit, lorsque les portes se refermaient. La **tour du Tambour** est à l'ouest de celle de la Cloche ; elle est ouverte tous les jours et donne sur le principal quartier musulman de la ville. A proximité de cette tour se trouve la **Grande mosquée** (Qingzhensi), un endroit très agréable pour une promenade au calme, avec sa fontaine d'eau fraîche et son joli pavillon Ming, l'homologue chinois du minaret arabe. La mosquée est dépositaire d'un grand nombre d'objets islamiques et chinois et possède une carte du monde islamique remontant à la dynastie des Qing. La grande salle de prière, qui a été entièrement rebâtie récemment en employant les techniques de construction traditionnelles, est toujours pleine de visiteurs et de fidèles (entrée interdite aux non-musulmans) ; elle contient une plaque commémorative offerte par l'empereur Ming Yongle.

Dans les ruelles qui conduisent à la mosquée vous trouverez une quantité d'échoppes vendant des souvenirs et des antiquités. Vous pourrez y acheter (n'oubliez pas de marchander !), pour les enfants, de jolies chaussures décorées de tigres, des coussins, des bonnets, des pantalons matelassés, aux genoux brodés de grenouilles, et des tabliers décorés de scorpions et d'araignées, destinés à éloigner les esprits maléfiques.

LUOYANG

La ville ancienne de Luoyang, qui se trouve juste au nord du fleuve Jaune dans la province du Henan, a, comme Xi'an, une longue histoire en tant que capitale dynastique. C'est en 1027 avant J.-C. que la dynastie des Zhou s'est installée sur l'actuel site de la ville et, pendant plus de 2000 ans, celle-ci a servi de capitale à neuf dynasties.

Luoyang est célèbre pour les sculptures bouddhiques des grottes de Longmen, qui se trouvent juste au sud de la ville. Ces grottes ont été creusées entre le 5e siècle, lorsque les Wei du Nord établirent leur capitale à Luoyang, et le 9e siècle, lorsque les persécutions de la foi bouddhiste ont conduit à la fermeture des monastères et à la fin du mécénat en faveur des arts bouddhistes. La région située aux environs de Luoyang est, par ailleurs, également réputée pour son riche héritage de trésors archéologiques. D'importantes œuvres d'art, qui vont de l'époque néolithique jusqu'aux premières dynasties chinoises, ont été mises au jour dans la région et sont exposées au musée de Luoyang.

La ville moderne de Luoyang a été profondément marquée par l'industrialisation, mais ses jardins sont agréables et sont renommés pour leurs pivoines, qui ont poussé dans la région depuis que leur culture a commencé, encouragée par les empereurs Sui et Tang. Tous les ans du 15 au 25 avril se déroule le festival des pivoines ; le **parc Huangcheng** est le meilleur endroit pour aller voir ces fleurs. Le parc est aussi connu pour son festival des lanternes, qui a lieu au Nouvel An (la fabrication des lanternes est un art traditionnel à Luoyang) et pour les deux tombes Han qui ont été mises au jour dans le parc. Les tombes sont ouvertes au public et possèdent de belles peintures murales.

La fameuse usine de tracteurs « L'Orient est Rouge » se trouve à Luoyang. Ces tracteurs d'un rouge vif, furent un important symbole de la reconstruction de la Chine dans les années 60 et l'usine, avec ses installations modèles pour les ouvriers, était alors considérée comme digne d'être visitée par les groupes de touristes étrangers. Elle ne fait plus systématiquement partie des itinéraires touristiques depuis la nouvelle politique de réformes économiques.

Les environs de Luoyang

Les **grottes de Longmen** sont situées à trente kilomètres au sud de Luoyang, au bord de la rivière Yi, où elles ont été sculptées directement dans les falaises surplombant la rivière. Il y a en tout 1352 grottes, plus de 40 pagodes et quelque 97 000 statues, un incroyable défi pour tout visiteur !

Récolte du soja près du temple des Trois Pagodes, à Dali (Yunnan).

Les premières sculptures ont été exécutées sous la dynastie des Wei du Nord, lorsque l'empereur Xiaowen déplaça sa capitale à Luoyang en 494. Les empereurs Wei étaient des bouddhistes pratiquants et la manifestation de leur dévotion trouve son expression sous la forme de ces œuvres rupestres.

Les grottes sont disséminées en plusieurs endroits, mais les six grottes les plus souvent visitées sont celles de Binyang, de Lianhua et de Guyang, datant de la dynastie des Wei du Nord, et les trois grottes Tang de Qianxi, Fengxian et des mille Bouddhas. Ces grottes ont été sévèrement endommagées par les tremblements de terre, l'érosion de l'eau et par les pillards (à la fois chinois et étrangers), mais la majeure partie de ce qui subsiste est exceptionnellement belle. Les sculptures datant de la dynastie des Wei du Nord ont des formes très dynamiques. Les sculpteurs Wei sont célèbres pour leurs *apsara* volants (les anges bouddhistes) qui flottent à travers des cieux remplis de fleurs et de nuages, traînant des rubans qui voltigent au vent. Les sculptures de la dynastie Sui sont plus statiques dans leur expression : leurs visages énormes et leurs membres écrasés par la perspective créent un effet délibérément imposant. Par contre, les sculptures Tang (particulièrement celles de la grotte de Fengxian) ont une grande liberté de forme et une vivacité de traits. Les sculptures semblent se détacher de la paroi dans laquelle elles ont été sculptées, et les torses paraissent se tordre et se mouvoir comme pour une danse.

A dix kilomètres de là, à l'est de Luoyang, se trouve le **temple du Cheval blanc**. Il est considéré comme l'une des plus anciennes institutions bouddhistes en Chine, datant de la dynastie des Han de l'Est (1er siècle après J.-C.), alors que la capitale se trouvait à Luoyang. Les bâtiments actuels du temple remontent à la dynastie Ming mais plusieurs ont conservé leurs briques Han d'origine. Le temple est un centre d'études de bouddhisme chan, secte mieux connue en Occident sous son nom japonais de zen.

A une demi-journée en voiture au sud-est de Luoyang, dans le district de Dengfeng, se dresse la **pagode du temple Songyue**, bâtie sur le mont Song. C'est la pagode en brique la plus ancienne qui subsiste en Chine et en tant que telle, elle est évidemment d'une valeur inestimable par sa rareté architecturale. Elle a été construite aux environs de 520, dans le style indien ; d'une hauteur de 40 mètres, elle s'élève sur douze étages. Elle faisait autrefois partie d'un monastère prospère, fondé sous la dynastie des Wei du Nord.

Près de là, se trouve le **temple de Shaolin**, connu de tous les enthousiastes de kung-fu. Fondé à la fin du 5e siècle, Shaolin fut le premier centre de bouddhisme chan en Chine. Le style d'art martial qui lui est associé fut développé par un groupe de treize moines à la fin de la dynastie des Sui. En 1988, un centre d'entraînement des arts martiaux a été ouvert au temple.

L'**observatoire Gaocheng** se trouve à 80 kilomètres au sud-est de Luoyang. Il a été construit sous la dynastie des Yuan et fait partie d'une série d'observatoires érigés à travers toute la Chine. C'est une imposante structure en brique, qui ressemble à une pyramide dont la pointe est émoussée. L'astronome impérial des Yuan, Guo Shoujing, y a travaillé en 1280 et a calculé, quelque 300 ans avant que les mêmes calculs soient fait en Occident, que la longueur d'une année est de 365, 2425 jours.

KAIFENG

Kaifeng était la capitale de la dynastie des Song du Nord (960-1127). Comme Xi'an sous les empereurs Tang, elle fut le centre politique et culturel du pays pendant l'une des périodes les plus glorieuses de la civilisation chinoise. La ville avait auparavant servi de capitale à plusieurs autres dynasties, mais malheureusement il ne reste que peu aujourd'hui de cet héritage. La ville a subi plusieurs catastrophes, et a été pillée en 1127 par les Tartares Jin d'Asie centrale qui ont contraint la cour des Song à fuir en direction du Sud. Elle a subi en 1644 un autre désastre : l'inondation délibérée de la ville par les loyalistes Ming, dans une tentative désespérée pour repousser les troupes manchoues qui menaçaient la ville. Kaifeng souffre également d'inondations ponctuelles, lorsque le fleuve Jaune – à dix kilomètres seulement au nord de la ville – sort de son lit, aussi n'est-il nullement surprenant que la ville n'ait jamais pu se développer pour devenir, au cours des derniers siècles, une importante métropole.

Kaifeng a conservé ses murs d'origine qui révèlent que la ville Song était disposée en trois cercles concentriques. Les architectes de la dynastie des Ming construisaient, quant à eux, leurs villes selon un plan rectangulaire.

Les visiteurs qui se rendent à Kaifeng doivent prévoir un arrêt à la pagode du temple Youguo, également connue sous le nom de la **pagode de Fer**, qui se trouve dans la partie nord-est de la ville. L'extérieur de la pagode est incrusté de briques vernissées couleur de fer. Son avant-toit, ses piliers et ses linteaux sont faits de briques vernissées pour leur donner l'apparence du bois. La pagode a été construite en 1044 sur l'emplacement d'une ancienne pagode en bois, qui avait été frappée par la foudre. Cette pagode de forme élégante et octogonale s'élève sur treize étages. Sa base a été sérieusement endommagée dans l'inondation de 1841, mais la structure même a très bien résisté. Les briques ont été sculptées dans un style très naturaliste et comportent des motifs d'immortels bouddhistes, de musiciens, de fleurs, de plantes et d'animaux. Un petit pavillon qui se trouve près de la pagode renferme une statue en bronze de la dynastie des Song d'une divinité mineure. Elle est considérée comme l'un des plus beaux chefs-d'œuvre en bronze qui nous soient parvenus des Song.

Le **monastère Xiangguo**, proche du centre ville, a été fondé au 6e siècle, mais ne s'est élevé au rang de principal centre d'étude du bouddhisme que sous la dynastie des Song du Nord. Le monastère a été complètement détruit dans l'inondation de la ville en 1644 et l'édifice actuel date de la dynastie des Qing. L'une des salles du temple est octogonale et possède un petit pavillon hexagonal, qui s'élève du milieu du toit ; c'est une curiosité, car les salles des temples sont habituellement rectangulaires.

A l'intérieur des murs de la vieille ville, vous pourrez visiter le **Yuwangtai**, souvent désigné sous le nom d'ancienne terrasse à Musique ; il est installé au milieu de jardins et doit son nom au légendaire empereur Yu, qui aurait maîtrisé une vaste inondation à l'époque préhistorique. C'est le tribut payé, à juste titre, par une ville tourmentée par les inondations (le lit du fleuve Jaune se trouve à plusieurs mètres au-dessus du niveau de la ville). Plus récemment, le temple a été le lieu de prédilection des poètes de la dynastie des Tang, qui y venaient composer des vers.

Dans une tentative de recréation des temps glorieux de la ville sous les Song, Kaifeng a récemment été dotée d'une rue Song, bordée de bâtiments contruits dans le style de cette époque.

Au nord-ouest de la ville se trouve le **pavillon du Dragon**, près des anciens murs, qui est érigé en une série de terrasses successives qui surplombent les lacs et les jardins, sur le site d'un palais impérial Song. Comme la plus grande partie de Kaifeng, tout le site a été inondé en 1644 et les anciens bâtiments ont été perdus. Le parc a connu un nouvel essor à l'époque de la dynastie des Qing, lorsqu'il prit le nom de pavillon des Dragons. Son nom viendrait du magnifique cube en pierre sculptée qui se dresse à l'intérieur du pavillon et dont les quatre faces sont décorées de dragons.

NANKIN

Sous sa forme actuelle, **Nankin** (ou Nanjing en chinois), est une création de la dynastie des Ming. Elle a été la capitale du premier souverain Ming, l'empereur Hongwu (1368-1398), qui a donné à la ville le nom de Yingtianfu. L'empereur fit construire un magnifique palais ainsi que des murs d'enceinte, entrecoupés de treize portes et qui entouraient une ville de quelque 130 kilomètres carrés. Lorsque le fils de Hongwu usurpa le trône et régna sous le nom d'empereur Yongle, il transféra la capitale vers le nord, à Pékin. Yongle voulait éclipser la capitale de son père et conçut des projets grandioses pour sa nouvelle ville. C'est lors du transfert de la capitale vers Pékin (Beijing, la « Capitale du Nord ») en 1420 que Nankin prit son nom actuel de « Capitale du Sud ».

Nankin a malheureusement souffert de plus de catastrophes, dues à la guerre et à des rébellions, que Pékin. Même si elle est toujours la fière détentrice d'une tour du Tambour et d'une tour de la Cloche, elle a perdu une partie de ses murs d'origine et certaines de ses portes. Le palais des Ming a été détruit au 19e siècle. Nankin n'a plus maintenant cet air altier de ville impériale, et il s'en dégage plutôt une atmosphère paisible de capitale provinciale, surplombant un arrière-pays fertile et luxuriant. La province de Jiangsu, dont Nankin est la capitale, est la région la plus prospère de Chine et est encore réputée pour son industrie de la soie.

La ville est située dans un cadre particulièrement attrayant, balayée sur son flanc nord par le Yangzi et entourée de montagnes. Ce fleuve et ces montagnes lui ont conféré une certaine importance stratégique à travers toute son histoire. Elle a été la capitale de huit dynasties et le théâtre de plusieurs batailles sanglantes. La prise de Nankin en 1937 est sûrement le pire exemple de ces bains de sang. En cette année, les Japonais ont occupé la ville que l'armée (nationaliste) du Kuomintang avait fuie. Cette occupation a été suivie du massacre brutal de 400 000 civils.

Au 19e siècle, Nankin avait déjà connu des troubles car elle était devenue le centre d'un régime rebelle qui faillit causer la chute de la dynastie Qing. L'insurrection avait été menée par un jeune lettré du nom de Hong Xiuquan qui croyait être le jeune frère de Jésus-Christ. Ce soulèvement, qui débuta dans la province de Guangdong, s'est très vite transformé en un véritable raz de marée et s'étendit à travers toute la Chine du sud. Après avoir déclaré la fondation d'un nouvel Etat, le Royaume du Ciel et de la Grande Paix (Taiping Tianguo), Hong et ses partisans capturèrent Nankin en 1853 et y établirent leur capitale. Leur credo était une forme de despotisme messianique chrétien auquel s'ajoutait une intolérance vis-à-vis de la tradition culturelle chinoise. Les dirigeants Taiping commencèrent à mettre leurs théories en pratique dans les territoires

qu'ils avaient conquis, redistribuant la terre et donnant aux femmes une liberté sans précédent. Mais ils ne purent étendre leur contrôle plus au nord et les armées Qing, avec l'aide d'un armement occidental, parvinrent à les écraser en 1864. Le palais de l'empereur Hongwu fut détruit et sa tombe pillée. La rébellion des Taiping marqua un tournant important dans l'histoire de la dynastie des Qing qui ne se remit jamais du coup porté à son prestige et à son autorité.

Nankin avait été le siège, dix années auparavant, d'un autre événement : la signature en 1842 d'un traité conclu avec les Anglais qui mettait un terme à la première guerre de l'Opium et qui aboutit à l'ouverture de la Chine au commerce avec l'Occident (commerce effectué sur des bases très inégales au détriment de la Chine). Le Traité de Nankin a précédé d'autres accords conclus avec les puissances occidentales qui permirent à ces derniers de prendre pied en Chine. L'humiliation ressentie par la Chine face à l'incapacité du gouvernement Qing à défendre la nation contre les flottes occidentales et contre le commerce de l'opium fut très profonde.

Si la ville a beaucoup souffert au cours de son histoire, elle a également connu des moments de splendeur et de gloire, lorsqu'elle devint, par exemple, le centre de la culture et de l'enseignement du bouddhisme sous la dynastie des Tang. Ce fut à cette époque que Nankin devint le lieu de résidence de poètes comme Li Bai (Li Po) et Bai Juyi (Po Chu-i), dont les œuvres sont considérées comme parmi les plus belles de la littérature chinoise.

Visite de la ville

Le **musée de Nankin** abrite une magnifique collection qui représente plus de trente siècles d'histoire de la Chine. On y voit notamment un linceul de jade datant de la dynastie des Han qui était censé préserver le corps de la putréfaction. Il est composé de petits rectangles de jade reliés entre eux par des fils de métal et qui recouvraient le corps de la tête aux pieds ; un disque de jade était également inséré dans la bouche du défunt. Les 400 000 objets exposés dans le musée ont été disposés par ordre chronologique, et les visiteurs qui disposent de peu de temps peuvent choisir la période qui les intéresse le plus.

Le **musée du Royaume du Ciel des Taiping** est également intéressant et les pièces exposées donnent une idée précise de l'étrange royaume instauré par Hong Xiuquan, ce lettré du 19e siècle qui pensait pouvoir établir sur Terre le Royaume du Ciel. Il abrite aussi un très beau jardin de la dynastie des Ming, qui a survécu les vicissitudes politiques de la ville.

Pages précédentes : Pont sur le Yangzi, à Nankin.

Les anciens murs de la ville valent la peine d'être visités. Ces murs étaient au 17e siècle les plus grands du monde et aujourd'hui encore, même dans leur état de délabrement, ils restent magnifiques. La **porte Zhonghua** et la **porte Heping** construites avec un mortier composé d'un mélange de gruau de riz, de colle et de chaux, sont les deux seules portes qui subsistent de la dynastie des Ming et elles illustrent bien l'insécurité de cette époque, lorsque la peur d'une insurrection signifiait que des centaines de milliers de Chinois pouvaient être envoyés aux travaux forcés.

La **tour de la Cloche** et la **tour du Tambour** d'époque Ming se trouvent à quelques pas l'une de l'autre au centre de la ville. La cloche servait, comme dans d'autres villes, à annoncer l'aube et l'on roulait du tambour lorsque l'on fermait les portes de la ville à la tombée de la nuit. Un peu plus loin se trouvent les **salles d'examen Jiangnan** où venaient les aspirants-lettrés de la région dans l'espoir de réussir les examens bureaucratiques d'Etat et de trouver ainsi un poste dans l'administration impériale. A l'époque Ming, le complexe comptait plus de 20 000 cellules dans lesquelles les candidats passaient trois jours entiers penchés sur leurs examens. Une nouvelle salle d'exposition comprend une reconstitution de quelques cellules ainsi que des documents concernant l'histoire des examens impériaux.

La ville moderne

La grande réalisation de Nankin est son **pont sur le Yangzi**, qui a été construit en dépit du départ au début des années 1960 des ingénieurs russes qui en avaient dessiné les plans. Le pont, avec ses plates-formes routières et ferroviaires, a une longueur de 6,5 kilomètres et a été achevé en 1968. Il est un symbole de fierté nationale et joue un rôle primordial dans les communications en Chine. En effet, jusqu'à sa construction, tout le trafic nord-sud de la Chine devait traverser le fleuve en ferry.

Les voyageurs qui sont intéressés par l'histoire du communisme en Chine peuvent visiter au centre de la ville, au 30 Meiyuanxincun, la **maison de Zhou Enlai** où ont eu lieu les négociations avec le Kuomintang, après la défaite du Japon.

Le **mémorial des Martyrs de la Révolution** est un autre endroit intéressant à visiter, en particulier pour les touristes chinois. Il se dresse à l'emplacement de la terrasse de l'Arc en Ciel, un lieu de pèlerinage bouddhique. Il aurait reçu ce nom après l'éloquente prédication d'un moine du 6e siècle qui aurait tellement ému le Bouddha que celui-ci envoya une pluie de fleurs qui se transformèrent en pierres. Ces jolies agates sont ramassées, polies et vendues comme souvenirs. Les pierres de la région sont du plus bel effet lorsqu'elles scintillent dans l'eau, que ce soit sous la pluie ou dans des petites bassines, où elles sont exposées avec les narcisses du Nouvel An ou avec les poissons rouges.

Les environs de Nankin

La **colline de Pourpre et d'Or** (Zijinshan) se dresse à l'est de la ville et abrite certaines des plus célèbres curiosités de Nankin dont l'**observatoire** qui est édifié au sommet de l'un des pics. Il renferme une belle collection d'instruments astronomiques, dont une copie Ming d'un détecteur de tremblement de terre de l'époque Han. Une sphère armillaire en bronze, conçue en 1275 par l'astronome de la dynastie des Yuan, Guo Shoujing, se trouve également dans la collection.

Le **mausolée de Sun Zhongshan** est la curiosité la plus visitée des collines de Pourpre et d'Or. Sun Zhongshan, mieux connu sous son nom cantonais de Sun Yat-sen, est considéré comme le père de la Révolution républicaine chinoise. D'abord activiste du mouvement anti-impérialiste, il retourna en Chine après la Révolution de 1911, qui renversa la dynastie des Qing, après avoir passé des années en exil. Il devint alors le premier président de la nouvelle république. Mais il ne put empêcher les chefs militaires de s'emparer du pouvoir et il mourut, profondément déçu, à Pékin en 1925. L'accès au mausolée, qui a un toit de tuiles brillantes bleu-ciel, se fait par un escalier monumental de près de 400 marches de granit.

Sur la route du mausolée se trouve le **Ming Xiaoling**, la tombe du premier empereur de la dynastie des Ming. Elle a été pillée lors de la rébellion des Taiping et les visiteurs y viennent aujourd'hui pour admirer son site calme ainsi que la Voie des Esprits, jalonnée de statues de guerriers, de lettrés et d'animaux en pierre.

Le **monastère Linggu** se trouve également dans ces collines. Il est célèbre pour sa salle sans poutres d'époque Ming. Cette salle est construite en briques et ne possède aucun pilier de soutènement. Elle a été érigée sur un tumulus de terre, qui fut déblayé une fois l'édifice terminé, dégageant ainsi une salle sans piliers.

La colline boisée de Qixia est à une distance de 25 kilomètres à l'est de Nankin et abrite l'un des plus anciens monastères qui existent en Chine du Sud. Les bâtiments actuels du **monastère Qixia** datent tous du 20e siècle mais contiennent une bibliothèque célèbre, qui a conservé des écritures bouddhistes anciennes. Dans l'enclos du monastère se trouve un stupa octogonal sculpté, qui représente la vie du Bouddha et remonte à l'an 601. A quelques pas de ce stupa, on découvrira la **falaise des Mille Bouddhas**, gravées de sculptures qui datent du début du 7e siècle.

A une heure de voiture en direction du nord-est de la ville, se dressent des sculptures de pierre des 4e et 5e siècles. Ce fut une période de chaos politique en Chine, lorsqu'une série de dynasties éphémères ont régné sur différentes régions du pays. Les sculptures sont disséminées dans les champs, en 31 endroits différents, et proviennent toutes des restes de tombes aristocratiques et impériales de cette période. On les désigne collectivement sous le nom de sculptures de pierre des dynasties du Sud.

PÉKIN

Pékin se trouve juste à la lisière des steppes d'Asie centrale et n'est séparée du désert du Gobi que par une chaîne de montagnes verdoyantes, traversées par la Grande Muraille de Chine. La Grande Muraille a été construite et reconstruite par une succession d'empereurs désireux de se protéger des hordes de nomades qui déferlaient régulièrement sur la Chine, à la manière de ce vent de sable saisonnier qui vient du désert et qui balaye et asphyxie la ville. Une eau amère, qui est à peine buvable, sort des roches qui se trouvent en contrebas de la ville et seule la présence de quelques sources d'eau pure a rendu possible le développement de la capitale impériale.

Jongleurs à la cour d'un mandarin.

Le site de Pékin a été occupé par l'homme depuis près d'un demi-million d'années. A **Zhoukoudian**, à l'extérieur de la ville, on peut visiter l'endroit où a été découvert, en 1929, l'*Homo erectus Pekinensis*, mieux connu sous le nom d'homme de Pékin. Une première ville, appelée Yan, avait été bâtie à Pékin sous les Zhou de l'Est et devint la capitale de l'Etat de Ji. Par la suite, Pékin n'eut qu'un rôle secondaire avant de redevenir capitale sous la dynastie des Jin (Jurchen, 1115-1234). Mais ce fut le souverain mongol Kublai Khan qui en fit pour la première fois une métropole importante, à la fin du 13e siècle. La ville de Kublai Khan s'appelait Dadu en chinois, mais l'explorateur vénitien Marco Polo, qui a visité la ville à cette époque, la connaissait sous le nom de Khanbaliq. Dès son retour en Europe, Marco Polo écrivit un récit très vivant de ses voyages à travers l'Asie centrale jusqu'en Chine, qu'il appela Cathay. Toutefois, ses contemporains n'ont pas cru à ses histoires et ils l'ont surnommé *Il Milione*, voulant dire par là que ses contes étaient un million de mensonges. La plus grande partie des descriptions de Cathay était, en fait, exacte (en dépit de quelques omissions concernant les baguettes, par exemple) et son livre peut être recommandé comme témoignage oculaire de la Khanbaliq du 13e siècle.

Il ne reste rien de la ville mongole des Yuan, exception faite du tracé du parc Beihai, création de Kublai Khan. La ville que l'on découvre aujourd'hui est l'œuvre de l'empereur Yongle des Ming, qui, ayant usurpé le trône, transféra la capitale ici depuis Nankin. Il la rebaptisa Pékin, c'est-à-dire «Capitale du Nord».

La plupart des sites historiques de la ville datent soit de la dynastie des Ming soit de la dernière dynastie des Qing. Néanmoins, d'importantes transformations ont été effectuées par le gouvernement communiste qui, à son arrivée au pouvoir en 1949, modernisa la vieille ville en abattant les murs Ming, en détruisant les arcs commémoratifs (en mémoire aux veuves et aux dignitaires locaux) et en les remplaçant par de larges avenues et des blocs de maisons en béton. Le réseau étroit des *hutong* ou rues a été rebâti, supprimant ainsi ces quartiers caractéristiques qui avaient donné à la ville des proportions si humaines. Il reste quelques *hutong* au nord et au sud de la Cité interdite, mais le centre de la ville est dominé par les imposantes constructions staliniennes, édifiées autour de la place Tiananmen dans les années 50.

La Révolution culturelle (1966-1976) a aussi causé la destruction de nombreux trésors historiques et religieux de Pékin, au nom de la pureté révolutionnaire. Lors des purges anti-intellectuelles de cette révolution, il y eut de nombreux cas de meurtres ou de suicides de lettrés célèbres. Le plus infâme a peut-être été la mort par noyade de l'écrivain Lao She. De tous les écrivains du 20e siècle, c'est lui qui a décrit de la manière la plus authentique la ville de Pékin, ses habitants, ses quartiers et sa petite vie, en particulier avant 1949.

Les dirigeants du gouvernement chinois actuel essaient de remédier aux ravages de la Révolution culturelle par un travail de restauration et de reconstruction. Mais les artisans spécialisés, dont les ancêtres avaient construit et entretenu la cité impériale pendant des générations, sont aujourd'hui peu nombreux et il leur manque le savoir-faire nécessaire et la connaissance des matériaux pour sauver certains des édifices, fresques et sculptures. Malgré cela, il reste encore beaucoup de choses à voir et une visite de Pékin nécessite plusieurs jours rien que pour les édifices principaux.

Visite de la ville

La **Cité interdite** (Palais impérial ou Gugong) a été, dès sa construction par l'empereur Yongle en 1420, le lieu de résidence des empereurs, et cela jusqu'à ce que le dernier empereur Qing, Puyi, l'abandonne en 1924. Les vastes salles d'apparat, les terrasses en marbre blanc et les murs d'un rouge profond sont utilisés maintenant pour présenter de nombreuses expositions d'objets impériaux (costumes de cour, collections impériales d'horloges, peintures rares, porcelaines, bronzes, etc.). A noter qu'une grande partie de la collection impériale a été emmenée à Taiwan en 1949 et se trouve aujourd'hui au Musée national de Taipei.

Le complexe de la Cité interdite couvrait à l'origine 74 hectares et la visite du palais requiert au moins une demi-journée. En effet, c'est un spectacle très impressionnant qu'il ne faut pas visiter à la hâte. En été, époque à laquelle l'empereur et sa cour se retiraient vers la fraîcheur des palais du bord du lac, cela peut s'avérer décourageant à cause de la chaleur et la très forte lumière reflétée par les dalles blanches du sol. Pour avoir une belle vue sur l'ensemble du palais avec ses toits dorés, montez sur **la colline de Charbon** qui se trouve derrière l'entrée nord de la Cité. Egalement connue sous le nom de colline de la Contemplation, elle a joué un triste rôle dans l'histoire chinoise, car c'est ici que le dernier empereur Ming s'est pendu lorsque sa capitale tomba aux mains des rebelles en 1644.

Le **temple du Ciel** (Tiantan) est également un site impressionnant avec sa magnifique succession de temples et d'autels, disposés dans un parc. Ce monument fait partie des grands projets de l'empereur Yongle. Le ciel, *tian*, était considéré par les philosophes chinois comme la source de l'harmonie et de l'autorité spirituelle : il symbolisait la source même de la puissance impériale. Lors du solstice d'hiver, le temple du Ciel était le lieu des sacrifices impériaux, destinés à préserver l'ordre et l'harmonie sur Terre. L'architecture reflète ce sens de l'ordre : le mur situé au nord de cet ensemble fait une courbe en demi-cercle pour symboliser le ciel et le mur sud est construit en carré pour symbo-

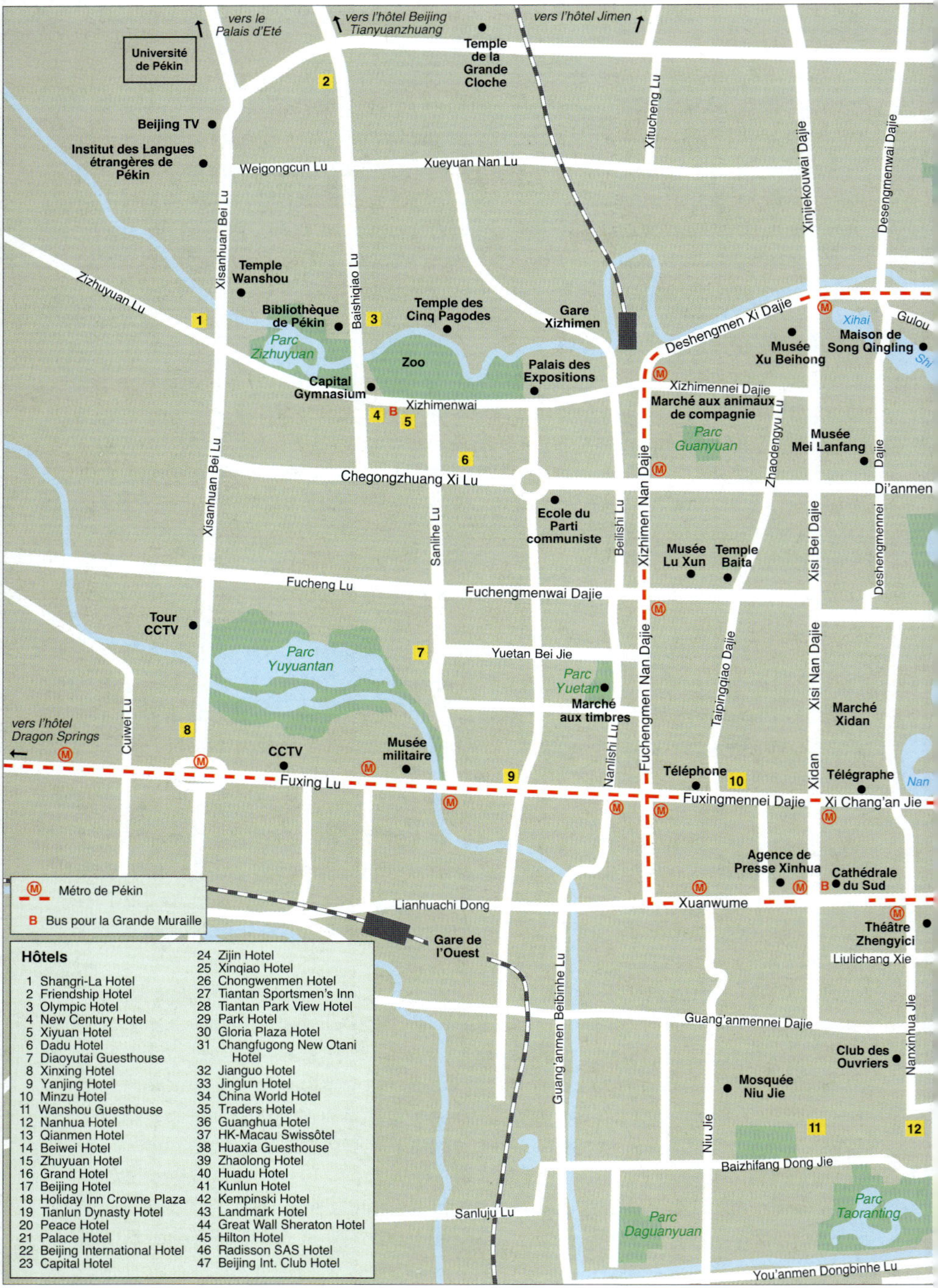
vers le Palais d'Eté
vers l'hôtel Beijing Tianyuanzhuang
vers l'hôtel Jimen
Université de Pékin
Temple de la Grande Cloche
Beijing TV
Institut des Langues étrangères de Pékin
Weigongcun Lu
Xueyuan Nan Lu
Xitucheng Lu
Xinjiekouwai Dajie
Desengmenwai Dajie
Xisanhuan Bei Lu
Zizhuyuan Lu
Temple Wanshou
Baishiqiao Lu
Bibliothèque de Pékin
Temple des Cinq Pagodes
Gare Xizhimen
Parc Zizhuyuan
Zoo
Capital Gymnasium
Palais des Expositions
Deshengmen Xi Dajie
Xihai
Gulou
Musée Xu Beihong
Maison de Song Qingling
Xizhimenwai
Xizhimennei Dajie
Marché aux animaux de compagnie
Parc Guanyuan
Zhaodengyu Lu
Musée Mei Lanfang
Chegongzhuang Xi Lu
Di'anmen
Ecole du Parti communiste
Sanlihe Lu
Beilishi Lu
Xizhimen Nan Dajie
Xisi Bei Dajie
Deshengmennei
Musée Lu Xun
Temple Baita
Fucheng Lu
Fuchengmenwai Dajie
Tour CCTV
Parc Yuyuantan
Yuetan Bei Jie
Parc Yuetan
Marché aux timbres
Taipingqiao Dajie
Xisi Nan Dajie
Marché Xidan
Cuiwei Lu
vers l'hôtel Dragon Springs
CCTV
Musée militaire
Nanlishi Lu
Fuchengmen Nan Dajie
Téléphone
Xidan
Télégraphe
Nan
Fuxing Lu
Fuxingmennei Dajie
Xi Chang'an Jie
Agence de Presse Xinhua
Cathédrale du Sud
Métro de Pékin
B Bus pour la Grande Muraille
Lianhuachi Dong
Xuanwume
Gare de l'Ouest
Théâtre Zhengyici
Liulichang Xie
Guang'anmen Beibinhe Lu
Guang'anmennei Dajie
Club des Ouvriers
Nanxinhua Jie
Mosquée Niu Jie
Niu Jie
Baizhifang Dong Jie
Sanluju Lu
Parc Daguanyuan
Parc Taoranting
You'anmen Dongbinhe Lu
Hôtels
1 Shangri-La Hotel
2 Friendship Hotel
3 Olympic Hotel
4 New Century Hotel
5 Xiyuan Hotel
6 Dadu Hotel
7 Diaoyutai Guesthouse
8 Xinxing Hotel
9 Yanjing Hotel
10 Minzu Hotel
11 Wanshou Guesthouse
12 Nanhua Hotel
13 Qianmen Hotel
14 Beiwei Hotel
15 Zhuyuan Hotel
16 Grand Hotel
17 Beijing Hotel
18 Holiday Inn Crowne Plaza
19 Tianlun Dynasty Hotel
20 Peace Hotel
21 Palace Hotel
22 Beijing International Hotel
23 Capital Hotel
24 Zijin Hotel
25 Xinqiao Hotel
26 Chongwenmen Hotel
27 Tiantan Sportsmen's Inn
28 Tiantan Park View Hotel
29 Park Hotel
30 Gloria Plaza Hotel
31 Changfugong New Otani Hotel
32 Jianguo Hotel
33 Jinglun Hotel
34 China World Hotel
35 Traders Hotel
36 Guanghua Hotel
37 HK-Macau Swissôtel
38 Huaxia Guesthouse
39 Zhaolong Hotel
40 Huadu Hotel
41 Kunlun Hotel
42 Kempinski Hotel
43 Landmark Hotel
44 Great Wall Sheraton Hotel
45 Hilton Hotel
46 Radisson SAS Hotel
47 Beijing Int. Club Hotel

Pékin
Badaling Great Wall Expressway
vers le village des Jeux asiatiques
vers l'hôtel Lido
vers l'aéroport de Pékin
vers le restaurant Jengiz Khan
Beisanhuan Zhong Lu
Beisanhuan Dong Lu
Shoudu Jichang Lu
China International Exhibition Centre
China Travel Service Tower
Pont Sanyuan
Hepingli Dong
Hepingli Bei Jie
Andingmenwai Dajie
Parc Ditan
Andingmen Xi Dajie
Andingmen Dong Dajie
Temple des Lamas
Musée de la Capitale
Tour de la Cloche
Tour du Tambour
Andingmennei Dajie
Yonghegong Dajie
Dongzhimennei Dajie
Dongzhimenwai Dajie
Dongzhimenwai Xiejie
Liangmaqiao
Xi Dajie
Shahai
Qianhai
Xi Dajie
Di'anmen Dong Dajie
Poly Plaza
Gongren Tiyuchang Bei Lu
Centre national d'exposition agricole
Stade des Ouvriers
Parc Beihai
Beihai
Colline du Charbon
Dagoba
China Art Gallery
Dongsi Bei Dajie
Dongzhimenbei Xiaojie
Dongzhimen Nan Dajie
Wusi
Chaoyangmenwai Dajie
Centre Jingguang
Chaoyang Lu
Dongsanhuan Bei Lu
CITÉ INTERDITE
Zhonghai
Wangfujing Dajie
Marché Yabao Lu
Parc Ritan
Magasin de l'Amitié
Porte Tian'anmen
Nanhai
Dong Chang'an
Jianguomennei
Jianguomenwai Dajie
Jianguo Lu
Poste principale
Ancien Observatoire
Restaurant Jianguomen (canard laqué)
PLACE TIAN'ANMEN
Qianmen
Qianmen Xi
Qianmen Dong
Gare de Pékin
Restaurant Tai Feng Lou
Chongwenmenwai Dajie
Donghuasi Dajie
Qianmen Dajie
Zhushikou Dong Dajie
Guangqumenwai Dajie
Yuanlong (magasin de soie)
Dongsanhuan Zhong Lu
Tiantan Lu
Marché Hongqiao
Tiyugan Lu
Jinsong Lu
Théâtre Tianqiao
Parc du Temple du Ciel
Parc Longtan
Marché Panjiayuan
Marché aux animaux domestiques
Fang Zhuang Apartments
N
0 1 2 km
1 2 3 13 14 16 17 18 19 20 21 22 23 24 25 26 27 28 30 31 32 33 34 35 36 38 39 40 41 42 43 44 45 46 47

liser la terre. Les tuiles bleues des toits rappellent la couleur du ciel, alors que la plupart des édifices impériaux ont des tuiles jaunes (la couleur impériale). L'empereur pratiquait également d'autres sacrifices sur les **autels du Soleil, de la Lune et de la Terre**. Ces lieux ont été transformés en jardins publics et se trouvent respectivement à l'est, à l'ouest et au nord de la ville.

Le parc à plans d'eau de Kublai Khan est devenu maintenant le **parc Beihai**. Il ne reste rien de la période Yuan ici sauf un grand bol de jade noir, décoré de monstres marins, et qui fut fabriqué pour Kublai Khan en 1265. Ce bol est exposé près de l'entrée sud du parc. Au centre du parc, sur une colline, se dresse un ***dagoba* blanc** de style tibétain, construit en 1651 pour honorer la visite du Dalaï Lama. Ce que l'on voit du lac ne représente en réalité que la moitié d'un lac plus grand. La moitié sud reste cachée derrière les hauts murs rouges de **Zhongnanhai**, qui faisait autrefois partie du parc impérial et qui est maintenant l'ensemble résidentiel des principaux dirigeants du Parti communiste, y compris de Deng Xiaoping. Aucun étranger, sauf s'il s'agit d'un dignitaire de haut rang, ne peut visiter les villas du bord du lac. Le Chinois moyen et les touristes étrangers doivent se divertir sur les rives nord du lac Beihai, où ils peuvent faire du bateau en été et du patinage en hiver. La plupart des bâtiments que l'on visite aujourd'hui dans le parc sont des ajouts ou des restaurations de l'époque Qing. Le **restaurant Fangshan**, situé dans le parc, est un endroit apprécié pour le déjeuner ou le dîner. Son cadre est splendide et le choix des plats, qui proviennent des cuisines du palais impérial, en font un lieu à ne pas manquer.

Les sciences, et en particulier l'astronomie, se sont développées à une époque très ancienne en Chine. Un astronome chinois a calculé la durée d'une année 300 ans avant que le même calcul ne soit fait en Occident. A l'époque où les pères jésuites sont arrivés en Chine au 16e siècle, beaucoup de connaissances scientifiques chinoises antérieures avaient été perdues à cause des changements de dynasties, et des destructions et des bouleversements qui en ont résultés. Afin d'impressionner les empereurs chinois par la supériorité de la foi chrétienne (une foi qui avait persécuté Galilée pour ses découvertes scientifiques), les pères jésuites se sont mis à réaliser des instruments astronomiques de précision et à défier la précision des prédictions des astronomes chinois de la cour. Ce n'était pas un défi mineur, car l'empereur, en sa qualité de Fils du Ciel, était responsable de la précision du calendrier et ainsi de l'harmonie de l'empire. Les instruments astronomiques des jésuites sont exposés à l'**observatoire Impérial** à côté d'objets Ming et Qing, sur une terrasse en plein air, qui faisait autrefois partie de l'enceinte de la ville. En dépit de leur grand prestige à la cour des empereurs Kangxi et Qianlong, et de leurs travaux dans le domaine scientifique, les jésuites n'atteignirent pas leur objectif, qui était de convertir la maison impériale au christianisme.

La **place Tiananmen** est une vaste création du 20e siècle, dont le nom provient de la porte à l'extrême sud de la Cité impériale : la **porte de la Paix céleste**. Jusqu'à l'apparition, en 1977, du **mausolée du président Mao** (ouvert au public seulement à certaines heures), la place offrait une vue en enfilade depuis la porte de Qianmen jusqu'aux murs extérieurs de la Cité interdite. A l'ouest de la place se trouve la stalinienne **Grande Salle du Peuple**, où se tiennent les congrès du parti et les congrès nationaux. Sur le côté est se situent le **musée d'Histoire** et le **musée de la Révolution**. C'est ici dans cette vaste place que Mao Zedong déclara en 1949 la fondation de la République Populaire de Chine. Depuis sa création, Tiananmen a été le point de rassemblement des visiteurs chinois à Pékin qui venaient se faire photographier devant la porte de la Paix céleste avec, en arrière-plan, le portrait du président Mao. Les jours de vent, les enfants y courent pour faire voler leurs cerfs-volants. Mais cette place a aussi été le théâtre de nombreuses manifestations politiques – rassemblements de Gardes rouges, manifestations après la mort de Zhou Enlai – et surtout des événements sanglants du printemps 1989 dont les traces ont aujourd'hui été soigneusement nettoyées.

Pékin est une ville riche en musées. En plus de la Cité interdite elle-même et des musées sur la place Tiananmen, il est possible de visiter, en faisant une demande à l'avance, la **Bibliothèque nationale** qui comporte plus de 13 millions de volumes dont des manuscrits extrêmement rares. Le **musée d'Art de Pékin** est le premier grand musée à ouvrir en Chine en trente ans. Situé dans un temple bouddhiste qui avait pendant des années été occupé par l'armée, ce musée contient une collection hétéroclite d'objects Ming et Qing ainsi que des peintures de la période républicaine.

Beaucoup des vieux temples de la cité sont également en cours de restauration et sont ouverts au public. Le **monastère du Dagoba blanc** (Baitasi) se trouve à l'ouest du parc Beihai dans le quartier Taipingqiao. Construit au 13e siècle sous la direction d'un architecte népalais, il abrite une magnifique collection de *thankas* tibétains (peintures religieuses), et c'est un endroit très tranquille, rarement visité par les touristes.

Le **temple des Lamas** (Yonghe gong, ou palais de la Paix et de l'Harmonie), au nord-est de la ville, est beaucoup mieux connu. C'était à l'origine la résidence d'un prince ; lorsque celui-ci monta sur le trône pour devenir l'empereur Yongzheng (1723-1735), les bâtiments furent convertis en temple. Pendant le règne de l'empereur suivant, Qianlong, le temple devint un centre d'études de la secte tibétaine lamaïste des Bonnets jaunes. Il renferme une collection de

bronzes et de peintures tibétaines mais est surtout connu pour sa statue colossale de Maitreya, haute de 23 mètres et sculptée, dit-on, dans un seul morceau de bois de santal.

Les environs de Pékin

« La **Grande Muraille** est... une grande muraille », aurait annoncé le président Nixon, lors de sa visite en 1976. On ne peut sans doute pas ajouter grand chose à cette remarque, sauf que des visites en hélicoptère sont maintenant possibles et que cela fait gagner un temps précieux à ceux dont le séjour à Pékin se limite à quelques jours. La muraille est maintenant ouverte aux visiteurs en deux endroits : **Badaling**, à 80 km de Pékin, le site le plus souvent visité où vous pouvez contempler la fameuse vue de la muraille qui grimpe implacablement sur la crête de la montagne, et **Mutianyu**, qui est un endroit plus calme à visiter, mais un peu moins spectaculaire. Pour les empereurs chinois, la Grande Muraille était une défense contre les invasions des barbares nomades venus du Nord. Pour le Chinois moyen d'aujourd'hui, c'est un immense symbole de la souffrance de l'homme et de son esprit indomptable. Le mur, sous sa forme actuelle, est en grande partie une création des Ming.

Treize des empereurs Ming ont été enterrés dans une vallée tranquille, proche de la capitale. Cette vallée, autrefois silencieuse, est maintenant submergée par les cars de touristes et flanquée d'un terrain de golf, financé par les Japonais. Néanmoins, les **tombeaux Ming** sont extrêmement beaux et il faut les visiter très tôt le matin ou à la nuit tombante pour échapper à la foule et apprécier la sérénité de la grande Voie des Esprits, bordée de statues en pierre de mandarins, de soldats et d'animaux.

Les **tombeaux Qing** sont à quelque distance de Pékin, dans la province du Hebei, et, de ce fait, moins fréquentés par les visiteurs. Situés dans un paysage de campagne tranquille, ils sont entourés de hautes montagnes. Les sculptures qui se trouvent sur la Voie des Esprits sont très différentes de leurs homologues Ming. Celles des allées Qing ont des tresses à la mode manchoue et portent des rosaires bouddhistes. Les gardiens Ming portent, par contre, le chignon traditionnel chinois et tiennent à la main des tablettes confucéennes. Les deux empereurs Kangxi et Qianlong sont enterrés ici ainsi que la célèbre impératrice douairière Ci Xi, qui, à la fin du 19e siècle, s'empara du gouvernement et fut responsable de l'obstruction de réformes qui auraient pu renforcer le pouvoir vacillant de la dynastie des Qing.

Intérieur de la salle de Prière pour des bonnes récoltes, temple du Ciel, Pékin.

L'impératrice douairière était particulièrement attachée à un magnifique ensemble de salles et de pavillons, situé au bord d'un lac au nord-ouest de la ville: le **Yiheyuan** (jardin de la Culture de l'Harmonie), mieux connu en Occident sous le nom de **palais d'Eté**. L'impératrice douairière avait son opéra privé dans le palais, comme c'était le cas dans la Cité interdite, de façon à pouvoir assister à ce divertissement des journées entières. Le bateau de marbre amarré sur la rive nord du lac Kunming, dans les jardins, est aussi une folie associée à l'impératrice: elle le fit construire en s'appropriant des fonds qui auraient dû servir à financer la modernisation de la marine chinoise. Le palais d'Eté est un endroit très agréable pour faire du bateau en été ou du patin à glace en hiver; ses rives sont bordées de saules pleureurs et de ponts de marbre. Il possède également un bon restaurant, le Tingliguan, souvent utilisé pour des banquets.

La résidence d'été des premiers empereurs Ming et, plus tard, des empereurs Qing était le **Yuanmingyuan** (jardin de la Splendeur rayonnante). Les étrangers l'appellent souvent le vieux palais d'Eté. Il se trouvait à côté du nouveau Yiheyuan et c'est aujourd'hui une ruine romantique de colonnes en marbre, de fontaines brisées et de terrasses éparpillées. Le jardin fut conçu par les jésuites pour les empereurs Ming. Il fut pillé en 1860 par les troupes étrangères qui faisaient partie des forces expéditionnaires, envoyées par les gouvernements européens pour pousser le gouvernement Qing à faire de plus amples concessions commerciales. Les troupes furent placées sous le commandement de Lord Elgin. Le Yuanmingyuan est aussi un endroit charmant pour piqueniquer en été et les autochtones aiment y venir pour faire de la peinture, pour se faire la cour ou pour y rêver.

On peut aussi faire une excursion d'un jour vers les **collines Parfumées** (Xiangshan), particulièrement belles en automne lorsque ces petites montagnes vallonnées, jonchées de feuilles mortes, s'embrasent d'or et de rouge. La sérénité de ce paysage est un contraste frappant avec la ville poussiéreuse de Pékin. Si vous avez prévu d'aller plus loin, vous pouvez visiter le **temple du Bouddha couché** (Wofosi) et le **temple des Nuages d'azur** (Biyunsi), puisqu'ils sont sur la route des collines. Le temple des Nuages d'azur est un lieu solitaire au printemps, lorsque les pêchers et les amandiers sont en fleurs. Les collines Parfumées étaient un parc impérial à l'époque des empereurs des dynasties Jin et Yuan qui y avaient leur réserve de chasse. Malheureusement, il reste peu d'animaux sauvages; mais, une série de petits temples disposés au milieu des arbres font du parc un havre de paix. Le **jardin de l'Introspection** du 16e siècle est d'un intérêt tout particulier, avec son bassin circulaire entouré d'un sentier de promenade. Un téléphérique permet maintenant d'arriver en 18 minutes au sommet des collines.

L'Hôtel des Collines Parfumées, tout près de l'entrée du parc, a été conçu par l'architecte sino-américain I.M. Pei. Le plan en est extrêmement simple et s'inspire de l'architecture classique chinoise, dans une transposition moderne. Il a malheureusement défraîchi aujourd'hui mais, avec une meilleure gestion, cet hôtel aurait pu devenir l'un des meilleurs de Chine.

Les temples de Tanzhe et de Jietai, situés dans les collines de l'Ouest, peuvent faire l'objet d'une agréable excursion d'une journée, loin des foules de la capitale (prendre un pique-nique). Un premier temple avait été construit sur le site du **Tanzhesi** il y a quelque 1600 ans bien que les bâtiments actuels soient plus tardifs et aient été récemment restaurés. La salle de Guanyin est associée à la fille de l'empereur Kublai Khan, la princesse Miaoyan, qui aurait vécu ici comme nonne au 13e siècle. A côté du temple se trouvent des rangées de petites pagodes construites sur les tombes des moines ; les plus anciennes datent de la dynastie Jin et les plus récentes des Qing.

Le **Jietaisi**, le temple de la Terrasse de l'initiation, était, comme son nom l'indique, le lieu d'initiation des novices bouddhistes. La terrasse en question fut construite sous les Liao par un certain Fajun; elle est décorée à sa base de centaines de personnages sculptés.

Chengde (autrefois appelée Jehol) était une autre station estivale qui connut la faveur des empereurs Qing. Elle se trouve au-delà de la Grande Muraille, à cinq heures et demie de train de Pékin. C'est l'empereur Kangxi qui conçut le projet de construire un palais avec des lacs et des parcs dans une vallée fluviale protégée par des montagnes. Le petit-fils de Kangxi, l'empereur Qianlong, a dépassé en tous points les réalisations de son grand-père en doublant le nombre de beaux sites paysagés et en construisant huit temples magnifiques, les **Waibamiao**, dont chacun devait refléter les différentes pratiques religieuses des diverses régions de l'Empire chinois. Il n'en reste que sept, l'un d'entre eux ayant été démonté pour être emmené au Japon durant la Seconde Guerre mondiale. L'un des plus grands, le **Putuozhongsheng**, est une réplique du Potala du Dalaï Lama, à Lhassa.

En plus de ces huit temples, le grand **parc impérial**, le Bishu shanzhuang, juste au nord de la ville mérite également une visite. On y voit le palais impérial, beaucoup plus simple et plus modeste que celui de Pékin, et le parc même, un très beau paysage de pavillons, de lacs et de montagnes. Chengde cessa d'être une résidence d'été en 1820 à la mort de l'empereur Jiaqing, frappé par la foudre.

PÉKIN

«L'année a été bonne pour les entreprises de pompes funèbres. Les statistiques les plus optimistes évaluent à quarante ou quarante-cinq mille, pour la seule ville de Pékin, le nombre des personnes mortes du choléra pendant l'été qui vient de finir. Des gens bien informés prétendent que ce chiffre, déjà respectable pour une population de six à sept cent mille âmes au plus, a été de beaucoup dépassé. A cela rien d'étonnant. On a même lieu d'être surpris que la mortalité n'ait point été plus grande, étant donné l'absolu mépris affiché par l'habitant, du haut en bas de l'échelle sociale, pour les exigences les plus élémentaires de l'hygiène. Le fléau a perdu de son caractère épidémique dès les premières fraîcheurs d'automne. Il semble cependant que l'on décède encore avec entrain, à en juger par la quantité de convois de toute classe qui, chaque jour, défilent dans les rues avec ou sans accompagnement de cymbales et de trompettes.

» Il y en a de superbes qui se développent sur une distance de deux ou trois kilomètres; des catafalques grands comme des maisons, drapés de pourpre, étincelants d'or et de verroteries: quatre-vingt-dix porteurs ployant sous le faix soutiennent l'édifice qui avance lentement avec des soubresauts de navire ballotté par la houle. En tête, marchent des centaines de porte-drapeaux, de porte-lanternes, des joueurs de trompe, des batteurs de caisse, des pages trimbalant sur des coussins la défroque du défunt, ses tuniques de cour brodées au petit point, sa toque ornée du bouton de corail, des tablettes où sont énumérées ses titres et ses grades.

» Tout cela aurait grand air, n'étaient l'accoutrement sordide, la démarche grotesque de ce personnel racolé au hasard parmi de pauvres diables trop heureux de gagner de la sorte quelques sapèques. Ils vont clopin-clopant, sans conviction, tenant leurs accessoires en ferblanterie et en carton-pâte Dieu sait comment, causent entre eux à voix haute, échangent avec la foule des grimaces et des quolibets, s'arrêtent pour se moucher du doigt ou pour bourrer leurs pipes. Derrière le cercueil viennent les membres de la famille, de blanc vêtus en signe de deuil; des palanquins, des chariots à la file, où trônent des épouses à figures poupines, nullement émues de leur veuvage; puis des cavaliers, des serviteurs encore qui portent des cartonnages peinturlurés représentant des chevaux, des armes de prix, des coffrets soi-disant bondés de monnaie d'or et d'argent, bref, toute la fortune laissée par le mort et que ses héritiers vont, pour attester leur désespoir, livrer aux flammes sur la tombe à peine refermée.

» Il y a aussi le convoi du pauvre, la bière nue que quatre coolies enlèvent au pas gymnastique; enfin le plus sinistre des corbillards, un chariot attelé d'un buffle et dont la caisse, recouverte d'une vieille bâche, est marquée à l'arrière d'un énorme caractère noir. On le voit errer par la ville à certaines heures, le matin, entre six et huit, et le soir à la nuit tombante. C'est le tombereau des miséreux, de ceux qui n'ont pu économiser de quoi s'acheter quatre planches. Mais ce qu'il emporte le plus souvent sont les cadavres de bébés que les parents, n'ayant pas de quoi payer les funérailles, si modestes soient-elles, déposent simplement sur le pas de leur porte, roulés dans une natte. Nous l'avons surnommé «la charrette aux enfants». Et c'est, par les clairs matins d'automne, une vision macabre, cette guimbarde promenant, dans l'animation joyeuse d'une ville qui s'éveille, son chargement de chair humaine ballotté au gré des cahots. La silhouette même du charretier, un lourdaud quelconque assis sur le brancard, a, semble-t-il, je ne sais quoi de sinistre. Charrette aux enfants, charrette de l'ogre. Où donc les emporte-t-elle? Vers quelque trou creusé là-bas dans la plaine, pas assez profond pour que, sous les pelletées de terre, les chiens errants et les vautours ne puissent y trouver leur pâture. Quelquefois, après une tournée fructueuse, lorsque la boîte est pleine, un heurt violent fait jaillir par une déchirure de la bâche un bout de bras, une petite main qui s'agite dans un vague geste d'appel.»

Marcel Monnier, *Le tour d'Asie*, Paris 1899.

L'opéra de Pékin fait usage de maquillages complexes pour représenter les divers personnages.

L'OPÉRA CHINOIS

L'opéra de Pékin est originaire de la Chine du Sud mais fut adopté par la cour des Qing au 19e siècle; il fut alors appelé *jing ju,* ou «opéra de la capitale». Il est surtout connu pour son style de musique percutante et l'usage de claquettes en bois (sortes de castagnettes allongées) qui sont utilisées pour marquer le rythme des mouvements des acteurs. Il n'y a que quatre rythmes pour situer la scène: un rythme lent utilisé pour les scènes de réflexion ou lorsque l'acteur pense à haute voix; un rythme moyen employé pour la narration; un rythme rapide pour exprimer la gaieté ou l'agitation; et finalement un rythme libre pour les intermèdes entre les moments d'action. Les acteurs chantent d'une voix de fausset ou d'une voix naturelle. Les personnages de guerriers emploient des techniques de chant particulières, poussant leur voix vers la partie inférieure de leurs joues pour créer un effet de profondeur. Le public chinois aime applaudir un solo particulièrement réussi, qui exige un grand contrôle de la voix et de la gamme des sons.

L'opéra chinois est différent de ses homologues occidentaux sous bien des aspects, mais aucune différence n'est aussi frappante que les visages peints que l'on voit sur une scène chinoise. Le théâtre grec antique était joué avec des masques pour garantir un effet dramatique, mais l'opéra chinois requiert qu'un grand nombre des personnages aient leur visage peint de manière très complexe pour signifier leur personnalité. Le public reconnaît ainsi les personnages bons ou mauvais: les visages rouges sont ceux des héros alors que les visages blancs indiquent la traîtrise. C'est par les spectacles à l'Opéra que les illettrés et les pauvres apprenaient autrefois l'histoire et les légendes de leur pays.

Certains personnages ne requièrent pas de visage peint de manière complexe; parfois il suffit d'appliquer une couche de rouge avec des contours blancs autour des yeux et des traits noirs pour les sourcils (les yeux sont accentués en collant de l'adhésif aux coins pour les tirer vers le haut). A titre d'exemple, les personnages qui représentent des jeunes femmes ou des jeunes hommes ont des visages rouges sans autres marques, alors que les guerriers sont peints de dessins aux traits épais. Les clowns sont faciles à reconnaître grâce à une tache de peinture blanche au milieu du visage. Les serviteurs et les pages ont habituellement peu de maquillage et portent deux petits chignons. Les visages des dieux sont peints d'un or brillant et les esprits des animaux de manière à ressembler à l'animal en question.

Il y a peu d'accessoires sur la scène d'un opéra chinois et les acteurs miment la scène pour indiquer où l'action se déroule. Un acteur peut, par exemple, traverser la scène en « ramant», en penchant son corps comme s'il se tenait dans un bateau et en godillant depuis la poupe avec une rame. Un personnage qui va monter à cheval prend son fouet à pompon et mime le mouvement de l'animal. Un homme qui quitte une pièce va exagérer ses pas, tout en soulevant les pans de sa robe (les maisons chinoises ont une marche surélevée dans l'encadrement des portes). Une grande émotion est exprimée en secouant les mains dans les manches de la tunique. Une femme montre son amour en cachant timidement sa tête derrière sa main. Tous ces petits gestes donnent des informations importantes au public et il ne faut pas une grande expérience de l'opéra chinois pour les comprendre.

Les histoires des opéras traditionnels ont habituellement des intrigues compliquées et enchevêtrées. C'est le déroulement de l'intrigue plutôt que le développement psychologique d'un caractère qui crée le suspense. Il n'existe pas de développement des personnages tel que nous le connaissons en Occident: les visages peints indiquent les rôles dès le début de la pièce et il n'y a aucun changement, ni du personnage ni du maquillage, pendant son déroulement de l'action. Les personnages «méchants» sont vaincus et non pas transformés. Aussi les pièces que les visiteurs étrangers préfèrent sont souvent les spectacles d'art martiaux et d'acrobaties, qui n'ont pas besoin de beaucoup d'explications. Le grand favori est le *San cha kou* ou «A la croisée de trois chemins», le récit d'un quiproquo et d'un combat dans l'obscurité entre deux héros et un aubergiste. Le combat est tellement convaincant que l'on en oublie que les acteurs peuvent vraiment se voir lorsqu'ils se déplacent sur scène.

L'opéra régional chinois peut être tout aussi passionnant et haut en couleur que son cousin de la capitale. Dans les opéras du Sichuan et du Shaanxi, on retrouve souvent le rôle d'un personnage féminin comique, joué par un homme. Dans le *Yue ju* du Zhejiang, tous les rôles sont joués par des femmes et la musique, plus douce, comprend plus d'instruments à cordes et à vent et moins de percussions que l'opéra du Nord. Le style classique *kun qu*, qui vient de Suzhou, est particulièrement apprécié d'un public plus âgé. Il existe une troupe du *kun qu* à Pékin qui donne régulièrement des représentations. L'une des histoires de leur répertoire raconte la vie d'un mari, véritable propre à rien, qui avait vendu sa femme. Des années plus tard, il se retrouvera à son service, chargé de faire des courses pour elle tandis qu'elle fait semblant de ne pas le connaître. Honteux, il tremble de peur qu'elle ne le reconnaisse. L'histoire se termine lorsque l'homme est persuadé d'épouser une femme inconnue, qui s'avère être sa propre épouse, qui lui a bien sûr pardonné. Le public chinois est friand de ces contes de mésaventures, de pardon et de réconciliation.

VILLES TRADITIONNELLES ET VILLES MODERNES

SHANGHAI

A l'échelle de l'histoire du pays, Shanghai est une ville très moderne. Pourtant, sa fondation remonte à la période des Royaumes Combattants (475-221 avant J.-C.) mais elle n'était alors qu'un petit village de pêcheurs. Sa transformation en l'une des plus grandes villes du monde – et la première du pays – ne date que du 19e siècle. C'est sa position à l'embouchure du Yangzi, la principale artère commerciale de la Chine, qui l'a rendue si attrayante aux yeux des marchands d'Europe et d'Amérique, du 19e siècle jusqu'à nos jours. Shanghai doit son développement, son style et sa suprématie à cette étrange conjonction de commerçants occidentaux et d'entrepreneurs chinois qui y sont venus en grand nombre et qui y ont fait fortune.

Shanghai fut l'un des cinq ports ouverts au commerce avec l'étranger par le traité de Nankin de 1842. Ce traité garantissait également aux résidents étrangers de ces ports l'«extraterritorialité», principe selon lequel ils ne pouvaient être jugés par une cour chinoise, mais seulement par une cour de leur pays d'origine. Des zones bien délimitées de la ville, appelées concessions, furent réservées à ces étrangers qui y jouissaient d'une parfaite autonomie. A une époque, Shanghai comprenait des concessions britannique, française et américaine; plus tard, les communautés américaine et britannique se joignirent l'une à l'autre pour devenir l'«International Settlement».

Shanghai est restée la principale place de commerce en Chine, malgré l'attitude soupçonneuse du gouvernement communiste envers son passé de prospérité décadente, son esprit d'entreprise et son indépendance politique. Après 1949, les nouveaux dirigeants furent avides de bénéficier des richesses et de l'infrastructure commerciale de Shanghai. Ils ont d'ailleurs privé la ville des fonds nécessaires à son développement et à sa modernisation, alors que tous ses bénéfices lui étaient retirés pour financer le développement des régions pauvres de l'intérieur du pays. Les habitants de Shanghai en ont toujours été offensés, et ils ont également souffert des excès de certaines campagnes politiques, dont plusieurs pendant la Révolution culturelle étaient concentrées sur Shanghai.

Pages précédentes:
Le Bund, dans la Shanghai des années 30.

Dans l'actuel climat politique qui encourage une économie plus concurrentielle, un nouveau rôle a été dévolu à Shanghai, celui d'être le fer de lance du développement de l'économie de marché socialiste, et de devenir le modèle à suivre pour d'autres villes du pays. Au début des années 1980, Shenzhen et des zones économiques spéciales avaient été créées par Deng Xiaoping dans le sud de la Chine dans le même but. A l'époque, Shanghai avait été délaissée par les investisseurs désireux de prendre pied sur le marché chinois parce qu'elle ne pouvait offrir les mêmes avantages que les zones spéciales.

Mais la situation changea; les zones spéciales n'eurent pas tout le succès escompté, et en décembre 1990, la Bourse de Shanghai fut ouverte. Deux ans plus tard, lors d'une visite, Deng présenta sa vision d'un «Grand Shanghai», avec la construction d'une zone industrielle nouvelle à Pudong, sur l'autre rive du fleuve, et d'un port franc à Waigaoqiao. Le successeur de Deng, Jiang Zemin, est né près de Shanghai et y a été éduqué; pendant plusieurs années il fut le maire de la ville. Zhu Rongji, le très pragmatique maître de l'économie chinoise, fut également à une époque maire de Shanghai puis chef du Parti municipal. Ces liens ne sont bien évidemment pas totalement étrangers au succès du développement de Shanghai depuis quelques années...

De même que l'on ne visite pas New-York pour voir l'Amérique de l'époque coloniale, on ne va pas à Shanghai pour un aperçu du passé impérial de la Chine. Ce que la ville peut surtout offrir, c'est la vision d'un port ouvert au commerce étranger, la vie moderne chinoise et peut-être aussi une vision de l'avenir du pays, que ce soit dans les nouvelles zones industrielles ou dans l'émergence d'une nouvelle génération de jeunes qui ont, en quelque sorte, laissé derrière eux leur héritage révolutionnaire pour viser le bon côté de la vie.

Visite de la ville traditionnelle

Bien que Shanghai soit une ville moderne et industrielle, les touristes chinois et étrangers aiment commencer leur visite par une excursion dans le vieux quartier chinois, **Nanshi**. Les rues ne sont pas construites selon un système de quadrillage ordonné, comme elles le sont dans la zone d'implantation internationale, mais sont disposées en désordre, dans un enchevêtrement de passages et de ruelles. Cela fait partie du charme de la ville, mais c'est probablement moins pittoresque pour ceux qui y vivent. Le surpeuplement signifie que le ménage, le tricot, les échecs, la préparation du dîner et même les querelles de famille ont souvent lieu dans la rue.

C'est aussi un quartier renommé pour y faire des courses. Contrairement aux grands magasins de la célèbre **rue de Nankin** (Nanjing lu), où tout se vend, des caméras aux boîtes de conserves, les petits magasins de la vieille

Shanghai
N
0 0.5 1 km
vers Nanjing, Beijing
Jiaotong Lu
Zhenbei Lu
Caoyang Lu
Huning Highway
Wuning Lu
Zhongshan Bei Lu
Pépinière de Beixingjing
Jinshajiang Lu
Caoyang Lu
Changshou Lu
38
Parc Changfeng
Wusong
Wanhangdu Lu
Beizhai Lu
Parc Zhongshan
Wusong
Changning Lu
Zhongshan Xi Lu
Temple Jing'an
Parc Jing'an
Jiangsu Lu
Huanxi Yi Dadao
Hami Lu
Shuicheng Lu
Gubei Lu
Parc Tianshan
14
15
13
Yan'an Xi Lu
Huashan Lu
10
9
11
12
Xinghua Lu
Ancienne résidence de Soong Ching-ling
Sasha's
HONGQIAO AÉROPORT
Zoo de Shanghai
Xiao Nan Guo
Hengshan Lu
6
8
Tombeau de Soong Ching-ling
16
Huaihai Xi Lu
Huashan Lu
17
Hengshan Lu
2
4
5
Hongqiao Lu
3
Yan'an Xi Lu
Hongqiao Lu
Dragon Era Center
Xujiahui
Cathédrale Xujiahui
7
Wuzhong Lu
18
Nandan Dong Lu
Hongxu Lu
19
Lingling Lu
20
Wanti Guan
Stade de Shanghai
21
Zhongshan
Cimetière
vers Hangzhou
Temple Longhua
Caobao Lu
Caoxi Lu
1 Hôtel
Périphérique
Autoroute surélevée
Métro de Shanghai
Métro en construction
Xujiahui Station Métro
Train
Tram
Tunnel avec vue
Tunnel

1 Pudong Shangri-La Hotel
2 Airport Hotel
3 Hotel Nikko Longbai
4 Cypress Hotel
5 Worldfield Convention Hotel
6 New Garden Hotel
7 Tian Ma Hotel
8 Cherry Holiday Villa
9 Yangtze New World Hotel
10 Westin Tai Ping Yang Hotel
11 Galaxy Hotel
12 Holiday Inn Crowne Plaza Shanghai
13 Jing An Hotel
14 Equatorial Hotel
15 Shanghai Hilton
16 Regal International East Asia Hotel
17 Hengshan Hotel
18 Jianguo Hotel
19 Hua Ting Hotel and Towers
20 Regal Shanghai East Asia Hotel
21 Olympic Hotel
22 Portman Ritz-Carlton Hotel
23 Shanghai JC Mandarin Hotel
24 City Hotel
25 Donghu Hotel
26 Garden Hotel
27 Jinjiang Hotel
28 Shanghai Education Hotel
29 Ruijin Guesthouse
30 Park Hotel
31 Huaqiao Hotel
32 Sofitel Hyland Hotel
33 Peace Hotel
34 Pacific Luck Hotel
35 Pujiang Hotel
36 Seagull Hotel
37 Grand Hyatt/Jin Mao Tower
38 Jinsha Hotel

ville sont des échoppes spécialisées. Vous y trouverez des boutiques de thé, d'éventails, de bonsaïs (en chinois, *penjing*) et d'oiseaux chanteurs. Vous pouvez ajouter à votre liste d'achats de longs sous-vêtements en coton, pour moins d'un dollar, des éventails peints de personnages de l'opéra chinois, des plantes en pot et de la soie brochée.

Ce quartier est également très populaire auprès des autochtones, avec ses restaurants et la **maison de thé Huxinting**. Située au milieu d'un petit lac, on y accède par un pont en zig-zag ; elle a un avant-toit cintré, est peinte en rouge et offre un cadre agréable pour se détendre devant une tasse de thé et un léger repas chinois traditionnel.

De l'autre côté du lac, un établissement qui ne paye pas de mine, sert de délicieux raviolis à la vapeur, connus sous le nom de boulettes de Nanxiang. Elles sont faites de porc émincé, sont cuites à la vapeur dans une fine pâte et sont trempées dans du vinaigre avec des tranches de gingembre ; elles sont tellement prisées que ce petit restaurant se reconnaît à la seule vue de la vapeur qui s'échappe de ses fenêtres et de la foule, qui se presse autour de l'entrée.

Vous pouvez vous rendre dans un plus grand restaurant voisin qui est le **Lubolang**, également célèbre pour ses repas légerss, typiques de Shanghai, cuits à la vapeur ou au four, qui comprennent des mets de choix aux noms lyriques, comme les raviolis « Sourcils de Papillon » aux crevettes et aux légumes. Si vous ne pouvez pas avoir de place dans ce restaurant toujours bondé, en particulier près des fenêtres qui surplombent le lac, vous pouvez acheter un repas à emporter au comptoir du rez-de-chaussée.

Le **jardin Yu**, contigu au restaurant Lubolang, est un bon endroit pour digérer un repas ; on y a de merveilleux aperçus de bassins, de pavillons et de jardins de rocaille. Le jardin est agréable, mais souvent une foule de visiteurs s'y presse. Il remonte au 16e siècle, lorsqu'un responsable Ming le dessina pour faire plaisir à son père. Il n'a que deux hectares de surface et recrée un paysage sauvage en miniature, avec des rochers aux formes étranges, des bassins, de l'eau, des sentiers sinueux qui offrent une perspective toujours changeante, et de petits pavillons où l'on peut s'asseoir, rêver, jouer aux échecs ou contempler la lune. Le jardin a connu son heure de gloire lorsqu'il fut le quartier général de la « Société des Petites Epées », une réminiscence de la rébellion des Taiping du milieu du 19e siècle. Cette association a, en fait, préservé le jardin de la destruction lors de la Révolution Culturelle, car les « Petites Epées » étaient considérées alors comme les premiers révolutionnaires.

La ville possède également quelques temples dignes d'intérêt. Le **temple taoïste du dieu de la ville** n'est plus utilisé, mais demeure une curiosité architecturale.

Le **temple du Bouddha de Jade** (Yufosi) se trouve au nord-ouest de la ville; il est ainsi nommé à cause de ses superbes bouddhas en jade, d'un blanc laiteux, rapportés de Birmanie au 19e siècle. L'un des Bouddhas est assis, tandis que l'autre est couché, position symbolisant l'atteinte de l'illumination. Les visiteurs peuvent assister aux services religieux.

Le **temple Jing'an**, situé à l'extrémité ouest de la rue de Nankin, remonte au dernier siècle, lorsqu'il était connu des résidents étrangers sous le nom de temple du Puits bouillonnant. Son histoire est haute en couleurs et l'un de ses abbés est célèbre pour avoir eu une femme très riche, sept concubines et des gardes du corps russes.

Le **temple Longhua** et sa pagode sont au sud-ouest de la ville, près d'un petit parc. Le temple fut fondé au 3e siècle et la pagode, sous sa forme actuelle, remonte au 10e siècle. Les autres bâtiments sont tous de la dynastie des Qing. Pour attirer les touristes, on a ranimé l'ancienne tradition d'organiser une foire de printemps au temple.

Visite de la ville moderne

La ville actuelle de Shanghai est le produit et le reflet de l'héritage du colonialisme européen et de son architecture, que ce soit dans le centre ou dans la banlieue. Le Bund et la cathédrale Xujiahui, autrefois la cathédrale St-Ignace, font partie de ce legs occidental. Le **Bund** est probablement la rue la plus célèbre de Chine. Son nom officiel est Zhongshan Dong yi lu, mais les habitants de Shanghai l'appellent Waitan. Il longe une section de la rivière Huangpu et est bordé d'un côté par une rangée de bâtiments coloniaux. Dans les années 1930, ceux-ci abritaient les bureaux des banques et des maisons de commerce étrangères. Le vieux bâtiment de la Hong Kong and Shanghai Bank, avec sa large façade, son portique et son dôme, était autrefois la plus grande construction du Bund. Signe des temps, le comité municipal du Parti, qui y avait installé son siège depuis des années, quitta les lieux en 1996 et le bâtiment redevint le siège principal de la banque.

Si le Bund conserve encore son profil des années 1930, la vue depuis ce même Bund sur la rive opposée, le quartier de Pudong, est un spectacle d'un autre monde. C'est à la tombée de la nuit, lorsque les lumières sont allumées, qu'il faut se promener le long du fleuve pour apprécier toute la beauté de ces constructions – tant les anciennes que les nouvelles – et ce saisissant contraste entre deux époques. Il y a quelques années encore, Pudong n'était que terrains vagues et champs cultivés; aujourd'hui, il s'enorgueillit d'un des plus grands gratte-ciel du monde, le bâtiment Jin Mao, haut de 88 étages, dans lequel est situé l'hôtel Grand Hyatt, flanqué par la tour de télévision Oriental Pearl.

Le port, le premier de Chine, vaut la peine d'être vu ne serait-ce que pour se faire une idée de l'importance du trafic qui y transite. Les quais s'étendent sur 56 kilomètres le long des rives du Huangpu et, contrairement aux ports du nord qui exportent plus qu'ils ne reçoivent, le gros du trafic du port de Shanghai est l'importation. De courtes croisières sur la rivière jusqu'au confluent de la rivière Wusong (appelée Suzhou Creek) peuvent être effectuées à partir du quai Beijing Dong lu, sur le Bund.

La grande rue commerçante de Shanghai, la **Nanjing lu** ou rue de Nankin, quitte le Bund à la hauteur du célèbre Peace Hôtel (Hôtel de la Paix), bâtisse légendaire des années 1930. Devenue rue piétonne sur une grande partie de sa longueur, la rue de Nankin est la vitrine de la Shanghai moderne. C'est ici que se trouvent toutes les boutiques chic de la ville, les grands hôtels, les pâtisseries. A la fin de la section piétonne se trouve le **Parc du Peuple**, complètement réhabilité et qui présente aujourd'hui une remarquable succession de constructions ultra modernes, dont le **Grand Théâtre**, œuvre d'architectes français ouverte en 1999, et le **musée de Shanghai**. Dans ce nouveau bâtiment, inauguré en 1996, les collections d'art chinois de Shanghai, parmi les plus belles du pays, sont enfin présentées dans un environnement digne d'elles. Bronzes anciens, jades, sculptures bouddhiques, peintures, calligraphies, céramiques et mobilier Ming et Qing sont parfaitement mis en valeur dans des galeries spécialement étudiées à cet effet. Une visite d'une demi-journée au moins à ce musée s'impose (cafétéria et très bonne boutique au rez-de-chaussée).

L'histoire révolutionnaire chinoise s'est faite à Shanghai avec la fondation du Parti communiste chinois en 1921. La maison où se réunissaient les membres fondateurs, et qui devint le site du **1er Congrès national du Parti communiste chinois**, peut être visitée au 76 Xingye Lu, juste au nord du parc Fuxing. Vous pourrez également voir, au nord de la ville, dans le district de Hongkou, la **résidence de l'écrivain Lu Xun** (1881-1936). Il fut le pionnier de la langue et de la littérature chinoise modernes. Vous trouverez le musée qui retrace sa vie et son œuvre dans le parc Hongkou voisin, où sa tombe est placée au pied d'une statue en bronze de l'écrivain.

Le **musée d'Art et d'Histoire** abrite une superbe collection de bronzes et de peintures traditionnelles et modernes. L'intérieur a récemment été entière-

Le nouveau visage de Shanghai : la zone industrielle de Pudong, en face du Bund (en-haut). Le Grand Théâtre (en bas), ouvert en 1999, est dû à des architectes français et a nécessité, pour sa structure, l'utilisation d'une masse d'acier égale à celle de la tour Eiffel !

泰康食品公司
宝大祥服装专卖城
PEPSI

ment refait et les nouvelles galeries, maintenant bien éclairées et avec des explications en anglais, sont incontestablement les meilleures du pays. Un musée à ne manquer à aucun prix.

Shanghai : la vie nocturne

Si, plutôt que de passer la soirée assis avec un livre devant une tasse de thé au jasmin, vous préférez vous restaurer, prendre une boisson ou écouter un orchestre, alors Shanghai est la ville qui vous convient. Elle possède d'innombrables restaurants, servant les cuisines de presque toutes les régions de Chine. Les hôtels internationaux proposent maintenant tout de la sauna au disco, en passant par les pubs anglais, tandis que les anciens hôtels des années 1930 gardent leur charme, avec leurs intérieurs art déco, de grandes salles à manger et des tables de billard. L'**Hôtel Dongfeng**, l'ancien Club de Shanghai, abrite le Long Bar, qui était le plus grand bar du monde à son époque. Le **Peace Hotel** (Hôtel de la Paix) sur le Bund présente un orchestre de jazz devenu pratiquement légendaire.

Le **théâtre acrobatique** de Shanghai figure dans l'itinéraire de la plupart des groupes touristiques. Cela vaut certainement la peine d'obtenir des billets pour ses spectacles d'acrobates et de jongleurs. L'opéra local de la région de Shanghai est connu sous le nom de Yueju. Il est proche de l'opéra de Pékin, quoique plus mélodique, avec moins de percussions et plus de chœurs chantés.

Le bureau de la CITS, au Peace Hotel, peut vous aider pour les réservations.

Rue de Nankin, la principale rue commerçante de Shanghai, traverse le cœur de la cité et croise le Bund à son extrémité orientale.

SHANGHAI

« Jusqu'alors, je n'avais guère eu le temps de visiter Shang-haï: à peine arrivé, j'en étais reparti d'abord pour Pékin, puis pour Han-keou. Le bateau des Messageries, sur lequel je prendrai passage pour Hong-kong, partant le 15 novembre, il me restait trois jours à dépenser; je fis en sorte de bien les employer.

» Parlons d'abord de la ville indigène, ovale irrégulier entouré de ces hautes et noires murailles crénelées, dont le type invariable se retrouve partout en Chine. A qui vient de visiter Pékin, Tien-tsin et les cités du Yang-tsé, elle n'offre pas grand intérêt: c'est toujours le même labyrinthe de ruelles infectes, au milieu desquelles, pour ne pas s'égarer, il faudrait avoir recours à la boussole.

» Toutefois le quartier des restaurants est assez bien tenu. Le plus renommé de ces établissements est situé au milieu d'un étang; on y arrive par de petits ponts bâtis en zigzag à fleur d'eau, et bordés de rampes élégantes en bois découpé; avec ses balcons peints et sculptés, ses cloisons à claire-voie et ses toits relevés en lignes courbes, aux tuiles multicolores, cette construction est d'un effet très pittoresque.

» Autour de la pièce d'eau dont je viens de parler, s'étend une grande place où les oiseliers, les marchands ambulants, les brocanteurs de vieilles sapèques et d'antiquités à bon marché, les bouquinistes, les déclamateurs, les chanteurs forains et les saltimbanques, ont dressé leurs échoppes et leurs baraques. J'ai vu là de jolis petits oiseaux, tirant la bonne aventure avec des cartes, ou bien saisissant avec leur bec, au milieu d'une centaine d'enveloppes pareilles, celle où l'on avait caché une pièce de monnaie. Plus loin, un pédicure extirpait les cors en plein air: le patient fumait tranquillement sa pipe, tandis que l'opérateur, lui promenant son bistouri dans l'orteil, tailladait profondément les chairs. Je suis porté à croire, ainsi que l'on l'a dit souvent, que les Chinois sont bien moins sensibles que nous à la douleur physique.

» Pour rentrer à la concession, j'usai d'un moyen de locomotion particulier à Shang-haï, et encore moins dispendieux que les djinrikshas [rickshaw] qui, du reste, ne pourraient pas circuler sur l'affreux pavé de la ville chinoise: je veux parler de la brouette. Ce véhicule se compose d'un brancard posé sur une roue, et divisé en deux compartiments, au moyen d'une planchette verticale. De chaque côté, une personne peut prendre place, de sorte qu'on se trouve assis dos à dos, et les jambes pendantes. Comme j'étais seul, et que je n'avais pas de bagages pour me faire contre-poids, mon brouetteur, afin de maintenir l'équilibre, était obligé de donner à l'appareil une inclinaison très accentuée. Ce singulier mode de transport est très employé à Shang-haï, mais seulement par les indigènes. Un Européen croirait déroger s'il montait en brouette. Pour moi, je n'avais pas le même scrupule; d'ailleurs, j'étais venu ici pour tout voir, et j'étais dans mon rôle de touriste.

» [...] Les principaux théâtres de Shang-haï se trouvent dans la concession anglaise, à Canton Road. Le soir, tout ce quartier est brillamment illuminé, et encombré par la foule des promeneurs indigènes. Je fais choix d'un établissement d'assez bonne apparence, à la façade peinturlurée et décorée d'affiches gigantesques. Moyennant un dollar payé à l'entrée, on me fait asseoir au parterre devant une table semblable à celles de nos cafés-concerts; puis un boy me verse du thé et m'apporte une demi-douzaine de soucoupes contenant des boulettes de riz, des graines de potiron grillées et diverses friandises. De temps en temps, il distribue de petites serviettes trempées dans une eau presque bouillante; les Chinois se les appliquent avec délices sur la figure pour se rafraîchir. Cela paraît absurde au premier abord, mais il est certain que ce contact brûlant provoque, immédiatement après, une réaction bienfaisante.

» L'action qui se déroule sur la scène est absolument incompréhensible; je n'y vois qu'une interminable série de combats grotesques et de défilés de soldats. Les costumes sont splendides, admirablement brodés d'or et de soie, et d'une valeur considérable. Comme au Japon, les rôles de femmes sont remplis par de jeunes garçons, qui se fardent et se griment dans la perfection. Les musiciens, placés derrière les acteurs, font, sans trêve ni repos, un sabbat infernal, un tintamarre inouï. Je ne sais pas comment j'ai pu supporter ce spectacle pendant une grande heure et demie, sans un instant d'entr'acte.

» [...] Je visite ensuite les prisons chinoises, dans le sous-sol de l'hôtel de ville [de la concession française]; des grilles de fer remplacent d'un côté la muraille, ce qui rend la surveillance plus facile.

» Plusieurs condamnés portent la cangue, mais on la leur ôte la nuit, adoucissement de peine inconnu sur le territoire chinois. Aux simples voleurs, on applique la bastonnade. Le patient reçoit sur les cuisses nues un certain nombre de coups de bâton; après quoi il se rhabille, se met à genoux pour remercier ses bourreaux, et reprend sa liberté. Les femmes ne subissent pas la peine du bambou; on se contente de les frapper sur les joues, avec une lanière de cuir. Tout cela se fait en présence d'un mandarin, et devant une foule de curieux qui se pressent aux portes.»

Edmond Cotteau, *Un touriste dans l'Extrême-Orient*
(4 août 1881-24 janvier 1882), Paris 1889

CANTON

Canton (Guangzhou en chinois) est la capitale provinciale du Guangdong, l'une des provinces les plus riches et les plus fertiles de Chine. Avec un climat subtropical, une vaste région côtière et un réseau d'affluents de la rivière des Perles qui forme un riche delta alluvial, le Guangdong produit tout au long de l'année poissons, viande, légumes et fruits en quantité. Le gourmet cantonais mange une étonnante variété de produits, dont le pangolin, le singe, le chat ou même les pattes d'ours, mets qui n'apparaîtront jamais sur une carte du nord du pays.

Les Cantonais ont toujours été considérés comme un groupe à part dans le monde chinois. Toutes les régions de Chine ont leur différents dialectes, mais peu sont aussi difficiles à maîtriser que celui de Canton, avec ses implosions de consonnes et un accent tonique plus complexe que celui utilisé dans le dialecte du Nord (appelé mandarin ou *putonghua*). La couronne de montagnes entourant le nord de la province et qui le sépare du bassin du Yangzi et des centres de la civilisation chinoise autour du fleuve Jaune, a maintenu la culture cantonaise relativement à l'écart des bouleversements du Nord, et a permis à la province de trouver sa propre identité et de développer sa propre langue.

Grâce à son vaste littoral qui fait face à la mer de Chine méridionale, aux îles du Sud-Est asiatique et aux routes maritimes vers les Indes et le Moyen-Orient, la province de Guangdong a toujours eu de meilleurs liens avec le monde extérieur que le reste de la Chine. Dès le 7e siècle, les commerçants arabes ont remonté la rivière des Perles jusqu'à la ville de Canton, laissant derrière eux de petites communautés de musulmans avec leurs mosquées et leurs imams. Ce qu'ils ramenèrent de Chine était d'une importance plus considérable encore que les porcelaines et les soies qu'ils avaient embarquées à bord de leurs vaisseaux, car les Arabes absorbèrent les idées et les inventions chinoises dont la plupart ont eu, en définitive, un profond impact en Occident. Les croisades chrétiennes contre les Arabes au 12e siècle ont permis à l'Europe d'entrer en contact avec des inventions telles que la poudre à canon, la boussole, l'étambot de gouvernail et la fabrication du papier, inventions qui étaient toutes originaires de Chine et inconnues des Européens.

Au 15e siècle, lorsque les marchands portugais arrivèrent à Canton, ils y trouvèrent une ville riche, cosmopolite, qui avait plusieurs siècles d'expérience du commerce avec les étrangers. Les Portugais furent choqués de n'être perçus que comme une horde de barbares, mus uniquement par le goût de la soie et de la porcelaine de Chine. Au 17e siècle, arrivèrent les bateaux anglais, suivis par les missionnaires chrétiens. Ces marchands et ces missionnaires se conformèrent pour quelque temps aux lois et coutumes chinoises qui exigeaient que tout commerce étranger soit limité à Canton même. Mais au fur et à mesure que ce commerce grandit, les marchands trouvèrent cette restriction irritante et firent pression sur les Chinois pour demander des conditions commerciales plus libres.

Au début du 19e siècle, les navires de la marine européenne constituaient un véritable défi militaire à la Chine. A cette époque, les Britanniques avaient aussi instauré un immense empire commercial en Inde. Tout était en place pour que Canton puisse arriver sur la scène de l'histoire internationale.

En 1839, les Britanniques ouvrirent le feu sur Canton après que le Parlement britannique eut voté une guerre pour soutenir son lucratif commerce d'opium avec la Chine. Ce commerce de l'opium, plante que l'on cultivait en Inde, s'était révélé une monnaie d'échange pratique pour obtenir de la soie et du thé. Les responsables du gouvernement chinois le considéraient toutefois comme pernicieux, et ils persuadèrent la cour des Qing de mettre fin à ce commerce en 1839. Les Britanniques réagirent en adoptant la «diplomatie de la canonnière» de Palmerston. La guerre de l'Opium qui s'ensuivit déboucha sur une ère nouvelle pour Canton, suite à une humiliante défaite infligée aux troupes Qing, dont les armes et les tactiques étaient dépassées par la puissance de feu supérieure et par les navires faciles à manœuvrer de la marine britannique. Le Traité de Nankin, qui mit fin à la guerre en 1842, ouvrit quatre autres ports chinois au commerce international, brisant ainsi le monopole de Canton. Au début du 20e siècle, Shanghai avait éclipsé Canton pour devenir le premier port de Chine.

La fin du 19e siècle fut néanmoins une période de prospérité pour Canton. Dans les années 1890 un mouvement anti-Qing se rassembla rapidement dans la province de Guangdong, alimenté par l'incapacité du gouvernement à réduire les activités des commerçants et des missionnaires étrangers qui indignaient les Chinois. Cette rancœur éclata en 1900 avec la révolte des Boxers en Chine du nord qui fit des centaines de morts parmi les chrétiens et les étrangers. Au sud, le Dr Sun Yat-sen, un Cantonais, et quelques petits groupes d'activistes, sollicitèrent le soutien (et les fonds) des Chinois d'outre-mer pour leur révolution. En fait, ce fut à Canton même que se firent sentir les prémices de la Révolution d'octobre de 1911, qui renversa la dynastie des Qing. En avril de cette année, une insurrection menée par des activistes anti-Qing fut réprimée par les troupes impériales, à la bataille de Canton. Plus de cent jeunes révolutionnaires périrent dans ce combat. Lorsque la Révolution d'octobre arriva, la ville passa tranquillement du côté républicain et il y eut peu d'effusion de sang.

Pendant l'occupation japonaise des années 1940, Canton subit des dommages considérables et de lourdes pertes civiles. Il y eut une forte résistance à

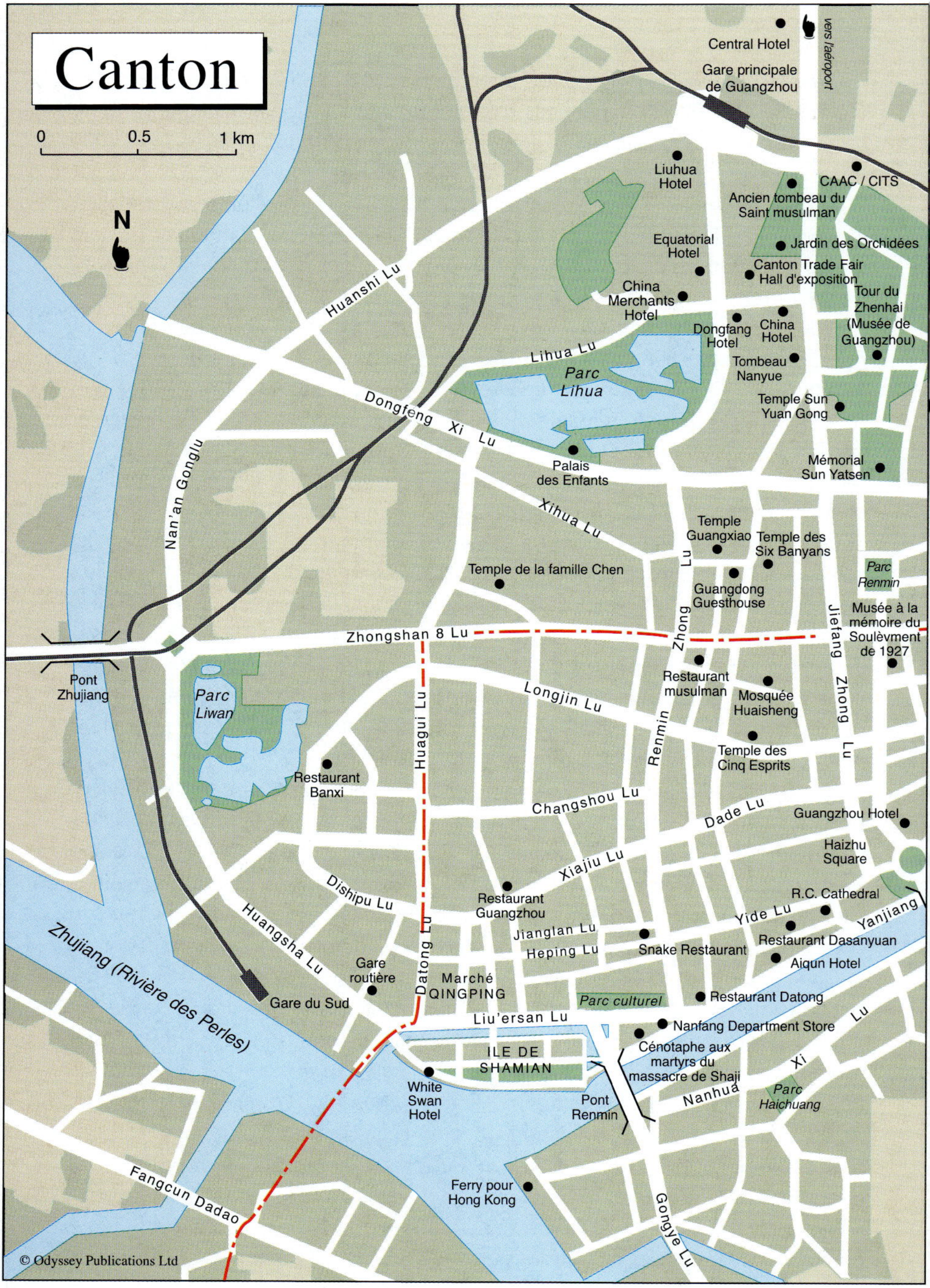
Canton
0
0.5
1 km
N
Central Hotel
vers l'aéroport
Gare principale de Guangzhou
Liuhua Hotel
CAAC / CITS
Ancien tombeau du Saint musulman
Jardin des Orchidées
Equatorial Hotel
Canton Trade Fair Hall d'exposition
China Merchants Hotel
Tour du Zhenhai (Musée de Guangzhou)
Dongfang Hotel
China Hotel
Huanshi Lu
Lihua Lu
Parc Lihua
Tombeau Nanyue
Temple Sun Yuan Gong
Dongfeng Xi Lu
Palais des Enfants
Mémorial Sun Yatsen
Nan'an Gonglu
Xihua Lu
Temple Guangxiao
Temple des Six Banyans
Temple de la famille Chen
Guangdong Guesthouse
Parc Renmin
Musée à la mémoire du Soulèvment de 1927
Zhongshan 8 Lu
Zhong Lu
Jiefang Zhong Lu
Pont Zhujiang
Parc Liwan
Restaurant musulman
Mosquée Huaisheng
Longjin Lu
Huagui Lu
Renmin
Temple des Cinq Esprits
Restaurant Banxi
Changshou Lu
Dade Lu
Guangzhou Hotel
Haizhu Square
Xiajiu Lu
Dishipu Lu
Restaurant Guangzhou
R.C. Cathedral
Yide Lu
Yanjiang
Huangsha Lu
Jianglan Lu
Heping Lu
Snake Restaurant
Restaurant Dasanyuan
Aiqun Hotel
Zhujiang (Rivière des Perles)
Gare routière
Datong Lu
Marché QINGPING
Parc culturel
Restaurant Datong
Gare du Sud
Liu'ersan Lu
Nanfang Department Store
ILE DE SHAMIAN
Cénotaphe aux martyrs du massacre de Shaji
Xi Lu
White Swan Hotel
Nanhua
Parc Haichuang
Pont Renmin
Fangcun Dadao
Ferry pour Hong Kong
Gongye Lu
© Odyssey Publications Ltd

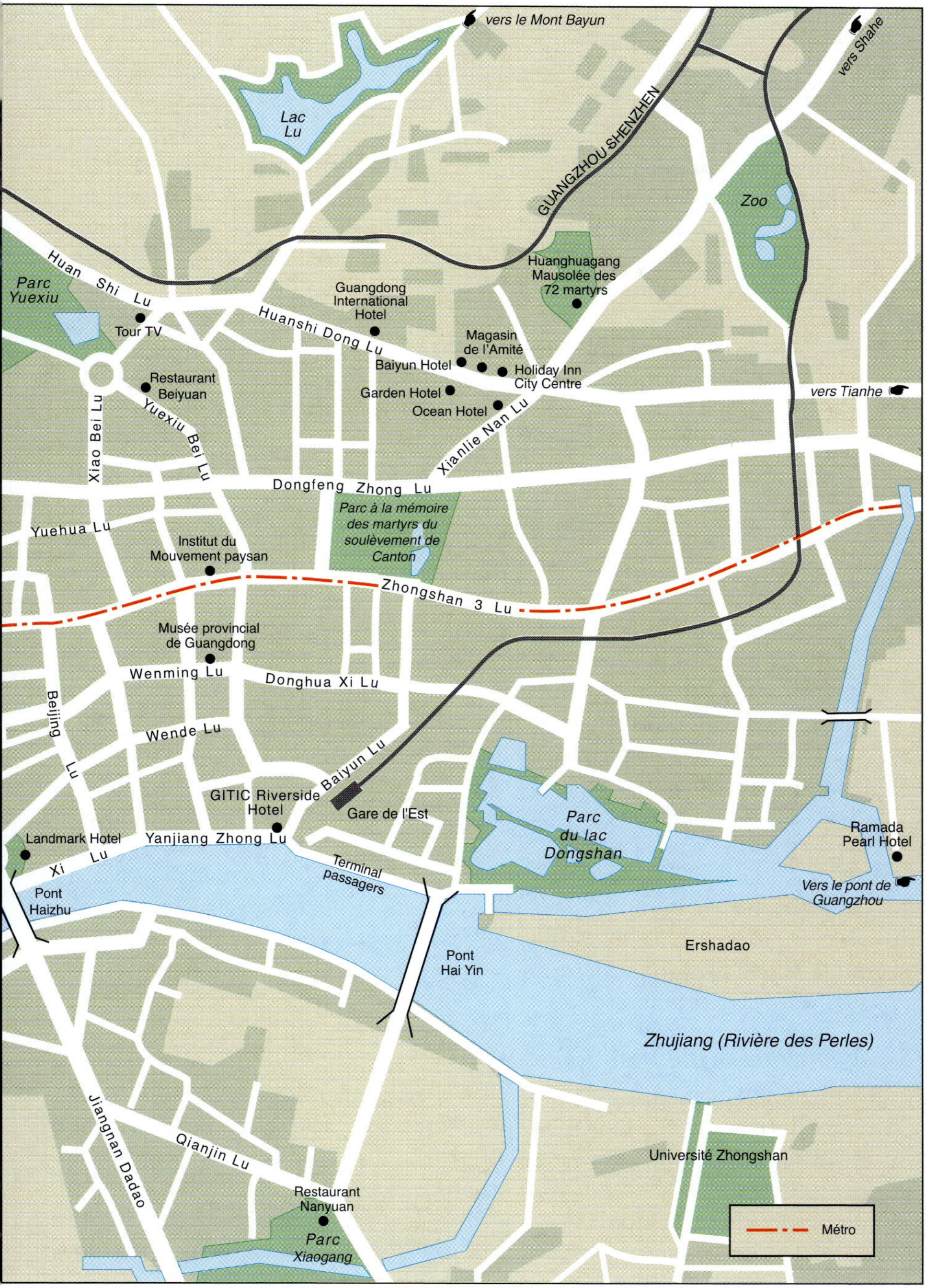
vers le Mont Bayun
vers Shahe
Lac Lu
GUANGZHOU SHENZHEN
Zoo
Parc Yuexiu
Huan Shi Lu
Tour TV
Guangdong International Hotel
Huanghuagang Mausolée des 72 martyrs
Huanshi Dong Lu
Magasin de l'Amité
Baiyun Hotel
Holiday Inn City Centre
Garden Hotel
Ocean Hotel
vers Tianhe
Restaurant Beiyuan
Yuexiu Bei Lu
Xiao Bei Lu
Xianlie Nan Lu
Dongfeng Zhong Lu
Parc à la mémoire des martyrs du soulèvement de Canton
Yuehua Lu
Institut du Mouvement paysan
Zhongshan 3 Lu
Musée provincial de Guangdong
Wenming Lu
Donghua Xi Lu
Beijing Lu
Wende Lu
Baiyun Lu
GITIC Riverside Hotel
Gare de l'Est
Parc du lac Dongshan
Ramada Pearl Hotel
Landmark Hotel
Yanjiang Zhong Lu
Xi Lu
Terminal passagers
Vers le pont de Guangzhou
Pont Haizhu
Ershadao
Pont Hai Yin
Zhujiang (Rivière des Perles)
Jiangnan Dadao
Qianjin Lu
Université Zhongshan
Restaurant Nanyuan
Parc Xiaogang
Métro

l'occupation et des cellules communistes organisèrent des opérations de sabotages dans la région. Ce ne fut pourtant qu'après la révolution de 1949, au moment où le parti communiste arriva au pouvoir, que la lutte politique devint une réalité quotidienne à Canton. Dans les années 1950, le mouvement d'opposition à la propriété privée aboutit à des exécutions massives de paysans suffisamment riches pour louer des terres ou employer des ouvriers. Pendant la Révolution culturelle (1966-76), les combats entre factions rivales des Gardes rouges débordèrent dans les rues de la ville.

Depuis cette époque, Canton s'est transformée: l'atmosphère de dégradation de la fin des années 1970 s'est changée en énergie brute, et aujourd'hui la ville est active et prospère. Elle est réputée pour ses parcs, ses temples, ses restaurants traditionnels et ses hôtels internationaux. Les réformes économiques de ces dix dernières années ont ouvert Canton au monde extérieur et la ville a énormément profité de sa proximité avec Hong Kong qui lui sert d'intermédiaire avec l'Occident. Grâce à Hong Kong, et en partie à ses chaînes de télévision transmises en cantonais, les habitants de Canton peuvent s'habiller à la mode, écouter les derniers tubes et rester au courant des événements récents dans le monde extérieur.

Une bonne partie de la population de la province de Guangdong a de la famille à Hong Kong (que beaucoup ont rejoint à la nage, pendant l'époque troublée de la Révolution culturelle). Au début des années 1970, ces parents ont apporté au Guangdong des biens de consommation, tels que télévisions, machines à laver et montres, et ont contribué à créer une prospérité nouvelle, en particulier à Canton et dans les petites villes du delta de la rivière des Perles. Suite à l'assouplissement des lois sur les investissements, les Chinois d'outre-mer ont même reçu la permission de construire des maisons et d'ouvrir leurs propres usines. Trois zones économiques spécifiques, **Shenzhen**, **Zhuhai** et **Shantou**, ont été ouvertes au commerce et aux investissements internationaux dans la province (voir aussi page 142), mais le plus grand succès économique de la région a été celui des petites villes du delta au sud de Canton, où les affaires sont florissantes.

Visite de la ville traditionnelle

Le **temple Guangxiao** est le plus ancien temple de Canton et le moins visité mais il a une grande importance historique pour ceux qui s'intéressent au bouddhisme zen (chan en chinois). C'est ici, sous la dynastie des Tang, que le sixième patriarche du bouddhisme zen, Hui Neng, a été initié comme moine. Hui Neng enseignait qu'il est possible d'atteindre à l'illumination soudainement, comme dans un éclair, plutôt que par une longue discipline et des études systématiques. Cette doctrine est au centre du bouddhisme zen. Le temple est intéressant du point de vue architectural. En dépit des réparations et des reconstructions fréquentes au cours des siècles, le grand hall a gardé les dimensions qu'il avait à l'époque de la dynastie des Song. Dans le complexe du temple, vous trouverez une pagode de fer du début des Song, construite à l'origine pour un autre temple et qui fut déplacée jusqu'à son site actuel en 1235. Une petite boutique d'antiquités se trouve à l'entrée du temple.

Le **temple des Six Banians** figure souvent dans les itinéraires touristiques avec sa pagode de neuf étages, la Huata. Fondé au 5e siècle quelque temps après le temple Guangxiao, il est également associé au sixième patriarche. Son nom actuel date de la dynastie des Song, lorsque le poète et le calligraphe Su Dongpo arriva à Canton; impressionné par les arbres du temple, il traça deux caractères signifiant «Six Banians». Les deux caractères sont gravés dans la pierre, dans le style calligraphique du poète, et l'on peut encore voir cette stèle près de l'entrée du temple. On y trouve également une statue Song en bronze du sixième patriarche, de même que plusieurs beaux bouddhas en bronze de l'époque Qing.

Le **temple de la Famille Chen** est un modèle intéressant de temple ancestral, dont fort peu d'exemples subsistent encore dans la Chine moderne. Construit dans les années 1890, c'est un magnifique exemple de l'architecture traditionnelle du sud de l'époque tardive des Qing. Chen (Chan en cantonais) est un nom très courant dans la province; le temple a été fondé par les membres du clan pour le culte de leurs ancêtres et pour les études confucéennes. Les tablettes des esprits des ancêtres ne se trouvent plus dans la salle centrale derrière le temple, et celui-ci est maintenant occupé par le **musée des Arts traditionnels du Guangdong**.

L'arrivée des Arabes au 7e siècle apporta un nouveau centre religieux à la ville: la **mosquée Huaisheng**, l'une des plus anciennes mosquées de Chine. Elle se dressait autrefois au bord de la rivière des Perles mais le lit de la rivière s'étant déplacé, la mosquée se trouve maintenant au centre de la ville, juste au sud de la rue Zhongshan (rue Guangta). Elle possède un beau minaret en pierre appelé Guangta, qui est une indication sûre de l'ancienneté de la mosquée. En effet, les mosquées plus récentes ont de petits pavillons au lieu de minarets. Les visiteurs peuvent monter en haut du minaret, d'où l'on a une belle vue sur la ville.

Un nouveau musée a récemment été ouvert à Canton qui intéressera particulièrement les amateurs d'art ancien chinois. Il s'agit du **musée Nanyue**, situé à proximité de la gare principale et du parc Yuexiu. En1983, on a découvert près du parc une tombe aux murs en pierre peinte appartenant au second roi de Nanyue (132-122 avant J.-C.), un petit Etat de la Chine du Sud dont la capitale se trouvait à Canton. Par chance, la tombe n'avait jamais été pillée et les sept chambres qui la composent contenaient encore leur très riche mobilier funéraire. Notons en particulier les magnifiques objets en jade, le linceul en jade dans lequel se trouvait le corps du souverain, et une boîte en argent de provenance persane, une découverte étonnante dans une tombe de cette époque et qui atteste des liens qui existaient déjà entre la Chine et le Moyen-Orient.

Visite de la ville moderne

L'**île de Shamian**, située dans la rivière des Perles, vaut la peine d'être visitée pour apprécier la manière dont vivaient autrefois les marchands européens. Les autorités chinoises donnèrent l'île aux Européens au 19e siècle comme lieu résidentiel où ils disposaient de droits extraterritoriaux. Une fois dans l'île, les Européens n'étaient plus soumis ni aux lois ni aux contrôles chinois. Shamian était devenue une zone élégante avec de vastes hôtels particuliers, des églises, un club nautique et des courts de tennis. Aujourd'hui, l'île a pris un sérieux coup de vieux mais elle reste néanmoins intéressante. Un nouvel hôtel cinq étoiles, le **White Swan** (Cygne Blanc), avec un atrium en verre, des cascades, des arbres et une piscine, a été construit au sud de l'île.

Depuis quelques années, se déroule au printemps et en automne la **Foire des exportations de Canton**. Fondée en 1957, cette foire était autrefois la seule occasion pour les échanges commerciaux entre la Chine et l'Occident capitaliste. Aujourd'hui, chaque session de la foire attire encore plus de 30 000 hommes d'affaires venus du monde entier, bien que les échanges directs au niveau provincial soient maintenant devenus la norme.

Pour les habitants de la ville, les achats quotidiens se font au **marché libre Qingping** où plus de 2000 étals proposent toute une gamme de produits frais, de la viande aux herbes médicinales chinoises en passant par le poisson rouge.

Ce marché, situé juste en face de l'île de Shamian, est l'un des plus intéressants et des plus animés de la Chine. Souvenez-vous toutefois que les Cantonais ont la réputation de manger tout ce qui vit et qui a quatre pattes ; vous y trouverez donc, en saison, une grande variété d'animaux, tels que chatons, pangolins, hiboux ou blaireaux en cage, ainsi que les fameux serpents et les anguilles que l'on dépèce devant vous. Ames sensibles s'abstenir !

Juste à l'ouest de la place Haizhu, sur la rue Wende, se trouve la **cathédrale catholique**, à nouveau ouverte aux fidèles après avoir servi pendant des années d'entrepôt. Elle a été construite en granit par un architecte français et a été consacrée en 1863.

Le **mausolée des 72 Martyrs** a été bâti en 1918 comme monument commémoratif aux jeunes révolutionnaires qui perdirent la vie à la bataille de

Canton (voir page 135). Des dons de Chinois patriotiques d'outre-mer ont été envoyés de pays aussi lointains que le Canada et le Chili. Le mausolée a été construit dans un mélange de styles bizarres, mêlant une statue miniature de la liberté, un obélisque de style égyptien et les deux lions-gardiens traditionnels chinois.

Le fondateur de la République de Chine est commémoré par le **mémorial de Sun Yat-sen**, aux tuiles vernissées bleues. Vous verrez à l'intérieur un auditorium de 5000 places, utilisé pour les concerts, les opéras et d'autres spectacles.

L'**Institut national du Mouvement paysan** était autrefois le quartier général d'activistes tels que Mao Zedong, qui y ont créé une école pour l'éducation des jeunes cadres. Un temple confucéen de la dynastie Ming abrite l'Institut; cet endroit est donc intéressant à la fois sur le plan historique et architectural.

Un autre événement capital de l'histoire de la révolution communiste fut l'insurrection de Canton de 1927. Dirigée par le parti communiste, elle aboutit à la formation d'un soviet, la Commune de Canton. Ceci eut lieu juste avant que l'armée du Kuomintang n'avance vers le Nord pour unifier le pays. Le Kuomintang avait été fondé aussitôt après la Révolution de 1911 et gouverna la Chine jusqu'en 1949, lorsqu'il dut se réfugier dans l'île de Taiwan. Au début des années 20, le Kuomintang avait formé une alliance difficile avec les communistes, qui se mirent à infiltrer ses rangs. En 1927, le Kuomintang écrasa la Commune de Canton, mettant à mort à peu près 5000 personnes, soupçonnées d'être des activistes ou des sympathisants communistes. Le **parc du mémorial des Martyrs de l'Insurrection** commémore cette tragédie. Les Chinois vont maintenant y faire du bateau ou flâner, ou assister en automne à la foire aux chrysanthèmes.

Les botanistes et les jardiniers-amateurs apprécieront également le **jardin botanique de la Chine du Sud**, le plus beau du pays. Créé en 1958, il est administré par l'Académie chinoise des Sciences et s'étend sur 300 hectares; il est suffisamment vaste pour être un havre de paix, même dans la trépidante Canton.

Enfin, il convient de signaler le **Musée municipal** qui est situé dans une tour de guet de la dynastie des Ming, d'où on a une très belle vue sur la ville; il contient une intéressante collection de documents historiques et des figurines émaillées de négociants arabes datant de la dynastie des Tang.

Pages suivantes: Un chemin de pierres... vers les montagnes du nord de la province de Canton...

Les environs de Canton

Les voyageurs audacieux découvrent la campagne de la province de Guangdong en bus. Ceci est très facile à faire, puisqu'il y a de bons services de bus vers les villes voisines. Les personnes qui disposent de peu de temps pour partir à la découverte seules pourront se joindre à un tour organisé pour visiter l'un des centres agricoles à l'extérieur de Canton, comme **Dali**, autrefois une commune de 19 villages, qui est entourée de rizières et de vergers.

Une autre destination possible est la petite ville de **Foshan**, à 28 kilomètres au sud-ouest de Canton, célèbre pour sa céramique ainsi que pour son artisanat, tel que les découpages en papier, la fabrication de lanternes et la sculpture. Foshan possède de nombreux et beaux temples anciens qui, comme un grand nombre de temples cantonais, sont brillamment décorés de figurines en céramique sur les toits, de peintures murales très colorées et de portails sculptés.

L'un des temples, le Zumiao, a été transformé en musée et un second est aujourd'hui un atelier d'artisanat. Les figurines en céramique que l'on voit sur les toits des temples de cette région sont très célèbres, en particulier celles qui proviennent de **Shiwan**, une petite ville non loin de Foshan où il est possible de visiter des ateliers de poterie. Ces figurines méritent qu'on les regarde de près (avec des jumelles si possible) car il en existe une variété infinie et elles sont très vivantes. Souvent, quand elles ne représentent pas des scènes de la vie quotidienne, elles illustrent des épisodes des grands romans classiques chinois ou des personnages historiques.

Les sources thermales de **Conglua**, à 80 kilomètres au nord de Canton, sont réputées pour le traitement des arthroses, de l'hypertension et des désordres digestifs. Les Chinois d'outre-mer en particulier rendent visite à la **maison natale de Sun Yat-Sen**, située dans le village de Cuiheng, à Zhongshan.

De l'autre côté du delta de la rivière des Perles se trouve **Shenzhen**, la première zone économique spéciale établie en Chine. Ces zones sont surtout intéressantes pour le voyageur qui désire voir les progrès économiques de la Chine contemporaine. A Shenzhen se trouve également l'**exposition Chine splendide**, un vaste parc où ont été reproduit en miniature les plus célèbres monuments et sites de toute la Chine, de la Grande Muraille aux gorges du Yangzi. (Depuis Hong Kong, il est possible de faire une excursion d'une journée à Shenzhen.)

TIANJIN

La municipalité de Tianjin est une importante ville industrielle et commerciale située sur la rivière Hai dans le nord de la Chine, à deux heures de train seulement de Pékin. Grâce aux efforts qu'elle a faits pour attirer les capitaux étrangers, elle est considérée par les hommes d'affaires comme une ville plus dynamique encore que Shanghai.

Un centre de commerce européen avait été établi ici au 19e siècle. Les puissances occidentales, qui exigeaient certains privilèges commerciaux, avaient compris l'importance de Tianjin comme voie d'entrée à la Chine du Nord et souhaitaient vivement obtenir des concessions dans la ville. Leurs projets furent concrétisés avec la signature en 1858, à la fin de la seconde guerre anglo-française contre la Chine, du traité de Tianjin, qui permit à la France et à la Grande-Bretagne d'établir des concessions à Tianjin. Entre la fin du 19e et le début du 20e siècle, le Japon, l'Allemagne, la Russie, l'Italie, l'Empire austro-hongrois et la Belgique firent de même. Tianjin devint une ville internationale avec un étonnant mélange de styles architecturaux.

Pour le visiteur qui ne vient pas en Chine pour affaires, Tianjin ne présente pas le même intérêt touristique que les autres grandes villes chinoises. Sérieusement endommagée lors du catastrophique tremblement de terre de Tangshan en 1976, la ville a dû redévelopper toute son infrastructure urbaine. Quelques bâtiments de style européen ont résisté, surtout à l'ouest de la rivière Hai, entre les avenues Heping et Jiefang, et sont actuellement en cours de restauration.

Les visiteurs à Tianjin se rendent habituellement dans l'une des **manufactures de tapis** de la ville. Les tapis sont tissés à la main d'après des modèles peints, placés sur le métier. Le tisserand est responsable de l'interprétation du modèle, de l'harmonisation des couleurs et du choix de la laine. Les tapis sont fabriqués dans une grande variété de dessins et de dimensions, les plus prisés étant encore les dessins classiques utilisant les motifs traditionnels. Après avoir été tissés, les tapis sont coupés à la main, avec des ciseaux électriques, pour créer un effet de relief.

La région de Tianjin est également célèbre pour son artisanat; deux de ses activités, les cerfs-volants et les posters du Nouvel An, sont connues à travers toute la Chine. Les cerfs-volants sont fabriqués en tissus et en papier et sont tendus sur de minces cadres de bambous. Les dessins vont du panier de pivoines au poisson rouge. L'atelier des posters du Nouvel An est situé à l'extérieur du centre de la ville, dans le quartier Hexi. Les posters traditionnels représentent de gros bébés, le dieu de la longévité, des jeunes filles cueillant des lotus (la graine de lotus étant le symbole de la fertilité) et les dieux du foyer. Après le renversement de la Bande des Quatre, lorsque la veuve de Mao,

Jiang Qing, et trois autres personnes furent arrêtées pour crimes politiques, l'atelier de posters réalisa de jolis dessins de petits enfants fichant des couteaux et des lances dans les caricatures des fameux quatre. Ces thèmes politiques ont récemment disparu, peut-être pour toujours.

On peut acheter l'art et l'artisanat traditionnels de Tianjin à la **rue de la Culture ancienne** nouvellement créée et située sur les rives de la rivière Hai. Le temple Linmoniang, dédié à la déesse locale des pêcheurs, et date du 14e siècle, se trouve dans cette rue. Goûtez aux fameux raviolis à la vapeur appelés *goubuli baozi*. Ce nom veut bizarrement dire « les chiens n'y toucheraient pas ». En dépit de leur nom, ils sont délicieux et se dégustent aussi rue de l'Alimentation (Food Street), un complexe de 110 restaurants et snacks au sud de la ville.

On conduit souvent les hommes d'affaires, dont l'itinéraire exige un long séjour à Tianjin, dans les fameux vergers de la région pour y goûter les pommes et les poires. D'autres excursions similaires sont possibles vers la région des lacs de **Baiyangdian** au sud, dans la province du Hebei. Les touristes y font le circuit des villages du bord du lac, qui vivent de la pêche, du tissage de la toile et du jonc. Un peu plus loin, à 113 km au nord de la ville, dans le district de Jixian, se trouve le **temple de la Félicité** (Dulesi). Ce temple bouddhiste a été fondé au 7e siècle puis reconstruit sous les Liao (984). Il est célèbre pour sa statue de Guanyin à onze têtes (Bodhisattva de la Pitié), qui a seize mètres de haut. La porte orientale du temple est la plus ancienne de ce type existant en Chine.

Dock à Tianjin.

LES VILLES AU SITE PITTORESQUE

WUXI

Il y a quelque trois mille ans, deux princes fugitifs venus du nord de la Chine s'établirent près de l'actuelle Wuxi. Ils nommèrent la capitale de leur nouvel Etat «Mei»; vers l'an 200 avant J.-C., lorsque des réserves d'étain furent découvertes aux alentours, la ville fut renommée Youxi, c'est-à-dire «avec étain». Plus tard, les réserves s'épuisant, le nom de la ville fut changé en Wuxi, «sans étain».

Wuxi, qui se trouve au sud de la province de Jiangsu, a beaucoup bénéficié du Grand Canal qui traverse la ville. Le canal fut construit au début du 7e siècle par l'empereur Sui Yangdi pour relier le Nord et le Sud de son royaume. En dépit de la position stratégique de la ville sur le canal, Wuxi n'a jamais été aussi prospère que sa voisine Yangzhou et demeure une ville tranquille et provinciale, malgré le rapide développement de son infrastructure industrielle au cours de ces dix dernières années.

Le grand attrait de Wuxi est le lac Tai, situé à sept kilomètres de la ville. Le ciel se mire dans ses eaux scintillantes, entourées de collines en pente douce. Les pêcheurs y attrapent au chalut le poisson qui joue un rôle si important dans la cuisine régionale de Wuxi. Des vergers, où poussent les meilleures oranges, pêches et prunes de la Chine, bordent ses rives. On récolte, sur l'étroite bordure du lac, des racines et des graines de lotus, ainsi que des châtaignes d'eau. Les graines de lotus sont moulues pour faire une pâte sucrée qui sert à fourrer les petits pains, ou sont cuites en soupe. Les châtaignes d'eau sont utilisées dans des plats savoureux pour créer un contraste croustillant et léger avec la viande. Au-delà des vergers se trouvent les champs de mûriers; les feuilles sont ramassées pour nourrir les innombrables larves de vers à soie, dont les cocons seront défilés dans les usines de la province de Jiangsu.

Visite de la ville

Le **jardin des Prunes** (Meiyuan) est un endroit particulièrement agréable au printemps, quand les milliers de pruniers sont en fleurs. La meilleure époque pour manger les prunes elles-mêmes est à la fin de l'été. Le jardin Li, pourtant moderne comparé aux jardins de Suzhou, vaut la peine d'être visité car il a tout du jardin chinois classique et se trouve dans un cadre idyllique.

Pour les Chinois, Wuxi est en outre célèbre pour ses poupées *ni ren*, des poupées en argile fabriquées dans l'**atelier des figurines d'argile de Huishan**.

Cette tradition remonte à la dynastie des Ming. L'atelier produit des personnages peints dans des couleurs vives : moines assoupis, bébés joufflus et enfants souriants tenant un poisson, des pièces ou des fleurs de lotus (symboles de l'abondance, de la prospérité et de la fertilité). Ces dernières années, on a introduit de nouvelles formes qui révèlent l'influence des dessins animés occidentaux : on peut ainsi trouver une Blanche Neige chinoise avec sept nains, de même que quelques nymphes très blondes.

La terre agricole aux environs de Wuxi est en grande partie plantée de mûriers, aussi n'est-il pas surprenant que la sériculture soit ici une industrie florissante. Des visites peuvent être organisées à l'usine N° 1 de dévidage de la soie ou à l'usine N° 1 de tissage de la soie, ainsi qu'à l'usine de broderie de Zhonghua. (Pendant la Révolution culturelle, les noms traditionnels des boutiques et des entreprises étaient considérés comme des reliques « féodales », et toutes les usines furent rebaptisées en fonction de leur taille, c'est-à-dire N° 1 ou 2, ou selon des appellations patriotiques, telles que « Drapeau Rouge » ou « L'Est est Rouge ». Malheureusement, ces noms sont restés.)

Les environs de Wuxi

Le lac Tai (Taihu) compte en tout 90 îles que l'on visite soit en empruntant le bac, soit en traversant le lac sur le grand bateau en forme de dragon. L'**île de la Tête de Tortue** est la destination favorite des touristes chinois qui aiment savourer l'atmosphère paisible de l'île en recherchant un endroit tranquille sur les rochers de la plage pour lire, discuter ou pique-niquer en famille. L'île recèle de nombreux sentiers à travers des forêts de bambous et des allées bordées d'arbustes à fleurs. Depuis la colline du Pic du Cerf l'on a une belle vue sur tout le lac.

Le bureau de la CITS peut organiser une excursion sur le **Grand Canal** à partir de Wuxi, soit un court circuit de trois heures et demie avec un repas à bord, soit un trajet de quelque 220 kilomètres qui dure plusieurs jours et qui passe par Changzhou, Zhenjiang et Yangzhou.

Lorsqu'il fut construit, le canal reliait la ville de Luoyang au nord que l'empereur Sui Yangdi avait choisie comme capitale, avec la ville de Hangzhou au sud, dans la province du Zhejiang. Plus tard, il fut rallongé jusqu'à Pékin et Hangzhou. La construction du canal a été réalisée en six ans seulement, mais au prix de grandes souffrances, par des conscrits qui l'ont creusé et tapissé de grandes dalles de pierres. Des ponts ont également été bâtis et les berges du canal aménagées de routes. Ce canal qui reliait le nord et le sud du pays a joué un rôle extrêmement important, tant au plan économique, politique que militaire. Il assurait notamment l'approvisionnement permanent de la capitale en riz et en denrées alimentaires diverses cultivés dans les régions agricoles du bassin du Yangzi. Mais le vaste programme de travaux publics entrepris par Sui Yangdi finit par saper la popularité et les finances de la dynastie et, en 618, un an seulement après la mort de Yangdi, le pays fut balayé par une rébellion qui porta au pouvoir la dynastie des Tang. Aujourd'hui, le canal a perdu son importance d'artère stratégique, mais il fonctionne toujours dans sa partie méridionale comme voie commerciale. Les péniches circulent d'une ville à l'autre sur le canal, acheminant les produits agricoles et les marchandises dont le transport serait trop onéreux par la route.

Une excursion d'une journée vers la ville voisine de **Yixing**, célèbre à la fois pour ses théières et son thé, est vivement recommandée. C'est là que se trouve la fameuse usine de poteries de sable pourpre, où sont fabriquées les théières d'argile traditionnelles. Ces théières d'un brun-rouge, non vernies, doivent leur renom à leurs formes: il en existe en forme de citrouille, de tubes de bambou, ou encore avec des têtes de dragons en guise de couvercle. Les versions plus anciennes de ces poteries peuvent être vues au **musée de Céramique** de la ville.

SUZHOU

Suzhou est une ville remarquable pour la beauté de ses jardins traditionnels. Si Hangzhou peut être décrite comme une ville intégrée dans un paysage (voir page 152), Suzhou correspondrait plutôt à une succession de paysages disposés à l'intérieur d'une ville. Un célèbre dicton chinois rappelle d'ailleurs que «Au Ciel, il y a le paradis, et sur terre, il y a Hangzhou et Suzhou».

Une simple promenade dans Suzhou ne révélera pas immédiatement les jardins; ils restent cachés à l'abri de hauts murs. Ces jardins furent créés par des artistes-lettrés qui se firent construire des havres de paix à l'écart des soucis du monde extérieur. Il ne s'agit pas simplement de faire pousser des plantes dans ces jardins; ce sont plutôt des créations artistiques où tous les éléments sont en harmonie les uns avec les autres, rochers, bassins, plantes, fenêtres décoratives, sentiers et mosaïques de cailloux, tandis que leurs perspectives sont composées avec minutie. De plus, ils sont conçus comme un cadre destiné aussi bien aux loisirs qu'à la retraite, pour y observer l'humeur changeante des saisons, les ombres et les lumières.

La renommée de Suzhou remonte à la dynastie des Tang, lorsque sa beauté et sa richesse étaient célébrées par les meilleurs poètes de l'époque. Ses origines sont toutefois bien plus anciennes. Une première ville aurait été construite sur le site actuel au 6e siècle avant J.-C. quand les marécages de la région furent asséchés. Déjà à cette époque, Suzhou était célèbre pour ses canaux qui sillonnaient les terres basses. Au 13e siècle, lorsque Marco Polo visita la ville, il prétendit que les canaux avaient 6000 ponts de pierre. La plupart des canaux ont aujourd'hui disparu face à la nécessité de créer de la terre ferme pour la construction de bâtiments. C'est pourquoi il ne reste plus que 168 ponts de pierre sur les milliers qui existaient à l'origine.

Suzhou reste néanmoins une ville pleine de charme, avec ses avant-toits bas, ses maisons badigeonnées de blanc et ses rues ombragées. Certains quartiers de la vieille ville donnent l'impression d'une vie de village traditionnel maintenant que les réformes économiques ont permis à nouveau aux commerçants d'installer leurs propres étals pour y vendre de tout, des raviolis à la vapeur aux pierres à encre faites à la main.

Les femmes de Suzhou seraient parmi les plus belles du pays et leur dialecte si charmant que même une querelle serait agréable à écouter. Les femmes de Suzhou sont également réputées pour leur habileté à manier l'aiguille et la broderie est devenue l'une des productions artisanales les plus connues de la ville.

Visite de la ville

La grande époque des jardins de Suzhou se situe pendant la dynastie des Ming (1368-1644) ; on estime que la ville comptait alors plus de 250 jardins. Aujourd'hui il en reste plus de cent, mais seuls quelques-uns parmi les plus célèbres ont été restaurés et sont ouverts au public.

L'un des plus petits, mais des plus remarquables, est le **jardin du Maître des filets** (Wangshi yuan). Un premier jardin avait été construit ici sous la dynastie des Song, mais celui que l'on visite aujourd'hui date de la fin du 18e siècle, lorsque le lettré Song Zongyuan acheta la propriété. Certains visiteurs reconnaîtront la Salle du Printemps éternel, qui a été recréée au Metropolitan Museum de New-York.

Le **jardin de la Politique des simples** (Zhuozheng yuan) est plus grand et plus ouvert et est constitué en partie d'un parc et en partie d'un jardin Ming restauré. Du côté parc, les visiteurs peuvent se promener près du petit lac tout en dégustant un repas rapide chaud, vendu sur ses rives. Le jardin Ming, très classique, a un bassin aménagé d'îles et de ponts ; l'une des îles, le Xiangzhou, suggère par sa forme un bateau amarré. Dans l'enclos du petit jardin Loquat se trouve une série de tableaux de cailloux décoratifs.

Le vieux Suzhou, une des villes
les plus célèbres sur le Grand Canal.

Le plus vieux jardin de la ville est le **pavillon des Vagues déferlantes** (Canglang ting) qui remonte à la dynastie des Song. Il fut recomposé sous la dynastie des Ming puis détruit pendant la rébellion des Taiping au 19ᵉ siècle avant d'être restauré en 1873. Depuis son imposante colline artificielle on a une bonne vue sur le canal adjacent bordé de saules.

Un autre jardin, bien nommé, est le **Jardin où flâner** (Liu yuan) ; ce grand jardin du 16ᵉ siècle aux paysages stylisés est réputé pour ses portes rondes, connues sous le nom de portes de lune. Ces ouvertures, ainsi que d'autres portes aux formes géométriques, constituent des cadres naturels qui mettent en valeur les plantes, les bassins et les rocailles. Le bassin du jardin est entouré de vastes formations de rocailles, qui recréent une impression de montagnes.

Le **jardin de la Forêt des Lions** (Shizilin) est le préféré des amateurs de rocailles. Il a été dessiné durant la dynastie des Yuan (1279-1368), sous la supervision du peintre Ni Zan ; c'est l'un des jardins les plus admirés de Suzhou. Il possède une belle collection de rochers, dont l'un est si gros et si érodé que l'on peut se promener à travers les petites cavernes et les grottes qui se sont créées. Les roches aux formes étranges sont un élément indispensable des jardins chinois. Les plus décoratifs et les plus recherchés sont ceux qui proviennent du fond du lac Tai, près de Wuxi.

Le **jardin de l'Harmonie** (Yi yuan) est un jardin Qing, copié sur des exemples Ming. Il comprend également un grand nombre de rochers tirés du lac Tai et qui ont été disposés pour former un cadre de montagnes autour de l'étang. Il est intéressant de remarquer que ce jardin, comme les autres jardins chinois classiques, n'a pas le dynamisme du jardin japonais. Dans ces versions chinoises, on sent un plaisir dans l'harmonie de la composition des éléments et dans la mise en valeur des contrastes.

A l'est de la ville vous trouverez le **jardin de la Charrue** (Ou yuan), qui est très calme et qui est recommandé si vous voulez échapper à la foule. Ceci est une importante considération, puisque lors des mois les plus chauds, la foule qui fréquente les jardins de Suzhou est si dense qu'elle bouche parfois la vue des paysages. Il vaut mieux visiter les jardins dès l'ouverture, le matin ou, si vous souhaitez prendre des photographies particulières, allez trouver votre guide et voyez si vous pouvez organiser une visite avant l'heure d'ouverture.

En ce qui concerne les temples, un séjour à Suzhou serait incomplet sans une visite du **temple de la Montagne froide** (Hanshan si), immortalisé dans un poème de la dynastie des Tang, composé par Zhang Ji, et qui est souvent peint sur les éventails ou sculpté sur les pierres à encre vendus comme souvenirs de Suzhou. Le temple a été fondé au 5ᵉ siècle et jouxte un séduisant petit canal, enjambé par un pont en dos d'âne. Ce temple est également connu pour son association avec le moine-poète Hanshan, de la dynastie des Tang, qui y séjourna quelque temps.

En face du Jardin où flâner, vous trouverez le **temple du Jardin de l'Ouest** (Xiyuan si), dessiné par le lettré Ming, Xu Shitai. La principale curiosité est une pièce d'eau où vit, dit-on, une tortue âgée de 300 ans.

Parmi les nombreux ponts en pierre de Suzhou, le plus célèbre se trouve au sud-est de la ville et est connu sous le nom de **pont de la Ceinture précieuse** (Baodai qiao), appelé ainsi parce que le premier gouverneur de la ville aurait vendu une ceinture précieuse afin d'obtenir des fonds pour l'ériger. Il a été construit en 816 et comporte 53 arches. Sous sa forme actuelle, il s'agit d'une restauration du 19e siècle de l'original.

La **pagode du temple du Nord**, facilement repérable grâce à sa hauteur, a été construite en 1582 et rénovée récemment pour que les visiteurs puissent y monter admirer la vue sur la ville. Les **Pagodes jumelles** (Shuangta) s'élèvent dans le quartier central de la ville; elles ont été construites sous la dynastie des Song et sont les derniers vestiges d'un ancien temple Tang.

Le **Musée folklorique** et le **musée du Théâtre** sont des lieux passionnants à visiter pour tous ceux qui s'intéressent à la culture chinoise. L'ancien temple de Confucius abrite maintenant un **musée des Stèles** (tablettes de pierre inscrites). Parmi celles-ci, se trouvent une carte Song des constellations et un plan de la ville sous les Yuan, qui montre Suzhou au début du 13e siècle.

Suzhou a une longue tradition de sériculture et de broderie. Il est possible de visiter l'**Institut de recherche de la broderie**, établi en 1957 et qui possède son propre musée, où l'on peut voir l'évolution des points et des motifs. Il existe également à Suzhou une tradition de fabrication d'éventails en bois de santal, décorés de motifs découpés d'une complexité remarquable. Ces éventails conservent leur parfum pendant des années et faisaient traditionnellement partie de la dot des femmes.

Les environs de Suzhou

La **colline du Tigre** (Huqiu), située au nord-ouest de la ville, est un site très fréquenté des touristes chinois qui viennent y admirer sa pagode inclinée, ses cascades, ses sources, ses rocailles et ses allées paysagées. Il s'agit d'une colline artificielle, construite sous la dynastie des Zhou (1027-256 avant J.-C.), comme monument funéraire à un souverain local, le roi Helu de l'Etat de Wu. Selon une légende, la tombe serait gardée par un tigre, d'où son nom.

Pour ceux qui disposent d'un peu de temps, il est possible de faire une excursion d'une demi-journée dans la région de **Dongshan**, à 40 kilomètres au sud-ouest de Suzhou, sur le lac Tai, et à **Changshu**, au nord de la ville. Toutes deux sont situées dans un très beau cadre rural, au milieu de rizières, de champs de luzerne et de plantations de thé. Changshu est également connue pour son industrie de la dentelle.

HANGZHOU

Bien que Hangzhou ait été autrefois une capitale impériale, sous la dynastie des Song du Sud (1127-1279), la ville est davantage connue comme station touristique. Le lac de l'Ouest, sur les rives duquel la ville est bâtie, a été le sujet d'innombrables chansons et poèmes célèbres au cours des siècles. Marco Polo, qui visita Hangzhou au 13e siècle, vanta les beautés du lac et déclara qu'un « voyage sur ce lac offre plus de rafraîchissement et de plaisir que tout autre expérience sur terre ».

Sans le lac de l'Ouest, Hangzhou n'aurait été qu'une ville comme une autre, rendue prospère il est vrai grâce à sa situation sur le Grand Canal et à ses deux industries du thé et de la soie. Mais grâce au lac de l'Ouest, Hangzhou a accédé à un statut inégalé en Chine, à l'exception peut-être de Suzhou. Si cette dernière doit sa beauté à ses jardins, créés par la main de l'homme, Hangzhou n'a aucun besoin d'artifice pour mettre en valeur sa beauté naturelle. La ville entoure les rives du lac, bordé par de vertes collines en pentes douces où poussent le fameux thé de Longjing et les mûriers dont les feuilles nourrissent les larves de vers à soie.

La ville moderne est, hélas, moins agréable. Pratiquement détruite lors de la révolte des Taiping, au milieu du 19e siècle, elle a connu par la suite une modernisation et une industrialisation intenses. Une promenade aujourd'hui à Hangzhou ne donne au visiteur qu'une petite idée de la gloire que cette ville a connue comme capitale des Song du Sud, à une époque de grandes réalisations culturelles. Il reste également peu des constructions ultérieures. Ce n'est que lorsqu'on contemple le lac qu'on comprend pourquoi, sous les dynasties Yuan, Ming et Qing, Hangzhou était un lieu de villégiature impériale et pourquoi les deux grands empereurs Qing, Kangxi et Qianlong, se rendirent chacun à six occasions dans la ville.

Hangzhou a un riche passé littéraire. De nombreux contes populaires et d'histoires se déroulent dans la ville et autour du lac. Un conte de l'époque Ming, rapporté par un certain Feng Menglong, raconte comment un serpent blanc, sous la forme d'une jeune fille, aidé de sa servante, un poisson bleu, tombe amoureux d'un mortel pendant un orage sur le lac. L'histoire finit tragi-

La pagode Baochu, construite au 10e siècle,
domine la ville de Hangzhou et le lac de l'Ouest.

quement lorsque le serpent blanc et le poisson bleu sont capturés par un moine bouddhiste et retrouvent leur forme animale originale, puis sont emprisonnés dans une pagode. Cette pagode serait la pagode du Pic du Tonnerre, qui s'écroula en 1924.

Ce conte n'est pas le seul de ce genre. Dans une histoire plus ancienne, racontée par un lettré Tang, l'estuaire du Qiantang, au sud du lac, avait la réputation d'être l'abri d'un dragon colérique. Aussi n'est-il pas étonnant que l'estuaire soit connu pour ses mascarets qui peuvent atteindre six mètres de haut. Un tel phénomène pouvait facilement être associé à des dragons malfaisants bien connus en Chine pour élire domicile dans les lacs, les rivières et les nuages.

Deux des figures littéraires les plus renommées du lac de l'Ouest sont le poète Tang, Bai Juyi (Po Chu-yi) et le poète Song, Su Dongpo. Tous deux furent gouverneurs de la ville et effectuèrent d'importants travaux de terrassement conçus pour protéger le lac de l'Ouest des inondations. Les deux principales digues du lac portent leur nom. Ces digues sont maintenant bordées de ravissants chemins plantés de saules et d'arbres en fleurs.

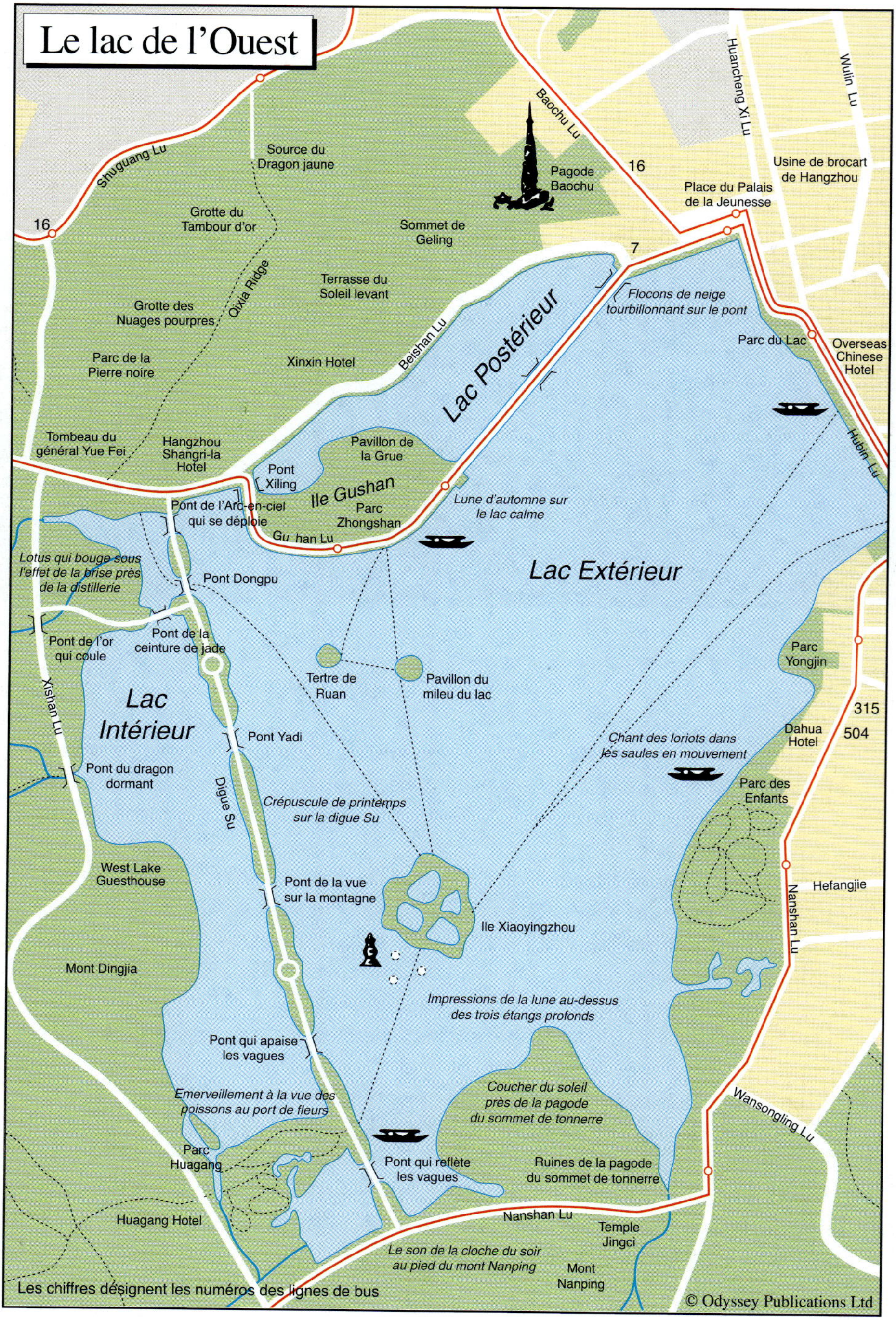
Le lac de l'Ouest
Shuguang Lu
16
Source du Dragon jaune
Grotte du Tambour d'or
Qixia Ridge
Grotte des Nuages pourpres
Parc de la Pierre noire
Tombeau du général Yue Fei
Hangzhou Shangri-la Hotel
Sommet de Geling
Terrasse du Soleil levant
Xinxin Hotel
Baochu Lu
Pagode Baochu
16
Huancheng Xi Lu
Wulin Lu
Usine de brocart de Hangzhou
Place du Palais de la Jeunesse
7
Flocons de neige tourbillonnant sur le pont
Parc du Lac
Overseas Chinese Hotel
Beishan Lu
Lac Postérieur
Pavillon de la Grue
Pont Xiling
Ile Gushan
Parc Zhongshan
Gu han Lu
Lune d'automne sur le lac calme
Hubin Lu
Pont de l'Arc-en-ciel qui se déploie
Lotus qui bouge sous l'effet de la brise près de la distillerie
Pont Dongpu
Lac Extérieur
Pont de l'or qui coule
Pont de la ceinture de jade
Tertre de Ruan
Pavillon du mileu du lac
Parc Yongjin
Lac Intérieur
Xishan Lu
Pont Yadi
315
504
Dahua Hotel
Pont du dragon dormant
Chant des loriots dans les saules en mouvement
Digue Su
Crépuscule de printemps sur la digue Su
Parc des Enfants
West Lake Guesthouse
Pont de la vue sur la montagne
Hefangjie
Nanshan Lu
Ile Xiaoyingzhou
Mont Dingjia
Impressions de la lune au-dessus des trois étangs profonds
Pont qui apaise les vagues
Coucher du soleil près de la pagode du sommet de tonnerre
Emerveillement à la vue des poissons au port de fleurs
Wansongling Lu
Parc Huagang
Pont qui reflète les vagues
Ruines de la pagode du sommet de tonnerre
Huagang Hotel
Nanshan Lu
Temple Jingci
Le son de la cloche du soir au pied du mont Nanping
Mont Nanping
Les chiffres désignent les numéros des lignes de bus
© Odyssey Publications Ltd

Visite de la ville

En Chine, la plupart des attractions touristiques qui sont situées dans des paysages pittoresques comportent un certain nombre de points de vue célèbres que tout visiteur se doit d'aller admirer. Le lac de l'Ouest n'y fait pas exception et à l'époque Song déjà dix points de vue avaient été selectionnés. L'emplacement des vues que les guides et les cartes mentionnent aujourd'hui datent des Qing; on y trouve, par exemple, «La naissance du printemps à la digue Su», «Coucher du soleil à la pagode du pic du tonnerre» (la pagode a disparu), «Lune d'automne sur le lac tranquille», ou encore «Neige persistante à la croisée des ponts».

La meilleure manière de visiter le lac est d'abord de prendre un bateau vers **Xiaoyinzhou**, une île artificielle habilement dessinée pour créer quatre petits lacs à l'intérieur du grand lac de l'Ouest. Un petit pavillon sert des rafraîchissements, et notamment la fameuse racine de lotus du lac de l'Ouest, servie en soupe sucrée. Trois lanternes de pierre, près de l'île, sont quelquefois éclairées avec des bougies la nuit pour donner l'impression de lunes se reflétant dans l'eau.

La **digue Su**, qui porte le nom du poète Su Dongpo, est un lieu idéal pour se promener et contempler la vue sur le lac. De petits ponts enjambent la digue qui est parfois également appelée digue aux Six Ponts. Cette digue est particulièrement belle au printemps, lorsque les saules, les pêchers, les camphriers et les marronniers sont en fleurs. A l'extrémité nord de la digue se trouve le point de vue «Lotus soulevé par la brise à la distillerie» où l'on peut voir, en été, des fleurs de lotus d'un rose profond.

L'**île de la Colline solitaire** (Gushan dao), près de l'hôtel Hangzhou, est la plus grande des îles du lac. Elle est reliée à la rive par la célèbre **digue Bai**, qui doit son nom au poète Bai Juyi. Sur l'île se trouve la Société Xiling de gravure de sceaux où l'on peut commander un sceau, gravé avec son nom en chinois. Le **musée du Zhejiang** et le jardin botanique adjacent méritent aussi une visite.

La **tombe et le temple de Yue Fei** se dressent sur la rive nord du lac. C'est un endroit très fréquenté par les touristes chinois en raison de la réputation de patriote de Yue Fei. Général de la dynastie des Song du Sud, Yue Fei mena avec succès plusieurs campagnes contre les nomades Jin qui avaient conquis le nord de la Chine et obligé l'empereur Song à fuir vers le sud, pour établir sa nouvelle capitale en exil à Hangzhou. Le général Yue Fei s'attira la jalousie et la méfiance du premier ministre Qin Hui qui le fit assassiner en 1141. Lorsque Yue Fei fut réhabilité, sa dépouille fut enterrée à Hangzhou et un temple érigé sur les lieux.

Sur la rive droite du lac, se dresse l'étroite **pagode Baochu**, construite pour la première fois au 10e siècle. L'édifice actuel date de 1933. Un petit salon de thé adjacent offre un magnifique point de vue sur le sud du lac, où se trouvent les vestiges de la pagode en brique du Pic du Tonnerre qui s'est écroulée en 1924.

A proximité du fleuve Qiantang, se trouve la **pagode des Six Harmonies** (Luihe ta), un impressionnant édifice en bois et en brique qui comporte treize étages. Elle a été construite en 970, à l'emplacement d'une pagode plus ancienne qui servait de phare. Le nom de la pagode fait référence aux six injonctions du bouddhisme: atteindre à l'harmonie du corps, de la parole et de la pensée, renoncer aux plaisirs physiques, aux opinions personnelles et à la richesse. Les visiteurs peuvent méditer sur ces principes lorsqu'ils montent en haut de la pagode pour la vue sur le fleuve.

Il existe d'autres lieux de méditation à Hangzhou, dont ses nombreux parcs. Le plus intéressant pour les amateurs de jardinage est le **jardin botanique**, situé dans les faubourgs ouest de la ville, qui possède notamment une section d'herbes médicinales. Au nord de l'hôtel Hangzhou, trois **grottes** sont ouvertes au visiteur, la grotte du Nuage pourpre, la grotte du Tambour d'or et la grotte du Dragon jaune.

Devanture d'un grand magasin à Hangzhou.

A proximité du jardin botanique, ainsi que près de la pagode des Six Harmonies, se trouvent les plantations du fameux **thé Longjing** (le puits du Dragon). Pour voir l'autre grande industrie de Hangzhou, la sériculture, organisez avec la CITS une visite au **Complexe d'impression et de teinture de la soie** ou encore à l'**usine Du Jinsheng de tissage** où vous pourrez assister au dévidage des cocons.

Les environs de Hangzhou

Si vous disposez de quelques jours de libres à Hangzhou, vous pouvez faire quelques-unes des excursions à l'extérieur de la ville. Juste à l'ouest se trouve **le temple Lingyin**, situé dans un très beau cadre boisé, près du Feilaifeng, le « pic venu en volant ». Selon le moine bouddhiste qui fonda le temple au 4e siècle, ce pic est une section du mont Grdhrakuta, en Inde. Il est réputé pour ses sculptures bouddhistes, taillées dans la paroi de la roche, datant de la dynastie des Yuan bien qu'il en comporte d'autres plus anciennes qui remontent au 10e siècle. Depuis sa fondation au 4e siècle, le temple a été détruit à plusieurs reprises et les bâtiments actuels datent des années 1950. L'ermitage Taoguang se trouve à quelques pas du temple ; on y accède par une forêt de bambous et, en haut du chemin, il y a un magnifique point de vue sur la ville.

Des excursions plus longues permettent de découvrir les villes voisines de Shaoxing et Ningbo. Bien qu'elles ne figurent pas d'habitude sur les itinéraires touristiques, ces villes sont toutes deux très intéressantes. **Shaoxing**, à 70 kilomètres de Hangzhou, est célèbre pour son alcool de riz, et pour avoir été la ville natale du grand écrivain contemporain Lu Xun (1881-1936). On y visite le musée consacré à l'écrivain, ainsi que plusieurs anciens pavillons et pagodes. **Ningbo** est un peu plus éloigné, à trois heures et demie de train de Hangzhou. C'est un port côtier qui a une longue tradition de commerce maritime et qui est également le lieu de naissance du dirigeant du Kuomintang, le généralissime Chiang Kai-shek. On y visite la pagode Tianfeng, qui date des Yuan, et une ancienne bibliothèque privée des Ming, la bibliothèque Tianyige, située dans un joli jardin. Un service régulier de bateaux relie Ningbo à **Putuoshan**, une île au large de la côte du Zhejiang, l'une des montagnes sacrées de la Chine (voir page 251).

GUILIN

Guilin est l'une des villes les plus célèbres de Chine grâce à son splendide paysage de montagnes de calcaire qu'un poète des Tang a comparées à des épingles à cheveux en jade. Depuis plus de 1000 ans, les poètes et les peintres visitent Guilin pour rendre hommage à sa rivière et ses montagnes.

Autrefois capitale de la province de Guangxi (un rôle repris par Nanning en 1914), Guilin a toujours été un centre de commerce prospère, bénéficiant de sa proximité au canal Ling qui fait la jonction entre les deux principaux réseaux fluviaux de la rivière des Perles et du Yangzi. Le canal a été construit au 2e siècle avant J.-C. sur les instructions de Qin Shi Huangdi, le premier empereur de Chine, pour relier le centre de son empire, autour du Yangzi, avec l'extrême sud. Mais le gouvernement central n'a exercé qu'un contrôle intermittent sur le Guangxi et la province est restée une région frontalière jusqu'à l'époque Tang (618-907). Une grande partie de la population du Guangxi ne sont pas des Chinois Han. Les Zhuang forment le groupe minoritaire le plus important de la province et qui représente environ 35% de la population. Les Zhuang vivent dans un large territoire qui recouvre plus de 60% de la surface de la province; pour cette raison celle-ci a été désignée Région autonome de la minorité zhuang.

Guilin s'étend le long de la rive ouest de la rivière Li et était autrefois une ville fortifiée. Malheureusement, il ne reste aujourd'hui que peu de vestiges anciens car la ville a été détruite en partie sous l'occupation japonaise pendant la Deuxième Guerre mondiale, puis a subi un programme de modernisation et d'industrialisation. Pourtant, les touristes ne cessent d'y arriver en foule pour admirer les paysages environnants aux montagnes abruptes et aux plaines verdoyantes.

Visite de la ville

La plupart des curiosités de Guilin sont naturelles plutôt que faites de main d'homme. Les petites montagnes qui ponctuent la plaine sont ornées de pavillons élégants, de chemins sinueux et découpés et c'est un grand plaisir que d'escalader l'une de ces montagnes et de contempler la ville et la rivière Li, où les pêcheurs poussent leur radeau en bambou dans le courant paresseux pendant que les cormorans plongent attraper le poisson.

Au centre de la ville, le pic le plus connu est le **pic de la Beauté Solitaire** (Duxiu feng), qui faisait autrefois partie du palais du neveu de l'empereur

Pêcheurs avec leurs cormorans à Guilin

Hongwu, Zhou Shouqian, au 14e siècle. La calligraphie gravée sur la paroi de la roche remonte aux dynasties des Tang et des Ming.

Non loin de là se trouve la **colline Fubo** qui doit son nom à un célèbre général de la dynastie des Han. A mi-hauteur de la colline, la grotte de Guanyin servait autrefois au culte de ce Bodhisattva de la Miséricorde. La colline possède de nombreuses et belles inscriptions et des sculptures en pierre ; celles qui sont à l'extérieur de la grotte de Guanyin sont attribuées au peintre Qing, Li Pingshou.

La **colline des Couleurs accumulées** (Diecai shan) offre un très beau point de vue sur la rivière Li et la ville au sud. On y voit de belles inscriptions, dont certaines sont également dues à Li Pingshou, ainsi que des autels bouddhistes, construits entre le 10e et le 13e siècle.

Le petit groupe de pics qui forme la **colline de l'Ouest** (Xi shan) était autrefois célèbre pour sa statuaire bouddhiste. Malheureusement, elles ont toutes été mises en pièces par les Gardes rouges dans les années 1960. Lorsque les collines plus fréquentées du centre de la ville sont envahies par la foule, la colline de l'Ouest demeure un endroit agréable où l'on peut se promener tranquillement.

Deux collines sur lesquelles on ne peut pas monter, mais qui sont intéressantes par leur forme, sont la **colline du Chameau** et la **colline en Trompe d'éléphant**. Cette dernière s'avance dans la rivière Li et, au crépuscule, ressemble étrangement à un éléphant buvant l'eau de la rivière. La colline du Chameau est sur la rive orientale de la rivière Li, après le parc des Sept Etoiles. Non loin de là se trouvent la **grotte et la colline des Sept Etoiles** (Qixing yan) ; la grotte contient des stalagmites et des stalactites éclairés par des projecteurs avec des effets spéciaux en couleur. D'autres grottes intéressantes à visiter sont l'impressionnante grotte des Flûtes de roseau, la grotte du Dragon blanc (en dessous de la colline de la Crique du sud) et la grotte de la Perle rendue (en dessous de la colline Fubo).

Les environs de Guilin

La promenade en bateau sur la **rivière Li** représente sans doute le clou de la visite pour les touristes qui se rendent à Guilin. Rares sont les personnes qui ne succombent pas aux charmes de ces paysages calmes qui se déroulent au fil de l'eau. Le bateau descend le fleuve en aval de la ville (la remontée en amont est également possible) et traverse un paysage de champs bien entretenus, bordés de bosquets de bambous feuillus. Vous verrez au passage les fameux cormorans employés ici pour la pêche au poisson. Les montagnes portent des noms lyriques, comme rocher de la Couronne, colline de la Conque, pic du Lotus de Jade ou pic du Lion de Neige.

La promenade en bateau se termine généralement au village de **Yangdi**, mais le paysage karstique continue jusqu'à **Yangshuo**, une petite ville à 83 kilomètres de Guilin et qui est devenue très touristique ces dernières années. Lorsque le niveau de l'eau est bas en hiver, l'excursion en bateau se fait parfois entre Yangdi et Yangshuo. Au retour en bus à Guilin, vous aurez peut-être la possibilité de vous arrêter au village où pousse un **banian** âgé de mille ans. L'arbre est étonnant avec ses branches massives déployées et son tronc aussi gros qu'une maison.

Vous pouvez également visiter le **canal Ling**, en direction de la petite ville de Xing'an. Ce canal, vieux de plus de 2000 ans, symbolise l'étendue du pouvoir militaire de la première dynastie des Qin, dont la capitale était à Xi'an, à plus de 1000 kilomètres au nord. Le canal relie les deux principaux fleuves de la région, la rivière des Perles qui se jette dans la mer au sud de Canton, et le Yangzi qui se jette dans la mer juste au nord de Shanghai. La jonction de ces deux fleuves a toujours revêtu une grande importance stratégique et économique car au moyen du réseau fluvial ainsi formé le gouvernement pouvait expédier du grain depuis le sud jusqu'au nord, et des troupes vers le sud pour réprimer les rébellions des minorités.

LA MONGOLIE INTÉRIEURE

Les prairies de la région autonome de la Mongolie intérieure sont relativement peu visitées par les touristes mais offrent cependant un contraste frappant avec les déserts et le plateau de lœss au sud et à l'ouest. Les hivers y sont rudes et le vent du nord souffle depuis les steppes de Sibérie, mais les étés sont chauds et agréables. De mai à septembre, les troupeaux de moutons, de chèvres et de chameaux errent dans les herbages, accompagnés de leurs bergers mongols qui vivent sous des tentes en feutre que nous appelons yourtes mais que les Mongols eux-mêmes nomment *ger*.

Le peuple mongol descend des armées de Genghis Khan qui, au début du 13e siècle, ont conquis toute l'Asie centrale depuis la mer Caspienne jusqu'aux frontières actuelles de la Chine du Nord. Sous Kublai Khan ils ont poursuivi la conquête de la Chine et ont fondé la dynastie des Yuan. Leur terre d'origine se situe dans le nord-est de l'actuelle République de Mongolie, aussi appelée Mongolie extérieure. Ce vaste territoire avait été autrefois contrôlé par la Chine des Qing jusqu'à ce qu'il accède à l'indépendance au début du 20e siècle, avec l'aide soviétique. Le peuple mongol est donc aujourd'hui divisé par ces frontières internationales entre une république et une province chinoise, la Mongolie intérieure.

Pendant le règne de Kublai Khan, le lamaïsme tibétain fut adopté par l'aristocratie mongole, et les Mongols sont restés bouddhistes jusqu'à ce jour. L'influence de cette religion est apparente dans leur art et dans l'architecture de leurs temples.

Le nationalisme mongol latent a fait de la frontière nord de la Chine, qui longeait l'Union soviétique, une région extrêmement sensible aux yeux du gouvernement chinois. Dans les années 60, pendant la Révolution culturelle, il était interdit de parler la langue mongole, et les costumes et les coutumes mongols étaient prohibés. On a aujourd'hui réintroduit l'enseignement de la langue mongole dans les écoles et les universités, mais les Mongols de Chine considèrent que leur culture est condamnée, car le chinois est maintenant la langue de l'enseignement à travers tout le pays. Ils redoutent de connaître le même destin que les Manchous, dont la langue est finalement devenue une relique de leur passé nomade. L'immigration de Chinois Han en Mongolie a conduit à une diminution de la proportion de Mongols qui ne forment maintenant que 15% de la population.

Intérieur d'une tente tibétaine en poil de yack, nord-ouest du Sichuan.

La plupart des touristes qui se rendent en Mongolie intérieure veulent apprendre à connaître le mode de vie des nomades, mais les yourtes qui ont été dressées à leur attention reflètent plus la vie sédentaire des bergers que les dures réalités de la vie nomade traditionnelle. En dehors de Hohhot, la capitale provinciale, il existe trois régions de pâturages ouvertes aux touristes. **Xilamulunsumu** peut faire l'objet d'une excursion d'une journée depuis Hohhot; on peut y loger dans des yourtes spécialement conçues. **Huitengxile** et **Baiyinhushao** sont un peu plus loin et nécessitent deux jours. Tous ces endroits offrent l'hospitalité mongole traditionnelle au complet, avec beurre, thé et viande de mouton. Vous aurez peut-être la chance également d'essayer le lait fermenté de jument ou encore d'entendre un chant mongol. Les Mongols aiment chanter et si aucun Chinois ne se trouve à proximité ils entonnent l'une de ces chansons qui relatent leur conquête de la Chine au 13e siècle.

Si vous vous rendez dans une yourte «motel» vous aurez la possibilité de revêtir un costume mongol et de poser pour les photographes à côté des chameaux. Certains préféreront toutefois traverser les prairies à cheval ou en jeep. Les collines et les étendues de pâturages qui se déroulent à perte de vue peuvent sembler monotones, mais si vous les traversez tranquillement vous serez agréablement surpris. Vous apercevrez du gibier d'eau dans les minces étangs qui comblent les petites dépressions. Des iris sauvages poussent au milieu des herbes, et des alouettes s'envolent des pâturages, lançant leur cri à travers les cieux d'un bleu pâle. Des bergers solitaires surveillent leurs troupeaux qui paissent paisiblement, les regroupant parfois à petits coups de fouet de leur lasso. Quelquefois on aperçoit au bord d'une piste des flèches blanches qui semblent ne rien indiquer mais qui sont utilisées comme points de repère par les pilotes des avions.

HOHHOT

La capitale actuelle de la Mongolie intérieure a été fondée au 16e siècle par un groupe de nomades dénommés Tumet. La ville s'est développée et a prospéré sous la dynastie des Qing; lors de la fondation de la République populaire de Chine en 1949, elle a été renommée Hohhot (ou Huhehot), ce qui signifie «ville verte» en mongol.

La ville n'est pas verte, mais elle est très animée grâce à la nature expansive de ses habitants mongols. Il est difficile de différencier les Mongols urbains des Chinois car ils portent les mêmes vêtements, mais le Mongol est plus grégaire et plus fougueux dans sa manière d'appréhender la vie que le Chinois.

L'histoire de la région est bien documentée dans le **musée de la Mongolie intérieure**. Le bâtiment est facilement reconnaissable à la statue blanche d'un cheval piaffant qui surgit de son toit. Pendant la Révolution culturelle, les responsables chinois ont fait pivoter la statue de façon qu'elle soit orientée vers Pékin. Aujourd'hui, elle est retournée à sa position première, face aux prairies du nord.

Les circuits touristiques prévoient souvent une visite au **tombeau de Wan Zhaojun**, une princesse Han qui, au 1er siècle, fut mariée à un chef barbare pour sceller une alliance. Les Chinois considèrent son mariage comme un acte d'abnégation, un bon exemple de la manière dont les Chinois ont traditionnellement considéré leurs voisins nomades.

Les Mongols ont adopté la foi bouddhiste tibétaine sous la dynastie des Yuan, et la Mongolie intérieure possédait de belles lamasseries avant la Révolution culturelle. Certaines d'entre elles sont en cours de restauration. La **lamasserie Dazhao**, fondée au 16e siècle et située en ville, est particulièrement intéressante. Le **monastère Xilitu** qui se trouve à proximité abrite un Bouddha vivant. L'homme qui a été désigné comme la présente incarnation du Bouddha vivant est quelquefois présenté aux journalistes étrangers.

Le plus grand attrait de Hohhot pour beaucoup de visiteurs est le **temple des Cinq Pagodes** (Wutasi). Il ne s'agit pas réellement d'un temple mais d'un stupa avec cinq stupas plus petits sur le toit qui faisait autrefois partie d'un monastère aujourd'hui disparu. Le stupa principal contient une copie du sutra de Diamant écrite en mongol, en tibétain et en sanscrit. La surface extérieure des cinq stupas du toit ainsi que du stupa principal est recouverte de riches sculptures finement travaillées.

La Mongolie intérieure comprend également une communauté importante de musulmans chinois, les Hui. La **Grande mosquée** (Qingzhensi) de Hohhot est ouverte aux visiteurs. Elle a été construite au 17e siècle et, comme toutes les mosquées érigées tardivement en Chine, ne possède aucun minaret. En effet, la cour impériale avait donné l'ordre de remplacer les minarets par des pavillons dans lesquels étaient placées des inscriptions rappelant aux musulmans leurs obligations de loyauté envers l'empereur.

Dans la banlieue est de Hohhot se dresse un exemple rare de l'histoire architecturale: la **pagode Wanbuhuayan** qui remonte au 10e siècle et qui n'a subi que très peu de changements, en dépit de plusieurs rénovations. La pagode est un magnifique édifice en brique et en bois de sept étages.

BAOTOU

Baotou est le seul grand centre industriel de la Mongolie intérieure et est l'œuvre des planificateurs urbains des années 50. La ville a peu à offrir au touriste, mais il existe plusieurs destinations intéressantes dans les alentours.

Une promenade en bus de deux heures à travers les montagnes Daqing vous conduira au **monastère Wudang**. (Un moyen plus onéreux mais plus confortable de s'y rendre serait de louer une jeep.) Ce monastère était autrefois l'une des plus importantes lamasseries de la région, et il reste aujourd'hui un grand centre spirituel pour les bouddhistes mongols. C'est une lamasserie de type tibétain de la secte des Bonnets jaunes, et serait une copie du Potala à Lhassa. Les salles principales à l'intérieur sont décorées de thankas et de tentures de la fin du 18e siècle. Ce monastère a maintenu la tradition des festivals et des cérémonies bouddhistes, et lorsque la sécheresse menace les prairies des moines sont envoyés pour prier et amener la pluie.

Au sud de Baotou se trouve le **tombeau de Genghis Khan**. Puisqu'il est considéré comme le père du peuple mongol, beaucoup de fêtes et de festivités mongoles se déroulent près de sa tombe, tel le *suduling* qui se tient chaque année au printemps. Les jeunes Mongols viennent là de toute la province pour des compétitions de lutte, de lancer du javelot et de sports équestres.

Des visites peuvent être organisées au départ de Baotou vers le **désert de l'Ordos**. Les excursions conduisent les visiteurs à la **baie des Sables bruyants** (Xiangshawan), où le sable a une teneur en métal tellement haute qu'il gronde littéralement lorsqu'on passe dessus.

LA ROUTE DE LA SOIE

Aux frontières occidentales de la Chine s'étendent les déserts de pierre et de sable et les chaînes de montagnes arides de l'Asie centrale. Cette vaste région à peine habitable était autrefois le territoire des tribus nomades et d'une poignée de colons qui vivaient là, dans les oasis. Ces tribus nomades, parfois militairement puissantes et bien organisées, pouvaient présenter une menace considérable pour les régions frontalières de l'Empire chinois. Au 2e siècle, l'empereur Han envoya d'importants corps expéditionnaires en Asie centrale pour soumettre ces tribus et tenter de sceller des pactes d'amitié avec eux. C'est grâce à ces efforts diplomatiques et ces contacts que l'influence chinoise s'étendit petit à petit vers l'ouest. La puissance Han apporta une ère de stabilité à la région et favorisa le développement de cette grande route commerciale appelée la Route de la Soie.

Cette route, qui va de la Chine jusqu'aux monts Karakoram qui séparent la province actuelle du Xinjiang du Cachemire et du Pakistan, était en fait déjà bien connue de quelques voyageurs audacieux. Le goût presque démesuré des Chinois pour le jade, qui provient en grande partie du Karakoram, et le prix payé à la cour pour cette pierre compensait largement l'effort dépensé dans ce voyage pénible à travers déserts et montagnes. A l'époque Han, c'est la soie de Chine, très prisée au Proche-Orient et dans l'Empire romain, qui a été l'impulsion principale au développement des routes entre l'Orient et l'Occident. La Route de la Soie se composait d'un ensemble de pistes de caravanes qui passaient au nord par le désert de Gobi, traversaient le Taklamakan puis redescendaient vers le sud, en direction de l'Inde et de l'Iran, avant de rejoindre Antioche, sur les rives orientales de la Méditerranée.

La Route de la Soie permit de faire le commerce de pierres précieuses, de porcelaines, de fourrures et de soieries, mais plus importants encore à long terme furent les échanges scientifiques, religieux et artistiques. Sous la dynastie des Han, la Route de la Soie introduisit le bouddhisme en Chine puis, plus tard, l'islam, le nestorianisme et le manichéisme. Ces deux dernières religions ne survécurent pas longtemps à la chute de la dynastie Tang, mais l'islam se répandit et eut une influence considérable sur la culture chinoise, en particulier dans les régions traversées par la Route de la Soie. Il reste encore maintenant la religion majoritaire au Xinjiang.

Le touriste qui voyage aujourd'hui dans ces régions n'aura aucune peine à imaginer ces premiers imams et ces moines qui ont introduit leurs croyances dans les villes et les oasis d'Asie centrale. D'importantes communautés musul-

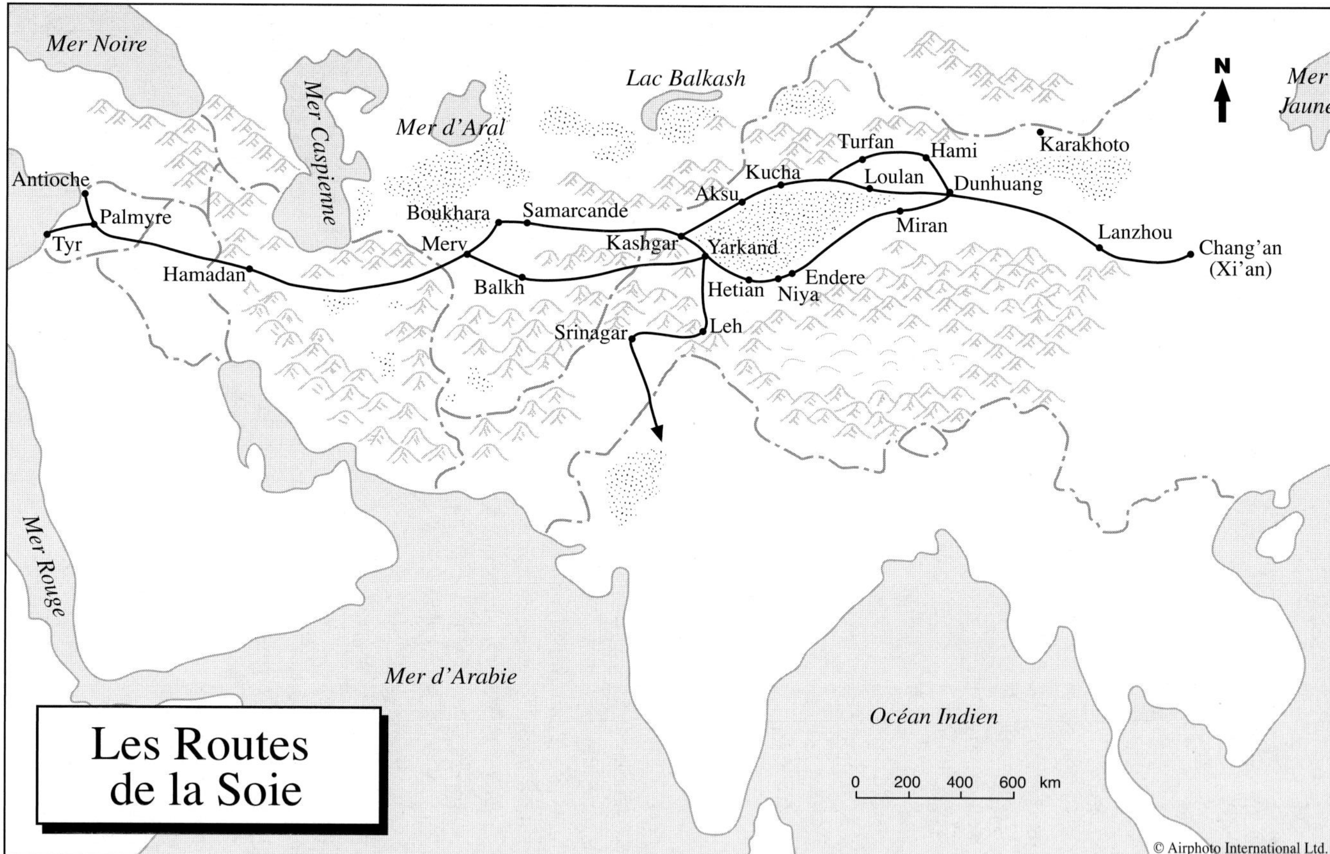
Les Routes
de la Soie
Mer Noire
Mer Caspienne
Mer d'Aral
Lac Balkash
Mer Jaune
N
Antioche
Palmyre
Tyr
Hamadan
Merv
Boukhara
Samarcande
Balkh
Kashgar
Yarkand
Aksu
Kucha
Turfan
Hami
Loulan
Dunhuang
Karakhoto
Miran
Lanzhou
Chang'an
(Xi'an)
Hetian
Niya
Endere
Leh
Srinagar
Mer Rouge
Mer d'Arabie
Océan Indien
0 200 400 600 km
© Airphoto International Ltd.

manes continuent d'y prospérer, et la route qui mène de la Chine au désert du Taklamakan est marquée par les magnifiques grottes bouddhiques, dont la plus célèbre est sans aucun doute Dunhuang. C'est également par ces mêmes routes que sont arrivées en Occident les inventions chinoises telles que la boussole, la poudre à canon et le papier. Mais le progrès en matière de navigation fait d'abord par les Arabes, puis par l'Espagne et le Portugal, conduisit au développement d'un commerce maritime florissant avec la Chine. C'est cette ouverture des routes maritimes qui a ruiné les royaumes d'Asie centrale qui dépendaient entièrement des caravanes.

Aujourd'hui encore, des caravanes de chameaux et des bergers nomades suivent des sections de ces anciennes routes, mais la Route de la Soie est aujourd'hui surtout vivante dans l'imagination des voyageurs qui retrouvent, après un long et fatigant voyage, ces villes oubliées, ces étranges paysages de roches érodées ou ces scènes de bazar qui n'ont presque pas changé depuis l'époque médiévale.

DE XI'AN À LANZHOU

Xi'an (voir aussi p. 82), autrefois appelée Chang'an, était le point de départ traditionnel de la Route de la Soie vers l'Occident. La Xi'an actuelle est bien plus petite qu'elle ne l'était à l'époque Tang, mais elle possède toujours des vestiges de sa gloire passée. Le **Musée historique** du Shaanxi renferme de nombreux trésors qui reflètent les diverses influences de la Route de la Soie: des figurines Tang représentant des marchands aux nez crochus, venus d'Asie occidentale, des stèles comportant des inscriptions chrétiennes nestoriennes ou encore des pièces de monnaie provenant de pays lointains, comme la Grèce.

De nombreux voyageurs sur la Route de la Soie commencent leur trajet en prenant l'avion de Xi'an à Lanzhou, la capitale de la province de Gansu. Mais pour le voyageur qui dispose de suffisamment de temps, il est intéressant d'effectuer le trajet entre les deux villes en train ou en bus car il existe de nombreux sites à découvrir en cours de route.

Le premier, dans le district de Fufeng, à 120 km de Xi'an, est le temple de **Famensi** où un fabuleux trésor bouddhique a été mis au jour en 1987 dans une chambre secrète sous la pagode. Parmi les superbes reliques en argent doré et en céramique, on a trouvé des ossements dont un doigt qui serait celui du Bouddha lui-même.

Pages suivantes:
Les dunes de Mingsha, au sud de Dunhuang.

A l'ouest de Xi'an se trouve le district de **Baoji**, région qui était le centre culturel de l'ancienne dynastie des Zhou. Les personnes qui s'intéressent aux extraordinaires bronzes de cette époque pourront visiter le musée des Reliques culturelles Zhou Yuan. Baoji, jadis étape sur la Route de la Soie, est devenue une importante jonction ferroviaire. La ville, située sur les rives de la Wei, respire le calme et la prospérité. Son monument le plus intéressant est le **monastère Jintai**, de la dynastie des Ming, érigé au sommet d'une colline surplombant la ville. Dans le monastère se trouve une stèle célèbre portant une inscription calligraphique du général-lettré Cao Cao, de l'époque des Trois Royaumes. Ce général, connu pour sa poésie ainsi que sa calligraphie, régna sur les Wei du Nord de 220 à 265. L'inscription qui se trouve au monastère est gravée dans le style dit «peau de melon» (et qui est à peine lisible pour les Chinois eux-mêmes).

Tianshui est la première ville de la province du Gansu à laquelle on arrive depuis le Shaanxi. Réputée pour ses objets en laque, la ville a été peu touchée par le développement moderne et on peut encore y voir des maisons traditionnelles à un étage et des arches commémoratives comme celles des villes du 19e siècle. Tianshui fut le lieu de naissance de Li Guang, le fameux «général volant» de la dynastie des Han de l'Ouest, qui fut envoyé combattre les Huns d'Asie centrale et qui contribua ainsi à ramener la paix et la prospérité dans la région. Sa tombe, où seules ses possessions furent enterrées après sa mort au combat, peut être visitée.

A partir de Tianshui, on accède aux grottes bouddhiques de **Maijishan** (45 km); ce nom signifie «montagne des meules de paille» et convient parfaitement à cette petite montagne de forme conique au sommet pointu, dont la pierre est couleur de paille. Maijishan est l'un des plus importants sanctuaires bouddhiques en Chine, avec Yungang, Longmen, Dunhuang et Dazu (voir page 262). Certaines des grottes sont presque inaccessibles, malgré les escaliers fixés à la falaise. On y découvre, à l'extérieur, de magnifiques représentations sculptées du Bouddha et, à l'intérieur, des fresques et des statues d'argile. Le site remonte à l'époque des Qin de l'Ouest (fin du 4e siècle) et les travaux ont continué sporadiquement pendant près de mille ans.

Un peu au nord de Maijishan se dresse la **falaise Xianren** (falaise des Immortels), dont certaines sculptures remontent au 5e siècle. A l'intérieur des grottes on trouvera un mélange de statues bouddhiques et taoïstes, accompagnées de quelques sages confucéens.

Au nord-ouest de Tianshui, sur la rive nord de la Wei, se trouve un autre ensemble de grottes et de temples. Les grottes, situées dans le district de Wushan, sont peu visitées et les inondations en interdisent parfois l'accès. Sur l'une des parois de la falaise, connue sous le nom de **temple Lashao**, se dressent trois statues du Bouddha Sakyamuni et de deux disciples. A l'origine ces sculptures étaient peintes et quelques traces de couleur sont encore visibles. En dessous des pieds du Bouddha, on apercevra une série de bas-reliefs représentant des animaux étranges, dont certains ressemblent aux lions sculptés de l'art persan.

La capitale de la province du Gansu, **Lanzhou**, s'étend le long des rives du fleuve Jaune. C'est le centre industriel du nord-ouest du pays. La ville elle-même ne présente que peu d'intérêt aujourd'hui mais une visite au **Musée provincial du Gansu** est recommandée. C'est ici qu'est exposé le célèbre cheval volant en bronze, sa crinière et sa queue au vent et un sabot posé sur une hirondelle en vol. Ce cheval, qui date des Han de l'Est (2e siècle), représente la nouvelle race de chevaux ramenée via la Route de la Soie jusqu'à la cour impériale de Chine, depuis le Ferghana (Ouzbékistan). Ces chevaux étaient connus pour leur rapidité et leur résistance bien supérieures à celles des races chinoises, ce qui leur donnait beaucoup de valeur. Dans ce musée, se trouvent également de très beaux exemples de poteries néolithiques, dites de Yangshao, des bronzes rituels Zhou et une reconstitution d'une tombe Han.

LES EXPÉDITIONS AU DÉPART DE LANZHOU

Binglingsi est un important ensemble de grottes dont la construction débuta au 5e siècle et continua pendant près de 1500 ans. Il se trouve en amont du barrage Liujiaxia sur le fleuve Jaune, à 70 km de Lanzhou. Entre le printemps et l'automne, lorsque le niveau de l'eau est suffisant, on y accède en bateau à partir du barrage (trajet de deux heures). Les centaines de grottes dépeignent, avec des statues et des fresques, la vie du Bouddha et de ses disciples. Certaines des statues montrent une influence indienne. Suite à la construction du barrage, les grottes les plus basses ont été noyées, mais les sculptures furent enlevées et replacées plus haut.

La **lamasserie Labrang** est l'un des centres les plus importants de la secte religieuse tibétaine des Bonnets jaunes en Chine. Située au sud-ouest de Lanzhou, près de la petite ville de Xiahe, c'est le lieu de rassemblement de la communauté tibétaine locale. Labrang fut fondée en 1709 sous le patronage de l'empereur Qing Kangxi. Elle est devenue un important centre d'études bouddhiques grâce aux empereurs Qing qui étaient très attirés par cette religion. Labrang héberge aussi un Bouddha vivant, considéré comme la réincarnation d'un Bodhisattva revenu sur terre pour enseigner. Labrang compte maintenant mille lamas, quatre fois moins qu'auparavant. A l'origine, elle possédait également une grande partie des terres agricoles des environs, mais le régime communiste les a confisquées et a partiellement détruit le monastère. Comme la lamasserie est un important site spirituel, elle a la charge du calendrier traditionnel des fêtes bouddhiques. Les visiteurs au monastère ont souvent l'occasion d'apercevoir le déroulement la vie religieuse et parfois même d'assister aux grands débats tenus publiquement par les lamas. Au Nouvel An, les lamas donnent un spectacle de danses avec des masques de démons pour attirer la bonne fortune pendant l'année à venir.

Sur le chemin de la lamasserie, vous passerez par la petite ville de **Linxia**, la capitale de la préfecture autonome des Hui. Les Hui sont les musulmans chinois dont les ancêtres se convertirent sous la dynastie des Tang, lorsque des Arabes et des marchands d'Asie centrale s'établirent en Chine. La tombe d'un missionnaire islamique, appelé Han Zeling en chinois mais dont le nom arabe serait Hamuzeli, a été érigée au sommet d'une colline avoisinante. Un peuple minoritaire, les Dongxiang, vit également dans cette région. Ils sont aussi musulmans, mais leurs yeux bleus et leurs nez aquilins signalent des antécédents plutôt occidentaux. Linxia est une ville très animée, avec de nombreux petits restaurants et des maisons de thé où vous pourrez essayer le *sanxiang-cha* (thé aux trois saveurs), délicieux mélange de thé vert, de sucre candi et de *longan* séchés.

DE LANZHOU À URUMQI

Après avoir quitté Lanzhou, la nature inhospitalière de l'ancienne Route de la Soie et de ses paysages environnants s'impose de plus en plus. Les pentes dénudées de la chaîne du Qilian s'étendent vers le sud tandis que le désert de Gobi s'étire au nord au-delà des limites occidentales de la Grande Muraille. Les vents sont si violents dans cette région que les cultures poussent dans les fentes de pierres plates, posées dans les champs pour éviter que la terre ne soit soufflée. La terre est absolument sèche, sauf en quelques endroits où les rivières et les sources permettent à une végétation éparse de survivre. Le voyageur d'aujourd'hui peut parfaitement imaginer les difficultés et les souffrances auxquelles étaient confrontés les marchands de l'époque des caravanes qui se déplaçaient ici à pied.

Après avoir quitté Lanzhou, le train tourne au nord-ouest vers **Wuwei**, une ville dans le corridor Hexi, ou corridor du Gansu. C'est ici que fut trouvé le fameux cheval volant en bronze exposé au musée de Lanzhou. On y visite le musée municipal, la pagode de Kumarajiva, du 7e siècle, qui commémore un moine bouddhiste, et le joli temple Haizang, fondé en 1482 et situé dans un parc.

Peintures murales des grottes de Mogao à Dunhuang, Gansu.

La prochaine ville importante est **Jiayuguan**, près du col du même nom qui marque la limite occidentale de la Grande Muraille. Une visite de la petite, mais très intéressante forteresse Ming, construite pour surveiller cette zone stratégique entre les monts Qilian au sud et les monts Noirs au nord, est vivement recommandée. On y verra également une section très ancienne de la Grande Muraille, en partie écroulée, et qui date de la dynastie des Han.

Le trajet de Jiayuguan à **Dunhuang** s'effectue généralement en bus ou en train, mais Dunhuang possède un aéroport. Les grottes bouddhiques de Dunhuang sont l'un des sites les plus remarquables de la Route de la Soie. Elles se trouvent dans les collines Minsha, à 25 km de Dunhuang, à **Mogao** (il existe un service de bus quotidiens depuis Dunhuang). Les grottes furent creusées pour la première fois au 4e siècle, mais il ne reste aucune sculpture de cette époque; les plus anciennes que l'on voit aujourd'hui remontent au 5e siècle. Pendant plus de quatre siècles, moines et artisans vécurent et travaillèrent à Dunhuang, et les grottes reflètent parfaitement les évolutions des styles au cours de cette période.

En plus des sculptures, ces grottes contiennent également des fresques dont les plus anciennes remontent à la dynastie des Wei du Nord. Elles mettent en scène les *jataka*, les histoires des vies du Bouddha, et sont exécutées avec beaucoup de dynamisme, avec des nuages tourbillonnants et de gracieux *apsara* (anges bouddhistes). Les peintures plus tardives, de la dynastie des Sui, laissent apparaître une plus grande tranquillité dans leur composition, avec moins d'illustrations des *jataka*; les représentations du Bouddha et des Bodhisattva y sont plus sereines.

Au début de ce siècle, plusieurs orientalistes occidentaux et japonais se succédèrent à Dunhuang; ils ramenèrent dans leurs pays une partie des documents écrits et des peintures qu'ils trouvèrent dans les grottes. Parmi eux, notons Paul Pelliot (dont les collections sont à Paris) et Sir Aurel Stein (dont les collections sont au British Museum à Londres et au Musée national à New Delhi).

A proximité des grottes, au milieu de dunes de sable, se trouve un petit lac appelé **lac du Croissant de Lune** en raison de sa forme particulière. Il est possible de prendre un bus en ville pour se rendre au lac le soir pour y admirer le coucher du soleil (la meilleure vue – et qui mérite l'effort pour y arriver – est celle qu'on a depuis le haut de la grande dune de sable derrière le lac).

A l'ouest de Dunhuang s'étend la **région autonome ouïghoure du Xinjiang**, un vaste territoire grand comme l'Alaska qui a des frontières communes avec le Pakistan, l'Afghanistan, l'Inde, les ex-républiques soviétiques d'Asie centrale et la Mongolie. L'oasis de **Turfan** (Tulufan en chinois), sur la ligne de chemin de fer qui aboutit à Urumqi, forme un saisissant contraste avec l'aride désert caillouteux qui s'étend à perte de vue dans toutes les directions. C'est ici que poussent les raisins sucrés que l'on voit sécher au soleil et les fameux melons de Hami mais à la limite des champs, le désert recommence abruptement. Les eaux qui alimentent Turfan, et qui proviennent de la fonte des neiges de la chaîne du Tianshan toute proche, sont acheminées vers la ville dans des canaux souterrains appelés *karez*, l'équivalent des *qanat* persans. L'oasis de Turfan était autrefois une halte importante de la section septentrionale de la Route de la Soie et un haut lieu du bouddhisme. Plus tard, à la suite de migrations des Ouïghour musulmans, toute cette région a été influencée par l'islam. Les Ouïghour, qui forment la principale minorité du Xinjiang, sont un peuple turcophone originaire de la Sibérie qui se convertit à l'islam au 10e siècle.

Turfan est située dans une dépression au-dessous du niveau de la mer, et connaît de très grandes variations de températures qui peuvent monter à 43°C en été et descendre à –32°C en hiver. L'un des monuments les plus célèbres de la ville est le **minaret Emin** de la mosquée Suleiman, fondée à la fin du 18e siècle. C'est un minaret circulaire, construit dans un style afghan avec des briques de terre non vernissées qui forment des dessins géométriques.

Derrière la ville se dressent les **montagnes de Feu**, dont la roche rouge sombre absorbe dans sa masse la chaleur du soleil et la restitue à des températures de fournaise. Des voyageurs se promenant dans ces montagnes ont même vu fondre les semelles de leurs chaussures ! Mais c'est parmi ces collines que se situe le complexe de grottes bouddhiques de **Bezeklik** également connu, comme tant d'autres sanctuaires de la Route de la Soie, sous le nom de grottes des Mille Bouddhas. Sculptées entre le 5e et le 14e siècle, ces grottes ont été sérieusement endommagées par l'érosion mais aussi le fanatisme religieux et les archéologues étrangers du début du siècle. Néanmoins, plusieurs belles fresques Tang subsistent encore (grotte 37) ainsi que des peintures Sui (grottes 16 et 17).

Turpan est située près des ruines de deux anciennes villes qui furent abandonnées lorsque le commerce de la Route de la Soie déclina vers la fin de la dynastie des Yuan et au début de celle des Ming. **Gaochang** (Karakhoja) était une ville fortifiée des Tang, dont il ne reste maintenant plus grand-chose sinon les ruines des murs et des fondations. Le cimetière de Gaochang, connu sous le nom d'**Astana**, a été en partie fouillé ; l'une des tombes qui date de la dynastie des Tang contient de superbes peintures murales. La petite ville de **Jiaohe** (Yarkhoto), située au sommet d'une falaise, entre deux profondes vallées, ressemble aujourd'hui à une ville fantôme.

Urumqi, la capitale du Xinjiang, n'a aucun lien historique avec la Route de la Soie mais c'est un carrefour important pour les voyageurs modernes. La

province du Xinjiang compte onze aéroports et le voyageur peut ainsi se rendre en avion dans les régions les plus reculées plutôt que d'emprunter la route (les distances entre les villes sont considérables au Xinjiang et le voyage peut être très fatigant à cause de la chaleur et de la poussière). Le trajet entre Urumqi et Kashgar, ville située au sud-ouest de la province et qui est le point de départ des excursions qui traversent le Karakoram vers le Pakistan, est plus souvent fait en avion qu'en car. Une nouvelle ligne de chemin de fer qui longe le nord du désert du Taklamakan jusqu'à Kashgar a récemment été ouverte.

Depuis 1992 il est possible, à condition d'avoir déjà son visa, de prendre le train d'Urumqi vers Alma Ata, la capitale du Khazakhstan (trajet de 1350 km). Il existe également des vols à destination d'Alma Ata.

Urumqi est une ville moderne totalement dépourvue d'architecture digne d'intérêt, sauf dans certains endroits où l'ancien style russe subsiste encore. Les bureaux administratifs et les cinémas de la ville ont été bâtis, dans les années 1950, par le Corps de construction de l'Armée populaire de Libération. Bien qu'Urumqi ressemble à la plupart des autres grandes villes chinoises, ses habitants sont bien différents. La majorité des habitants du Xinjiang sont des Ouïghour ou des Khazakh. Les Ouïghour sont musulmans mais sont capables de boire énormément, et les querelles ne sont pas rares dans les rues d'Urumqi. Les hommes ouïghour sont habillés comme la plupart des Chinois Han mais les femmes aiment porter des couleurs vives ; on les reconnaît à leurs nattes, leurs voiles et leurs pantalons bouffants qui dépassent de leurs robes. Il y a peu de choses à voir dans la ville, mais le **Musée provincial de Xinjiang** présente une exposition intéressante sur l'histoire primitive de la région ainsi que des objets appartenant aux minorités. Les visites principales depuis Urumqi sont les excursions dans les montagnes environnantes.

LES EXPÉDITIONS AU DÉPART D'URUMQI

L'excursion la plus courante, et peut-être la plus surfaite de toutes, est celle dans les **monts Tianshan** (les monts Célestes) et **au lac Tianchi**, qui se trouve à 1900 mètres d'altitude. Le trajet au travers des paisibles prairies alpestres du Tianshan est très agréable après la chaleur du désert mais pendant les vacances et en fin de semaine une foule énorme se rend au lac qui perd ainsi un peu de son attrait. Il est possible d'y faire des tours en bateau.

Une excursion d'une journée dans les **monts Nanshan**, où vivent les Khazakh, est plus intéressant et la région est beaucoup moins fréquentée des

Pages précédentes : Chasseur kirghiz avec son aigle, dans l'ouest du Xinjiang.

touristes. Les Khazakh pratiquent les sports équestres et seront très heureux de vous faire une démonstration de polo. Les groupes de touristes sont généralement invités dans une yourte pour y prendre un repas, qui se compose de pain, de fromage et de kebabs de mouton. Le fromage khazakh, le *kurut*, est un fromage dur de chèvre que l'on peut trouver en vente dans les marchés des villes, de même que le yoghourt et une bière faite de miel et de blé.

La préfecture autonome de Yili, dont le chef-lieu est **Yining**, doit son nom à la rivière qui prend sa source dans les monts Tianshan. Yining n'a aucun lien avec la Route de la Soie mais est une ville frontalière moderne qui est devenue prospère ces dernières années grâce au commerce avec la République du Khazakhstan. Elle n'est ouverte aux étrangers que depuis 1990 et est accessible par avion ou par bus depuis Urumqi. Située à 60 km seulement de la frontière, la ville a été bâtie dans un style russe et est peinte de couleurs que l'on ne voit pas généralement dans une ville chinoise.

LA ROUTE D'URUMQI À KASHGAR

Au nord du désert du Taklamakan se trouve la ville de **Kuqa**, autrefois poste commercial important sur la Route de la Soie, sur la ligne de chemin de fer Urumqi-Kashgar. La vieille ville, centrée autour de la mosquée principale et du bazar, conserve encore l'atmosphère de l'Asie centrale médiévale. De petites maisons de thé servent du *quxira*, soupe épicée de boulettes de mouton, de navets et de poivrons rouges. Le marché du vendredi est un chaos de charrettes tirées par des ânes, de chevaux et de milliers d'Ouïghours qui vendent et achètent des selles, des melons, de la soie, des tapis. A 65 km au nord-ouest de Kucha, sont les **grottes aux Mille Bouddhas de Kizil**, situées au bord de la rivière Muzat. Creusées au 4e siècle, ces grottes furent abandonnées après la montée de l'islam dans la région au 14e siècle. Sur les 236 grottes, 75 seulement sont restées intactes. La statuaire a presque entièrement disparu, mais il reste d'étranges peintures murales représentant des hommes-animaux, des oiseaux à deux têtes et des immortels bouddhistes. Ce sont ces fresques, qui reflètent une forte influence indo-hellénistique, qui présentent le plus grand intérêt ici.

Aksu, au sud-ouest de Urumqi, est en général une escale technique pour les vols à destination de Kashgar. C'est une ville moderne, sans grand intérêt.

Kashgar (Kashi en chinois) a une longue histoire qui remonte à plus de 2000 ans. Située au pied des montagnes du Pamir, la ville se trouve à une jonction des grandes routes commerciales qui traversaient les cols de haute montagne vers le Pakistan et l'Inde. Sous les dynasties Han et Tang, Kashgar a été placée sous contrôle chinois mais les habitants de la région sont probablement d'origine indo-européenne (on voit souvent des yeux bleus et des nez aquilins à Kashgar). A la fin du 19e et au début du 20e siècle, lorsque la Russie et la Grande-Bretagne se disputaient le contrôle de l'Asie centrale, des consulats étrangers avaient été établis à Kashgar qui prêtaient une oreille attentive aux diverses intrigues politiques qui se jouaient et servaient de service de renseignement pour leurs pays respectifs.

Autrefois centre religieux et artistique bouddhique, Kashgar est maintenant fortement islamique et a été très peu touchée par les tentatives de modernisation de la Chine. La ville est plus petite qu'Urumqi et peut facilement se visiter à pied ou à bicyclette. Grâce au commerce avec le Pakistan, ses bazars regorgent de marchandises qui proviennent du subcontinent indien. Il y a un vaste choix de chapeaux de toutes sortes – garnis de fourrure ou brodés – et on y vend également des soieries chinoises, des pierres semi-précieuses et les magnifiques tapis tissés à la main de la région. Le marché du dimanche est particulièrement animé et les Kirghiz et les Tajik viennent y faire démonstration de leurs prouesses à cheval.

Depuis mai 1986 et l'ouverture du Karakoram Highway, Kashgar est redevenue une ville importante pour les voyageurs qui se rendent de Chine vers le subcontinent indien.

LA ROUTE DU PAKISTAN

La route qui va de Kashgar à la frontière du Pakistan, et qui traverse le **col du Khunjerab**, est peut-être l'une des routes les plus spectaculaires – et les plus fatigantes – du monde. Depuis Kashgar, on passe par la petite ville de **Gez**, qui comprend une grande communauté kirghiz. Les Kirghiz sont des bergers nomades, dont les femmes ont un penchant pour les coiffes brodées très élaborées, les lourds bijoux d'argent et les gilets décorés de boutons. La route passe ensuite devant les deux grands pics des monts Kongur et Muztagata. Aux alentours de **Tashkorgan**, dans les contreforts du Pamir, vivent les Tajik, un peuple de pasteurs, apparentés aux Persans. Les Tajik nomades vivent dans des maisons construites de terre et d'herbes; ils ont la réputation d'être de fameux cavaliers et certaines de leurs tombes sont même construites en forme de selle.

De Tashkorgan, il faut environ 2 h 30 de voyage pour atteindre la frontière du Pakistan. Autrefois, la route était extrêmement dangereuse et des caravanes entières de chameaux mouraient de froid dans les cols, surpris par une tempête de neige. Le voyageur moderne est heureusement à l'abri de tels dangers car la route n'est ouverte qu'en été et en automne, du 1er mai au 30 novembre.

LE TIBET

Il existe dans le monde plusieurs hautes chaînes de montagnes, mais peu d'entre elles ont abrité une civilisation aussi exclusivement empreinte de spiritualité que celle de l'Himalaya au Tibet. L'histoire du Tibet a commencé à être consignée par écrit à partir du 7e siècle, après l'arrivée du bouddhisme dans le pays. Le bouddhisme s'est mélangé aux anciennes croyances animistes de la religion tibétaine bön et est devenu la base de la culture tibétaine. Petit à petit, les habitants de ces montagnes ont créé une société dans laquelle les monastères servirent de centres d'enseignement, de médecine et, plus récemment, du pouvoir économique et politique. Ainsi un groupe de tribus guerrières s'est transformé en un Etat théocratique.

Les doctrines de paix du bouddhisme n'ont pourtant pas toujours empêché les Tibétains de guerroyer entre eux ou avec leurs voisins. A cause de l'altitude élevée et du manque de terre cultivable, l'agriculture a toujours été limitée à quelques vallées de rivières où ne pousse que de l'orge. C'est pourquoi le Tibet ne put parvenir à instaurer un système de communautés agricoles sédentaires, à la manière de celles établies par les Chinois à l'est. Les jeunes Tibétains ne pouvaient devenir que bergers ou commerçants, ou entrer dans un monastère. Jusqu'au milieu du 20e siècle, le terme de moine recouvrait un large éventail de personnages et d'activités. Certains moines étaient cuisiniers, d'autres devenaient des artisans, et de rares élus recevaient une instruction leur permettant de devenir des lamas, ceux-là mêmes qui, à leur tour, transmettaient à d'autres l'enseignement bouddhique et les traditions culturelles du Tibet, ainsi que le savoir médical.

Le roi Songsten Gampo, le grand unificateur du Tibet, a patronné l'établissement du bouddhisme au 7e siècle, de même que le développement d'un système d'écriture tibétain qui permit de traduire les textes sacrés. Il a également épousé, pour des raisons politiques, deux princesses bouddhistes, une népalaise et une chinoise. Ses descendants ont régné sur le Tibet jusqu'au milieu du 9e siècle, époque à laquelle la monarchie est entrée en conflit avec les monastères.

Après l'assassinat du dernier roi par un moine, les monastères rivaux consolidèrent leurs propres bases de pouvoir, et le pays fut divisé en sphères d'influence régionales. Les premiers monastères du Tibet furent contrôlés par des sectes rivales, dont la plus puissante était celle des Bonnets rouges. Au 14e siècle, un lettré du nom de Tsong Khapa fonda la secte des Bonnets jaunes, qui éclipsa par la suite l'ancienne secte des Bonnets rouges.

De ces Bonnets jaunes, il s'est dégagé une lignée de moines considérés comme des maîtres et appelés les Dalaï Lamas, un titre qui signifie « Océan de Sagesse ». Au 17e siècle, à l'époque du 5e Dalaï Lama, l'ascendance de ce dernier sur tous les autres lamas fut définitivement établie ; il fut proclamé réincarnation de Chenrezi, le Bodhisattva de la Miséricorde (connu en Inde sous le nom d'Avalokitesvara et en Chine, Guanyin). Le cinquième Dalaï Lama régna depuis Lhassa, mais il plaça également Shigatse, la deuxième ville du pays, sous son contrôle en y accroissant le pouvoir du monastère des Bonnets jaunes, Tashilhunpo. Le supérieur de Tashilhunpo avait été le tuteur du Dalaï Lama et, en honneur sa sagesse, le Dalaï Lama le nomma Panchen Lama, le « Grand Erudit ». Le Panchen Lama fut ensuite proclamé réincarnation du Bouddha Amitabha, donnant ainsi à Shigatse une position incontestable.

Le gouvernement théocratique du Tibet régna pendant deux siècles sans aucune interférence chinoise, et exerça même une certaine influence à la cour des Qing. Les souverains Qing, qui étaient des bouddhistes, invitèrent à plusieurs reprises des lamas tibétains de haut rang à Pékin pour enseigner à la cour et y prodiguer leurs conseils. Cependant, au milieu du 19e siècle, les Anglais et les Russes prirent conscience de l'utilité du Tibet comme pion dans leur jeu d'influence pour le contrôle de l'Asie centrale, et les empereurs Qing réalisèrent l'importance du Tibet en matière de politique chinoise. En 1904, adoptant leur habituelle diplomatie de la « canonnière », les Anglais dépêchèrent l'expédition Younghusband au Tibet pour imposer des accords commerciaux et d'amitié aux Tibétains. En 1910, ce fut au tour de la Chine d'envahir le Tibet et de demander des accords politiques. Le 13e Dalaï Lama s'enfuit à Darjeeling, où il demanda l'aide des Britanniques pour repousser les Chinois. Mais c'est le gouvernement communiste chinois, nouvellement unifié, qui prit finalement le contrôle du pays, en envoyant sa propre armée pour « libérer » le Tibet en 1950.

L'impact du régime marxiste chinois sur le gouvernement théocratique fut catastrophique. Là où les Chinois ne voyait que retard, pauvreté et superstition religieuse, les Tibétains percevaient un monde où l'homme vit en harmonie avec son environnement et avec les forces de l'esprit. Cette rencontre entre deux mondes opposés fut désastreuse. En 1959, après une insurrection avortée, le 14e Dalaï Lama s'enfuit, avec 80 000 fidèles, de l'autre côté de l'Himalaya, en Inde.

Cet exil volontaire de l'actuel Dalaï Lama a créé des problèmes insolubles aux Chinois, qui ont gouverné le Tibet avec ce que l'on peut appeler une cruel-

La statue la plus sacrée du Bouddha au Tibet, dans le temple Jokhang à Lhassa.

le condescendance, même si celle-ci semblait plus modérée ces dernières années. Le Dalaï Lama est resté en exil, en dépit de négociations qui ont eu lieu à l'écart de la scène politique, entre les représentants de son gouvernement en exil et Pékin. Les Chinois semblent ne pas vouloir le laisser revenir à Lhassa pour y vivre et y gouverner, en qualité de chef spirituel, parce qu'il pourrait concentrer sur sa personne les mécontentements politiques. Le Dalaï Lama refuse de revenir s'il est obligé de s'installer à Pékin.

Pendant les années 1980, les Chinois ont appliqué une politique d'autonomie économique et de liberté religieuse limitées, et ont commencé un programme de restauration des monastères. Mais l'immigration au Tibet de Chinois Han – encouragés par la garantie d'un emploi et d'un logement, ainsi que par des salaires plus élevés que dans le reste du pays – s'est tellement accrue que Lhassa et Shigatse ont aujourd'hui une population à majorité chinoise.

Les Chinois attribuent une valeur considérable à la situation stratégique du Tibet. Ils ont également redessiné les frontières du Tibet, de façon que certaines zones du Tibet soient absorbées par les provinces voisines du Sichuan et du Qinghai. Toutefois, malgré l'autorité chinoise, la propagande antibouddhique, les persécutions et la migration de Chinois Han et de musulmans Hui, les Tibétains ont conservé leur identité culturelle et l'amour qu'ils vouent au Dalaï Lama.

Aussi n'est-il guère surprenant que dans ces paysages majestueux, exposés aux vents des hauts plateaux tibétains, le monde de l'esprit semble plus réel que le monde des hommes. Ce paysage silencieux de neige et de glace, de montagnes, de lacs et de prairies, possède une beauté surnaturelle qui inspire une vénération non seulement chez les Tibétains, pour qui cette beauté fait partie de leur vie quotidienne, mais également chez tous ceux qui ont l'occasion de s'y rendre.

LHASSA

En raison de son altitude (3500 mètres au-dessus du niveau de la mer) les visiteurs à Lhassa ne devront pas faire trop d'efforts physiques les premiers jours afin de s'habituer à ces hauteurs. Le meilleur moyen est de commencer votre séjour en effectuant quelques petites sorties, alternées de périodes de repos. Quelques promenades autour de la ville ou le long de la rivière Lhassa serviront d'introduction tranquille à la vie au Tibet.

L'influence chinoise est évidente dans le saisissant contraste entre la partie ancienne de Lhassa et la ville nouvelle construite depuis 1980. Le vieux quartier, autour du temple Jokhang, est composé d'un labyrinthe de ruelles étroites avec des maisons aux murs badigeonnés, faits de pierres grossièrement taillées. La partie neuve de la ville est plus terne et est dominée par de larges boulevards ; les logements et les bureaux sont situés à l'écart de la route et sont protégés par des murs d'enceinte.

Les Tibétains sont toujours vêtus de leurs costumes traditionnels, principalement parce que leurs vêtements sont bien adaptés aux rigueurs du climat. Les hommes et les femmes portent le *chuba*, un manteau épais en peau de mouton attaché par une ceinture. En hiver, les hommes portent des feutres ou des bonnets de fourrure. Les femmes portent des nattes ou des fichus aux couleurs chatoyantes et, pour les grandes occasions, des coiffes très travaillées. Leurs longues robes sont généralement noires, marron ou bleues et les tabliers qu'elles mettent pour leur travail sont faits de bandes tissées de couleurs vives (ils sont portés uniquement par les femmes mariées du Tibet central).

Les grands monuments à voir à Lhassa sont le temple Jokhang et le palais du Potala. Le **temple Jokhang** abrite la représentation du Bouddha la plus précieuse du pays : le Bouddha Çâkyamuni, rapporté de Chine sous la dynastie Tang par la princesse Wen Cheng qui avait épousé le grand roi Songsten Gampo. Dans le hall principal du temple se trouve un ensemble de peintures murales dépeignant l'arrivée de la princesse au Tibet. Le Jokhang est le lieu de pèlerinage le plus important du Tibet et les pèlerins y viennent en grand nombre pour marcher autour du saint des saints (dans le sens des aiguilles d'une montre), qui contient la statue dorée du Bouddha. On peut également monter sur le toit du Jokhang.

Au sommet d'une colline qui surplombe la ville, se trouve le **Potala**, le plus célèbre des monuments du Tibet. Autrefois palais temporel et spirituel du Dalaï Lama, c'est maintenant un musée avec des chapelles et des châsses entretenues par les moines. Le Potala est divisé en deux parties, le Palais blanc et le Palais rouge. Le Palais blanc, édifié en 1653, s'élève en terrasses jusqu'au Palais rouge, construit en 1693 et qui est couronné d'un toit orné de cuivre doré. L'intérieur du Potala est en grande partie interdit aux visiteurs ; on y trouve des chapelles et des galeries ouvertes contenant d'extraordinaires peintures murales. Les appartements des 13e et 14e Dalaï Lamas sont ouverts au public ; la chambre intérieure de l'appartement du 14e Dalaï Lama a été laissée telle qu'elle était le jour de sa fuite vers l'Inde en 1959. Il est également possible de visiter la tombe du 13e Dalaï Lama, en forme de grand stupa. Pour des raisons de sécurité, la tombe doit être visitée en compagnie d'un guide ou d'un moine, car l'intérieur renferme des trésors d'or et de pierres précieuses.

Une promenade dans la vieille ville de Lhassa vous permettra de faire de nombreuses découvertes : de petits temples restaurés et superbement décorés,

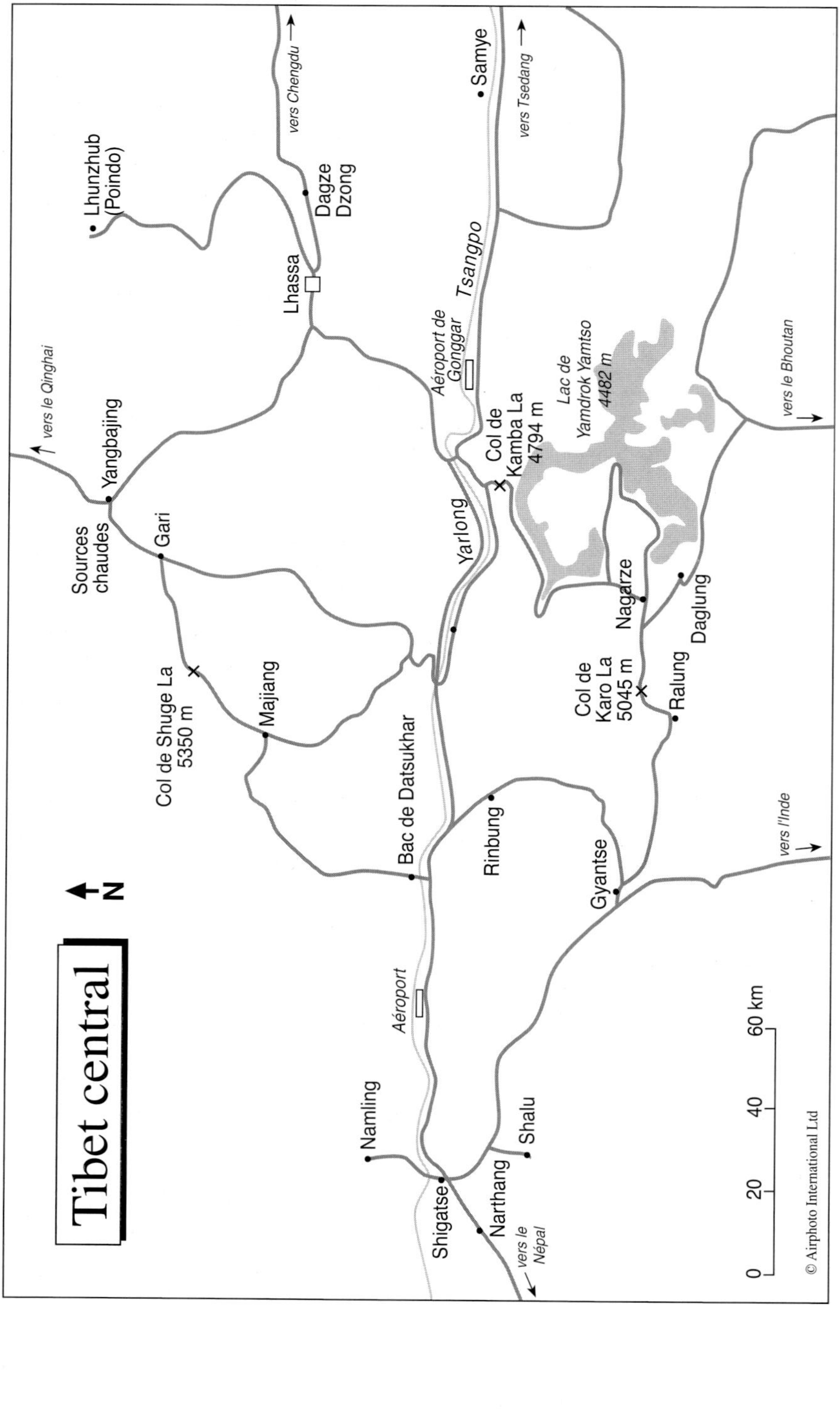
Tibet central
N
Shigatse
Namling
Narthang
Shalu
vers le Népal
Aéroport
Bac de Datsukhar
Rinbung
Gyantse
vers l'Inde
Majiang
Col de Shuge La
5350 m
Gari
Sources chaudes
Yangbajing
vers le Qinghai
Ralung
Col de Karo La
5045 m
Nagarze
Daglung
Yarlong
Col de Kamba La
4794 m
Lac de Yamdrok Yamtso
4482 m
vers le Bhoutan
Aéroport de Gonggar
Tsangpo
Lhassa
Lhunzhub
(Poindo)
Dagze
Dzong
vers Chengdu
Samye
vers Tsedang
0
20
40
60 km
© Airphoto International Ltd

des drapeaux de prières flottant sur les murs, des cours intérieures de maisons tibétaines et des échoppes vendant de tout, des repas légers aux poignards. Au cœur de cette section se trouve le **Barkhor**, le chemin des pèlerins, qui fait le tour du temple Jokhang. Pour éviter d'offusquer les pèlerins ou de vous heurter à eux, prenez le chemin dans le sens des aiguilles d'une montre. Les pèlerins fervents font souvent le circuit du Barkhor en effectuant une série de prosternations de tout le corps.

Au sud-est du Barkhor se trouve le **quartier musulman** de Lhassa avec sa mosquée et ses restaurants *halal*. L'hôpital tibétain de Médecine traditionnelle passionnera tous ceux qui s'intéressent aux traitements par les plantes et à leur histoire. La médecine traditionnelle était autrefois enseignée dans les monastères, dont le plus célèbre était le vieux collège médical situé au sommet de la colline Chokpori à Lhassa. Il fut détruit par l'armée chinoise en 1959 et une antenne en acier a été érigée sur le site, mais les pèlerins se rendent toujours sur les versants de la colline.

Les tapis tibétains avec leurs motifs bouddhiques sont très beaux et il est possible d'en voir le tissage à la **fabrique de tapis** de Lhassa. Les arts tibétains du spectacle connaissent actuellement un certain renouveau; l'**école des Arts du spectacle**, fondée en 1980, permet aux visiteurs étrangers d'assister à des répétitions de musique et d'opéras.

Après des années de fermeture, les petits temples de la ville ont été restaurés et ouverts au culte. Le **temple Ramoche** au nord de la ville et le temple-grotte **Palalubu** au pied du Chokpori sont ouverts aux visiteurs. Les monastères **Chomoling**, **Muru Ningba**, **Tengyeling** et **Ani Gompa** sont moins fréquentés. Ce dernier est le seul couvent de Lhassa et mérite une visite.

Autre excursion intéressante, l'île **Gumolingka** dans la rivière Lhassa; en été, c'est le lieu de pique-nique favori des Tibétains. Ceux-ci sont généralement très amicaux et accueillants et peuvent faire preuve d'une hospitalité sans bornes lors de leurs pique-niques. Certains voyageurs étrangers auraient même regagné leur hôtel en titubant, suite à des tournées (impossibles à refuser) d'alcool local qu'on leur avait généreusement offertes.

Il est également possible de visiter le palais d'été du Dalaï Lama, le **Norbulingka**, situé dans un parc à une quinzaine de minutes à pied de l'hôtel Lhassa, à l'ouest de la ville. Construit par le 7e Dalaï Lama comme résidence d'été, il comprend aujourd'hui un petit zoo d'espèces himalayennes menacées comme les ours et le léopard des neiges.

Accroché au flanc du mont Gyengbuwudze, dans les faubourgs ouest de Lhassa, le **monastère de Drepung** était autrefois le plus important et le plus riche monastère du Tibet. Il avait été fondé par les Bonnets jaunes et abritait des moines supérieurs, spécialisés dans les pratiques psychiques ésotériques et qui contribuaient à la formation des Dalaï Lamas. Le monastère était également la résidence du Nechung, l'oracle d'Etat, qui, en transe, conseillait le Dalaï Lama sur les décisions importantes. Le Drepung était divisé en quatre collèges tantriques, dont chacun était spécialisé dans une branche particulière d'études. Dans la salle de chant du **collège Nuosenle** se trouve un mannequin de l'oracle, revêtu des insignes qu'il porte pour prononcer sa prophétie. La salle de chant du **collège Ngapa** est également intéressante ; ses portes rouges sont décorées de dessins dorés montrant l'histoire des Dalaï et des Panchen Lamas. Les visiteurs qui arrivent pendant les chants sont généralement autorisés à rester à condition de faire le tour dans le sens des aiguilles d'une montre et de ne pas faire de bruit.

Le **monastère de Sera**, qui se trouve dans les faubourgs nord de Lhassa, est un monastère de la secte des Bonnets jaunes qui rivalisait autrefois avec Drepung. Accrochée au flanc de la colline Tatipu, Sera possédait trois collèges tantriques célèbres pour leur enseignement dans la tradition bön des sciences occultes. Les moines sont aujourd'hui revenus à Sera et on peut les apercevoir en prière, revêtus de leurs robes d'un rouge profond et de leurs bonnets jaunes caractéristiques, qui se rabattent par-dessus leur front en formant une coquille arrondie. Le dieu à tête de cheval qui se trouve dans la salle de chant du **collège Gyetazang** vaut la peine d'être vu, mais le vrai trésor du monastère est la représentation du Chenrezi doré, le Bodhisattva de la Miséricorde, dont les Dalaï Lamas seraient l'incarnation. Le Chenrezi est placé dans la salle de chant du **collège Tsug Gyeng**.

A 27 kilomètres au sud de Lhassa, on verra le **temple du Droma Lhakang**, dédié au maître tantrique indien Atisha, qui s'établit au Tibet au 11e siècle pour y enseigner. Il joua un rôle important dans la renaissance du bouddhisme après les deux siècles de lutte et de destruction qui suivirent le renversement de la famille royale au 9e siècle. Le temple possède plusieurs représentations de la déesse tibétaine Tara, qui était la divinité protectrice d'Atisha. On raconte que Tara fut une princesse, qui, mise au défi par des moines prétendant qu'une femme ne pouvait parvenir à l'illumination, leur prouva le contraire. Lorsque Tara atteignit l'illumination, elle fut déifiée. Elle est facilement reconnaissable, car elle est généralement représentée en blanc ou en vert.

Ganden, un monastère de la secte des Bonnets jaunes, est à 70 kilomètres à l'est de Lhassa. C'était autrefois la troisième communauté religieuse par sa taille, après Drepung et Sera mais fut détruit par l'armée chinoise en 1959. Il fut reconstruit par la suite et est maintenant en pleine activité.

GYANTSE

En empruntant la route de Lhassa à Shigatse, il est possible de s'arrêter à **Gyantse**. La ville semble aujourd'hui petite et dénuée d'importance, mais il n'en a pas toujours été ainsi. Gyantse se trouvait autrefois à la croisée de deux grandes routes caravanières qui partaient vers l'Inde d'une part et vers le Népal d'autre part, ce qui faisait de la ville un lieu stratégique et militaire important. Jusqu'au début du siècle, Gyantse était la troisième ville du Tibet et un lieu de rassemblement des nomades qui avaient l'habitude de s'y rendre pour vendre leur laine à l'exportation.

La grande prospérité de la ville s'est manifestée par la fondation du **monastère Palkhor**, construit au 14e siècle. Le monastère a subi de gros dégâts mais il mérite néanmoins d'être visité. Le stupa du monastère, de style népalais avec ses yeux peints, est très intéressant. On le connaît sous le nom de Kumbum, ce qui signifie «lieu des Mille Représentations», et il possède une tour dorée qui porte à son sommet un parasol en métal filigrané. Le monastère comporte notamment un mur sur lequel sont suspendus, pendant les mois d'été, de grands *thanka* (peintures bouddhiques sur soie).

La forteresse de Gyantse, le **Dzong**, a été détruite par l'artillerie britannique en 1904, lors de l'expédition Younghusband, et a subi d'autres dommages dans les années 1960. Si vous avez le temps de faire le détour, une visite de la ville de **Yadong** à 200 kilomètres au sud de Gyantse est recommandée pour la vue magnifique sur les forêts et les cimes de l'Himalaya. Non loin de la ville vous verrez un vieux monastère en bois, construit dans le style du Sikkim.

SHIGATSE

Shigatse est située dans la vallée du plus grand fleuve du pays, le **Yarlong Tsangpo**, plus connu sous son nom indien de Brahmapoutre et qui descend des montagnes de l'ouest du Tibet jusqu'à la baie du Bengale. Aux abords de Shigatse, le Yarlong Tsangpo est un fleuve au débit rapide grâce à la fonte des neiges et qui irrigue les champs entourant la ville.

Le trajet de Shigatse à Lhassa se fait généralement par la route du sud qui passe par le **lac Yandrok Yantso** et Gyantse mais il existe une autre route, plus longue mais tout aussi intéressante qui permet de voir un aspect différent du paysage tibétain. Il est possible d'emprunter l'une des routes à l'aller, visiter Shigatse puis revenir à Lhassa par l'autre route.

Shigatse rivalisait autrefois avec Lhassa pour le contrôle politique et spirituel du Tibet. C'était un haut lieu d'études monastiques qui comprenait ses

propres familles nobles, qui utilisaient leur richesses pour fonder des monastères, créant ainsi leurs propres zones d'influence. La ville était dominée par la secte des Bonnets rouges jusqu'à l'avènement du 5e Dalaï Lama qui, avec le soutien d'un seigneur de la guerre mongol, parvint à soumettre les sectes rivales et unifier le pays sous la conduite des Bonnets jaunes. Le Panchen Lama, l'abbé du **monastère de Tashilhunpo** a renforcé la souveraineté du Dalaï Lama de Lhassa.

Peut-être parce qu'à l'époque le 10e Panchen Lama était «l'invité» des Chinois à Pékin, Tashilhunpo ne subit pas dans les années 1960 les excès de la Révolution culturelle. Il est aujourd'hui redevenu un centre actif de culte et d'enseignement. Le monastère fut fondé au 15e siècle par les Bonnets jaunes et au 17e siècle son abbé fut nommé le premier Panchen Lama. Tashilhunpo est un très beau monastère qui s'élève en terrasses jusqu'au toit central doré. Ses murs rouges sont percés de fenêtres boisées. On y pratique encore l'art des mandalas (peintures abstraites de méditation), faits de sable coloré. Dans la cour se dresse un haut mur à *thanka* où sont déployées les grandes images lors des festivals.

Le **palais du Panchen Lama**, qui n'est plus habité, est ouvert aux visites. On y voit un temple qui contient la tombe du 4e Panchen Lama, un stupa en or incrusté de pierres précieuses. A l'étage supérieur du temple, sont exposés les *thanka* brodés faits à Hangzhou pour le monastère dans les années 1920. Le trône du Panchen Lama dans la salle principale de chant, la salle des sutras où sont conservés les textes bouddhiques, les statues du 20e siècle du Bouddha Maitreya, et le toit avec ses chapelles sont tous à voir en particulier.

Les touristes peuvent se joindre aux pèlerins qui retournent à Shigatse à pied par le chemin des pèlerins (faites le chemin dans ce sens et non pas depuis Shigatse). Près du Tashilhunpo se trouve également le **palais d'été** du Panchen Lama, fermé au public. A 22 km au sud de la ville est le **monastère de Shalu** appartenant à la secte des Bonnets rouges et qui a été fondé au 11e siècle. Les bâtiments originaux ont été détruits dans un tremblement de terre et la construction actuelle, de style mongol, date du 14e siècle. L'abbé le plus célèbre du monastère était Buston, administrateur habile et grand historien du bouddhisme. Le monastère était connu pour son enseignement occulte et l'influence du bön, l'ancienne religion animiste du Tibet, y était apparente. Les swastikas qui vont contre le sens des aiguilles d'une montre sont des symboles bön alors que les autres sont bouddhistes. Comme Tashilhunpo, le monastère possède une collection de *thanka* brodés du 20e siècle faits à Hangzhou et une tradition de fabrique de mandalas en sable coloré.

Le monastère Tashilhunpo à Shigatse.

De Shigatse au Népal

La route qui conduit au Népal depuis Shigatse est recommandée pour ceux qui aiment l'aventure. Malgré le manque de confort, cette route est appréciée pour le saisissant contraste de ses paysages. Le voyageur traverse une région de prairies et de rivières, de déserts d'un brun-gris, puis des cols d'où l'on a des vues spectaculaires sur les cimes de l'Himalaya avant de redecendre vers l'épaisse forêt tibétaine et la frontière du Népal.

Des visas d'un mois pour le Népal peuvent être obtenus au consulat népalais à Lhassa où l'on vous renseignera sur l'état de la route. Il est possible de louer une jeep avec chauffeur de Shigatse jusqu'à la frontière ; il faut compter deux jours pour arriver à Zhangmu, le poste frontière. Une fois au Népal, vous trouverez divers moyens de transport pour vous rendre jusqu'à Kathmandou. Si les conditions sont bonnes, il vous faudra huit heures de route pour l'étape finale jusqu'à la capitale du Népal. En août et en septembre, la saison des pluies, les routes peuvent être très difficiles. Il est généralement moins pénible de voyager de Lhassa à Kathmandou que de faire le trajet dans le sens contraire puisque la montée subite vers le Tibet peut causer de la fatigue et des vertiges. Ceux qui sont déjà acclimatés à l'altitude de Lhassa, par contre, trouveront la descente plus confortable.

A l'ouest de Shigatse se dressent les murs presque surnaturels du **monastère de Sakya**. Son nom signifie « sol jauni » et ses murs massifs et sans fenêtre sortent de terre comme une énorme peinture abstraite dans des tons gris et marron, avec une seule bande blanche et jaune pour briser la monotonie des couleurs. C'était autrefois le principal monastère de la région de la secte des Bonnets rouges et il bénéficia de l'appui des Mongols sous la dynastie des Yuan, quand l'un de ses supérieurs se rendit à la cour de Kublai Khan pour convertir l'empereur. Kublai Khan fit du monastère le centre du pouvoir au Tibet pendant son règne. Le monastère a subi des dommages, mais on peut encore apercevoir une partie de l'édifice du 13e siècle.

Sur la route du Népal, le pic du mont Everest, le plus haut sommet du monde, domine l'horizon de sa splendeur altière. Un détour conduit le voyageur au camp de base à **Rongbuk**. Si vous y allez à pied assurez-vous d'avoir suffisamment de nourriture pour dix jours et un équipement adéquat pour passer la nuit et préparer les repas.

Au nord de **Nyalam**, sur la route du Népal, se trouve une grotte où un bouddhiste excentrique, le saint et poète Milarepa connu pour son ascétisme sévère, a passé une grande partie de sa vie. La grotte est près d'un monastère dédié à Milarepa, qui fut détruit sous la Révolution Culturelle et est en cours de restauration avec l'aide d'artisans et d'artistes venus du Népal.

La dernière ville tibétaine avant de passer la frontière est **Zhangmu**, ville paisible qui paraît dévaler la pente d'une colline, située dans une magnifique région de forêts de pins, de gorges profondes, et de chutes d'eaux.

QUAND VISITER LE TIBET

Il vaut mieux réfléchir à deux fois avant de partir au Tibet pendant les mois les plus froids. A fin février et début mars, les journées deviennent plus douces et le printemps tibétain peut être très agréable. La plupart des touristes partent en été et c'est à cette époque qu'ont lieu les fêtes religieuses ou sportives tibétaines. Essayez d'obtenir des informations sur les courses de chevaux, les arts martiaux ou les concours de boisson qui ont lieu au Tibet pendant les mois les plus chauds. De juin à septembre il pleut assez souvent dans le sud du pays. Le Nouvel An du calendrier lunaire tibétain tombe en janvier ou en février; bien qu'il fasse froid, c'est une occasion magnifique d'assister pendant une semaine à des épreuves de tir à l'arc, à des danses religieuses ou à d'autres cérémonies. Le dernier jour de l'année vous permettra de voir une danse de lamas masqués, appelée par les étrangers «la Danse des Démons», destinée à chasser les influences maléfiques pour entamer la nouvelle année sous d'heureux auspices.

LE SICHUAN

La vaste province intérieure du Sichuan est située au sud-ouest de la Chine. C'est une cuvette profonde coincée au cœur de hautes montagnes, à l'ouest les contreforts de la chaîne enneigée de l'Himalaya, et au nord les plissements de la chaîne du Longmen qui séparent le Sichuan de la province voisine du Shaanxi.

Le nom Sichuan signifie «quatre rivières», les quatre affluents du Yangzi: le Jialing, le Minjiang, le Tugiang et le Wujiang. Ces rivières traversent des gorges profondes et des régions de haute montagne où habite une population très parsemée, avant d'atteindre les terres fertiles des plaines alluviales du centre de la province.

Les fertiles plaines du Sichuan sont le grenier de la Chine. Elles produisent du riz et du blé en quantité suffisante pour pouvoir exporter l'excédent vers d'autres régions du pays. Avec onze mois sans gel, de la terre fertile et des pluies abondantes, on peut obtenir deux récoltes de céréales et trois de riz par an. Les villages des basses terres du Sichuan sont prospères et attrayants, cachés derrière des fourrés de bambous au milieu de rizières étincelantes et de terrasses bien entretenues où poussent légumes et fruits. Les réformes agraires de la dernière décennie avaient débuté ici, à la fin des années 1970, sous la surveillance du premier ministre Zhao Ziyang, qui était à l'époque à la tête du Comité provincial du parti. Il a si bien réussi à remettre sur pied l'économie agricole de la province que les Sichuanais scandaient le slogan *Yao chi fan, zhao Ziyang*, «si vous voulez manger, allez trouver Ziyang» (*zhao* signifie «chercher» et est également le nom de famille du politicien).

Les lointaines régions montagneuses du Sichuan sont habitées par des minorités et ce sont ces zones qui offrent peut-être le plus d'attrait pour le visiteur étranger. Dans l'extrême ouest, par exemple, se trouvent d'importantes communautés de Tibétains alors que dans le sud, dans la région de Liangshan, habitent les Yi. D'autres destinations plus facilement accessibles sont les grottes bouddhiques de Dazu, entre Chengdu et Chongqing, la montagne sacrée de Emei, et les superbes réserves naturelles de Jiuzhaigou et Huanglong.

Les villes principales de la région sont Chengdu, la capitale provinciale, et Chongqing, devenue en mars 1997 une municipalité indépendante au même titre que Pékin et Shanghai.

Pour avoir des précisions sur les villes portuaires du Yangzi, y compris Chongqing, référez-vous aux pages 223-233. Pour ce qui concerne la montagne bouddhique d'Emei à l'ouest du Sichuan, voir page 250.

CHENGDU

Chengdu est une grande ville moderne, mais ses routes s'apparentent plus à des routes de campagne. La vie s'y déroule suivant un rythme lent, les maisons de thé sont toujours pleines, et les étals des marchés sont bien approvisionnés avec d'abondants produits fermiers provenant des villages environnants. Le centre de la ville est agrémenté d'arbres qui protègent de leur ombre les trottoirs et les larges avenues. La vieille ville suit le cours de la rivière Jin dans un enchevêtrement de rues que surplombent des maisons à deux étages peintes en rouge sombre. Chengdu a acquis sa notoriété à l'époque des Trois Royaumes (220-265) lorsqu'elle est devenue capitale de l'Etat de Shu (aujourd'hui encore, le Sichuan est souvent désigné sous le nom de Shu). Autrefois, la ville comptait parmi les plus belles de Chine, avec ses grands murs d'enceinte, abattus en 1949 et son palais du vice-roi, détruit au cours des années 1960. Une statue monumentale de Mao Zedong s'élève maintenant à l'emplacement de l'ancien palais.

Le **Musée provincial**, tout au sud de la ville, est intéressant surtout pour sa collection d'objets de la période archaïque: poteries néolithiques de Daxi, bronzes des royaumes de Ba et de Shu de l'époque des Royaumes Combattants (475-221 avant J.-C.), dont une série de cloches. A noter également les figurines en terre cuite de la dynastie Han trouvées près de Chengdu ainsi que les objets en laque de la même époque. Il existe également un **Musée municipal**, situé dans l'ancien temple de Confucius, qui comprend une collection hétéroclite d'objets trouvés dans la région.

Dans les faubourgs ruraux situés à l'ouest de Chengdu se trouve la **chaumière de Du Fu**. Du Fu (712-770) est considéré par beaucoup comme le plus grand poète chinois. Fils d'un officiel, né dans la province du Henan, il commença à écrire de la poésie à un très jeune âge. Mais malgré ses talents et une éducation confucéenne, il ne réussit jamais les examens impériaux et ne put de ce fait accéder à un poste dans la bureaucratie. Pendant plusieurs années, il erra de ville en ville et aboutit en 746 à Chang'an, la capitale des Tang où il trouva finalement un poste. Malheureusement, une rébellion força l'empereur à fuir au Sichuan, où le rejoignit Du Fu. C'est à cette époque que le poète écrivit quelques-unes de ces meilleures œuvres qui décrivent les horreurs de la guerre et démontrent la très profonde compassion que ressentit l'auteur pour ses victimes. En 759, Du Fu arriva à Chengdu. Il construisit une chaumière et vécut là les quatre années les plus paisibles et peut-être les plus heureuses de sa vie, labourant le sol, s'occupant de ses arbres fruitiers, et composant plus de 240 poèmes. Sous le règne de l'empereur suivant, il fut à nouveau contraint d'errer, descendant le Yangzi jusqu'à Guizhou, puis au Hubei.

Jeunes filles des minorités
lors d'un festival à Guizhou.

Sous la dynastie Song, une chaumière fut construite en mémoire du poète à l'emplacement de l'original, et les bâtiments actuels datent de 1500 et des restaurations de 1811. Deux écrans en bois se trouvent dans la première salle; sur l'un d'entre eux est gravé la biographie du poète. Dans le sanctuaire lui-même, sont des figurines en terre cuite de Du Fu qui remontent aux dynasties Ming et Qing. Les allées du jardin qui entoure le temple sont très agréables et plusieurs variétés de bambous y ont été plantées pour faire de l'ombre. Il y a une petite maison de thé à gauche de l'entrée.

Dans les faubourgs sud-ouest de la ville, se trouve le **Wuhouci**, un temple dédié au grand stratège militaire Zhuge Liang et au roi Liu Bei qui ont vécu pendant la période des Trois Royaumes (220-265). Zhuge Liang (181-234), auquel on donna le nom posthume de Marquis de Wu, avait été le conseiller du roi Liu Bei (161-223), fondateur du royaume de Shu, au Sichuan. La date de construction du temple original n'est pas connue mais il est mentionné dans un poème de Du Fu du 8e siècle. Un incendie détruisit tous les bâtiments au 17e siècle et ils furent reconstruits en 1672. Devant les salles commémoratives se trouvent des rangées de stèles gravées. La première salle est celle de Liu Bei; celle de Zhuge Liang est derrière, flanquée d'une tour de la cloche et d'une tour du tambour. A l'intérieur, on découvre les statues dorées de trois générations de la famille Zhuge.

A un kilomètre et demi au sud de la gare, se trouve le **Wenshu yuan**, ou temple de Manjusri, le Boddhisattva de la Sagesse. Malgré son nom, le temple n'est pas principalement dédié à Manjusri, et les sanctuaires les plus importants sont ceux de Maitreya (le Bouddha du Futur), de Sakyamuni et de Guanyin. A l'arrière, sont les salles de prière et d'entreposage des sutras. Le Wenshu yuan est le chef-lieu au Sichuan de la secte bouddhiste chan (zen). Si le monastère a été fondé à une époque ancienne, les bâtiments actuels ne datent que de 1697-1706 et sont caractéristiques de l'architecture de l'époque.

Tout au nord de la ville se trouvent le **zoo** (où l'on peut surtout voir des pandas) et le **monastère Zhaojue**, détruit pendant la Révolution Culturelle mais rebâti depuis et où habitent maintenant plus de 200 moines. Le monastère fut fondé au 7e siècle et est associé au bouddhisme chan et à la secte tibétaine des Bonnets jaunes.

Les environs de Chengdu

Une visite recommandée est celle du **monastère de la Précieuse Lumière** (Baoguangsi), situé à 18 km au nord de la ville, à Xindu. Il aurait été fondé sous la dynastie des Han de l'Est (25-220). A l'intérieur de l'enceinte se dresse la pagode Sheli (des Reliques), haute de 30 mètres et qui date de l'époque

Tang. La plus grande salle est le Zangjinglou, la bibliothèque des textes sacrés, décoré de peintures Ming et Qing. La salle des Luohan, érigée en 1851, comprend quelque 500 statues de *luohan* (*arhat*), qui arborent tous une expression différente, rendues encore plus sinistres par l'obscurité qui y règne. La statue au centre est celle de Guanyin, la déesse de la Miséricorde.

A l'extérieur de Chengdu on peut voir l'un des plus anciens systèmes d'irrigation au monde. Il s'agit du système hydraulique de la **digue de la rivière Du** (Dujiangyan), créé au 3e siècle avant J.-C. par Li Bing, un ministre de l'Etat du Shu. L'échelle à laquelle il a été réalisé et son mécanisme sophistiqué sont un tribut au génie scientifique de la Chine ancienne. Avant sa construction, la plaine de Chengdu subissait des crues terribles en été et des sécheresses en hiver. Le fleuve principal qui traverse la plaine est le Min que Li Bing entreprit de contrôler et de canaliser pour faire de la vallée une zone agricole fertile et bien drainée. Les travaux commencèrent en 256 avant J.-C. et furent terminés par le fils du gouverneur, Erlang. Sur l'une des rives du fleuve, se trouve le **temple des Deux Princes**, dédié à Li Bing et à son fils.

La grande statue du **Bouddha Maitreya de Leshan**, sculptée dans une falaise surplombant une rivière, est l'un des plus célèbres monuments du Sichuan. La statue se dresse au confluent des rivières Min, Qingyi et Dadu, à 170 km au sud de Chengdu, sur la route vers Emeishan. La petite ville de Leshan était autrefois un centre de production de la soie. C'est ici que l'on embarque pour la descente vers la statue du Bouddha (25 minutes de trajet).

Les eaux turbulentes des trois rivières qui se rejoignent à cet endroit rendaient la navigation tellement dangereuse qu'au 8e siècle un moine du nom de Haitong décida de faire sculpter sur la face du mont Lingyun une effigie du Bouddha pour protéger les navires. Le travail devait durer près d'un siècle. Malgré son âge et le climat pluvieux la statue est remarquablement bien conservée. Avec ses 71 mètres de hauteur c'est la plus grande représentation de Bouddha sculptée en Chine. Du point de vue purement esthétique, elle n'est pas une grande réussite, mais elle mérite néanmoins d'être vue. Le meilleur endroit pour la contempler est en bateau, depuis la rivière. De chaque côté de la statue se tiennent des guerriers beaucoup plus petits puisqu'ils n'ont que huit mètres de haut. Derrière eux, sur la colline même, sont éparpillés des pavillons, dont le plus spectaculaire est la pagode Lingbao à laquelle conduit un escalier raide qui part à la droite du Bouddha.

La route qui va de Chengdu à la province du Shaanxi est souvent appelée « l'**ancienne route de Shu**». Autrefois, elle était le seul lien entre la lointaine région du Sichuan et les provinces du nord de la Chine. Jusque dans les années 1930, des caravanes de chameaux l'empruntaient, transportant du riz, du charbon et du sel vers le nord et ramenant du blé, du tabac et des peaux de mouton vers le Sichuan. En temps de guerre, cette route avec ses hauts cols de montagne prenait une importance stratégique considérable. Les légendes et les histoires qui concernent cette route se rapportent pour la plupart à la période des Trois Royaumes, lorsque l'Etat de Shu était en guerre avec l'Etat de Wei au nord. Cinq cols très connus se trouvent sur la route du nord: les Sept Tournants (Qipan), Vers le Ciel (Chaotian), les Immortels Volants (Feixian), la Puissance Céleste (Tianxiong) et la Porte de l'Epée (Jianmen).

A partir de Chengdu, la route passe d'abord par la petite ville industrielle de **Mianyang** (130 km), connue pour avoir été le lieu de naissance de Ouyang Xiu (1001-1072), célèbre homme de lettres Song. A **Zitong**, la route commence à grimper et continue vers **Jiange** et le col de l'Epée. **Guangyuan** est la dernière ville avant d'arriver au Shaanxi. On peut y voir une falaise des Mille Bouddhas, malheureusement mal conservée mais qui comprend encore quelques belles sculptures Tang.

Le nord du Sichuan comprend des régions d'une grande beauté naturelle, dont notamment les réserves de **Jiuzhaigou** et de **Huanglong**, situées à 480 km de Chengdu. Pour s'y rendre, en bus ou en jeep, il faut emprunter une route mal entretenue, mais qui traverse des zones montagneuses qui comptent parmi les paysages les plus spectaculaires de Chine. Jiuzhaigou est une vallée située à plus de 2000 m d'altitude, avec des lacs cristallins et d'abondantes cascades, et entourée de sommets enneigés. Huanglong est également une haute vallée mais le terrain y est marqué par l'accumulation de dépôts calcaires qui ont produit des formations étranges, émergeant ci et là de mares peu profondes aux eaux chargées de minéraux. Ces hautes terres sont la demeure naturelle des pandas géants, créatures timides dont le nombre ne cesse de décroître et que vous aurez peu de chances d'apercevoir.

DAZU

Les **grottes bouddhiques de Dazu**, situées au sud-est de Chengdu sur la route de Chongqing, sont une raison suffisante en elle-même pour visiter le Sichuan. Les travaux sur ces grottes ont débuté à une époque relativement tardive, vers la fin des Tang, lorsque les autres grands sites tels Longmen ou Yungang étaient déjà terminés. On n'y verra donc pas les influences étrangères de ces sites plus anciens mais un style très chinois qui est particulièrement bien illustré à Dazu dans les grottes de Beishan et Baodingshan. Ces dernières sont les

Panda géant.

grottes les plus visitées de la région et les plus facilement accessibles mais les visiteurs plus téméraires pourront également voir les sanctuaires éloignés avec l'aide de guides locaux.

Les sculptures de **Beishan**, à 1 km au nord de Dazu, remontent à la fin de la dynastie des Tang (892) et se trouvent sur une falaise en forme de demi-cercle appelée Fowan. Les plus étonnantes sont celles des grottes numéro 136 et 245. La première est la plus grande grotte du site et a nécessité quatre ans de travaux (1142-1146). On y voit notamment la Roue de l'Univers entourée sur les murs du Bouddha Sakyamuni et de divers Boddisattvas et gardiens. Puxian, le Boddisattva de la Bienveillance, est représenté sur un éléphant, et Manjusri, le Boddhisattva de la Sagesse, sur un lion.

La grotte 245 illustre le Paradis de l'Ouest, celui de la Terre Pure, une secte qui s'est formée au 6e siècle. Au centre du paradis, se trouve le Bouddha Amidha (Amituofo), assis sur un lotus et accompagné des Boddisattvas Guanyin et Mahasthama. Autour d'eux, on a dénombré plus de 500 personnages et animaux dans une composition d'une richesse remarquable. Notons aussi les diverses représentations de Guanyin qui montrent son évolution d'un Boddisattva encore androgyne (grotte 273) à une déesse des plus féminines et très humaine sous les Song (grottes 113 et 125).

Les sculptures de **Baodingshan** datent de la dynastie des Song du Sud (1127-1279). C'est un moine tantrique, Zhao Zhifeng, qui entreprit de faire sculpter ici plus de 10 000 images illustrant les écritures bouddhiques. Ce fut le dernier projet de sculpture bouddhique d'une telle envergure en Chine. L'aspect le plus étonnant est le réalisme avec lequel ces images ont été réalisées car un observateur attentif y découvrira une multitude de détails de la vie quotidienne du monde rural de l'époque : ici une jeune fille à genoux qui donne à manger à des poulets, là des paysans qui gardent leurs troupeaux, plus loin des enfants qui jouent. La grotte 3 représente la Roue de la Vie avec les six états de transmigration à travers lesquels passe tout être humain. La prochaine scène montre le moine Zhao Zhifeng lui-même ; il est représenté trois fois, à trois âges différents. La grotte 8 contient une grande statue de Guanyin aux Mille bras. Au bas de la falaise (grotte 11) se trouve une énorme représentation du Bouddha couché, au moment où il entre au nirvana. La statue mesure 31 mètres de long et ne montre le corps que jusqu'aux genoux, sans les pieds. Dans l'angle, on voit la naissance du Bouddha, annoncée par l'apparition dans le ciel de neuf dragons qui arrosent le bébé. La grotte 15 illustre une vertu plus confucéenne que bouddhiste, la piété filiale et les soucis des parents pour leurs enfants. Plus loin, la scène 17 montre comment le Bouddha lui-même a fait preuve de piété filiale au cours de ses vies.

Pour se rendre à Dazu, il est possible de louer une jeep à la CITS de Chengdu ou de Chongqing, ou de prendre le train depuis l'une de ces deux villes. L'arrêt le plus proche est Youtingpu, à 36 km de Dazu.

DU SICHUAN AU TIBET

La route qui mène du Sichuan au Tibet passe par des régions parmi les plus spectaculaires du pays mais est également très difficile en raison des fortes pluies et des glissements de terrain fréquents qui bloquent le passage pendant des journées entières. La route franchit également plusieurs cols de haute altitude et ce trajet ne devrait donc être entrepris que par des personnes en bonne santé et bien équipées. Il peut arriver que le Bureau de la Sécurité Publique ferme temporairement l'accès de cette région, ou d'une partie de celle-ci, aux étrangers. En règle générale, il est possible de voyager par voie de terre depuis Chengdu vers Kangding, Batang, Litang, Derong à l'ouest, et au sud vers Deqin et Zhongdian, au Yunnan. La route jusqu'à Lhassa via le Tibet de l'Est n'est possible qu'avec un permis spécial.

Depuis Chengdu la route se dirige vers le sud-ouest et vers **Ya'an**, une ville célèbre pour son thé vendu sous forme de briques rondes et qui fait partie de la nourriture de base des Tibétains. Après Ya'an la route passe devant le mont Erlang et traverse la rivière Dadu. A **Luding** vous verrez le fameux pont suspendu par des chaînes en fer que l'armée Rouge a traversé en 1935 pendant la Longue Marche. Une salle d'exposition dans la ville retrace l'épisode en détail. Luding était le point d'accès traditionnel au Tibet avant la révision des frontières provinciales dans les années 1950. Autrefois, cette région s'appelait le Xikang mais elle a été rattachée au Sichuan depuis.

Kangding, dans la préfecture autonome tibétaine de Ganzi, est la prochaine ville à l'ouest de Luding. Ces petites villes de montagnes ont conservé un caractère typiquement tibétain, malgré le récent afflux de Chinois venus s'y installer pour « stabiliser » la région. Kangding est réputée pour ses courses de chevaux ; les grandes courses ont lieu chaque année le jour du Bain du Bouddha (le huitième jour du quatrième mois lunaire, au début de l'été).

A **Xinduqiao**, la route se divise en deux, une branche se dirigeant vers le nord en direction de Ganzi, Maniganggo et les monts Chola, Dege et Qamdo, et la seconde partant vers le sud pour Batang. Les deux routes traversent des paysages spectaculaires, avec de magnifiques points de vue depuis les hauts cols sur les contreforts des massifs du plateau tibétain. Dege mérite une visite pour son imprimerie bouddhique traditionnelle où les sutras sont imprimés à la main à partir de blocs de bois gravés.

Qamdo, sur cette même route, est la plus grande ville du Tibet oriental. Les hommes de Qamdo ont la réputation d'être des chasseurs et des guerriers féroces, et vivaient autrefois du banditisme.

LES MINORITÉS

Quatorze groupes différents de minorités ethniques vivent actuellement au Sichuan: les Tibétains, les Yi, les Miao, les Qiang, les Hui, les Tujian, les Bouyei, les Naxi, les Bai, les Zhuang, les Dai, les Mongols, les Manchous et les Lisu. La région de **Maowen**, au nord de Chengdu, est connue pour ses habitations fortifiées qui ressemblent à de petits châteaux au sommet des collines. Construites il y a plus de 500 ans par les Qiang, ces maisons ne sont plus habitées, mais témoignent de l'habileté de leurs bâtisseurs. Tout au sud de la province, dans la préfecture autonome yi de **Liangshan**, habitent l'une des plus importantes minorités de la Chine, les Yi (autrefois appelés les Lolo). Originaires de l'est du plateau tibétain, les Yi ont émigré vers le sud sous la poussée chinoise. Leurs coutumes ont été décrites pour la première fois dans les annales chinoises il y a plus de 2000 ans et ils sont parvenus à maintenir leur identité jusqu'à l'ère moderne malgré les tentatives de conquête des Chinois. Les Yi parlent des dialectes tibéto-birmans et ont développé leur propre système d'écriture. Ceux qui s'intéressent à leur culture visiteront avec profit le musée de la société esclavagiste des Yi de Liangshan (nom officiel !), à **Xichang**.

LE YUNNAN

La province du Yunnan se trouve à l'extrême sud-ouest de la Chine. Elle est particulièrement intéressante par sa forte population de minorités ethniques. En effet, vingt-quatre minorités habitent cette région qui donne sur le Tibet, le Viêt-nam, la Birmanie et le Laos. Certains de ces groupes ont des styles de vie, des coutumes religieuses et des habits qui ressemblent plus à ceux de leurs voisins du Tibet et du Sud-Est asiatique qu'à ceux des Chinois.

De par son histoire et sa population, le Yunnan est une province qui se démarque des régions plus fortement Han de la Chine du Nord et de l'Est. Ses premiers habitants furent les Dian, un peuple qui vécut autour de Kunming au 1er millénaire avant J.-C. et qui nous est surtout connu par ses tambours en bronze décorés de personnages. Pendant la dynastie Tang, le Yunnan faisait partie du royaume de Nanzhao; celui-ci fut remplacé au 12e siècle par l'Etat de Dali. Au siècle suivant, les conquérants mongols de la Chine pénétrèrent au Yunnan et y installèrent des communautés de musulmans Hui, chargés d'y faire régner l'ordre et de servir d'agents politiques. Mais même sous les Ming et les Qing, la cour impériale ne considéra jamais cette région comme autre chose qu'un avant-poste éloigné et peu attrayant, un lieu où envoyer les personnes indésirables.

Le Yunnan est également intéressant du point de vue géographique. C'est le lieu d'origine de beaucoup de plantes et d'arbres qui furent introduites en Occident depuis la Chine, tels les camélias, les rhododendrons et le thé. Cette province est essentiellement un haut plateau, situé à 2000 mètres d'altitude en moyenne, qui s'élève rapidement au nord-ouest vers la chaîne de montagnes de l'Himalaya. Grâce à son altitude et à sa situation tropicale, le climat y est doux et chaud tout au long de l'année, même en hiver. On a longtemps surnommé le Yunnan le «pays du printemps éternel». Trois grands fleuves traversent la province depuis la frontière du Tibet vers le sud: le Salween, le Mékong et le Yangzi. Le Salween et le Mékong coulent vers la Birmanie et le Laos, alors que le Yangzi fait une énorme boucle vers le nord et pénètre dans la province voisine du Sichuan.

Il y a trois grandes régions principales à visiter au Yunnan: Dali, Lijiang et le Xishuangbanna. Toutes trois sont connues pour la beauté de leurs paysages, leurs sites historiques et bien sûr, leurs minorités ethniques. Dali et Lijiang sont situées au nord-ouest de Kunming, la capitale provinciale, dans la zone de hauts plateaux. Le Xishuangbanna, par contre, se situe au sud de la province, dans une région de jungle tropicale qui est culturellement et géographiquement un prolongement du Sud-Est asiatique.

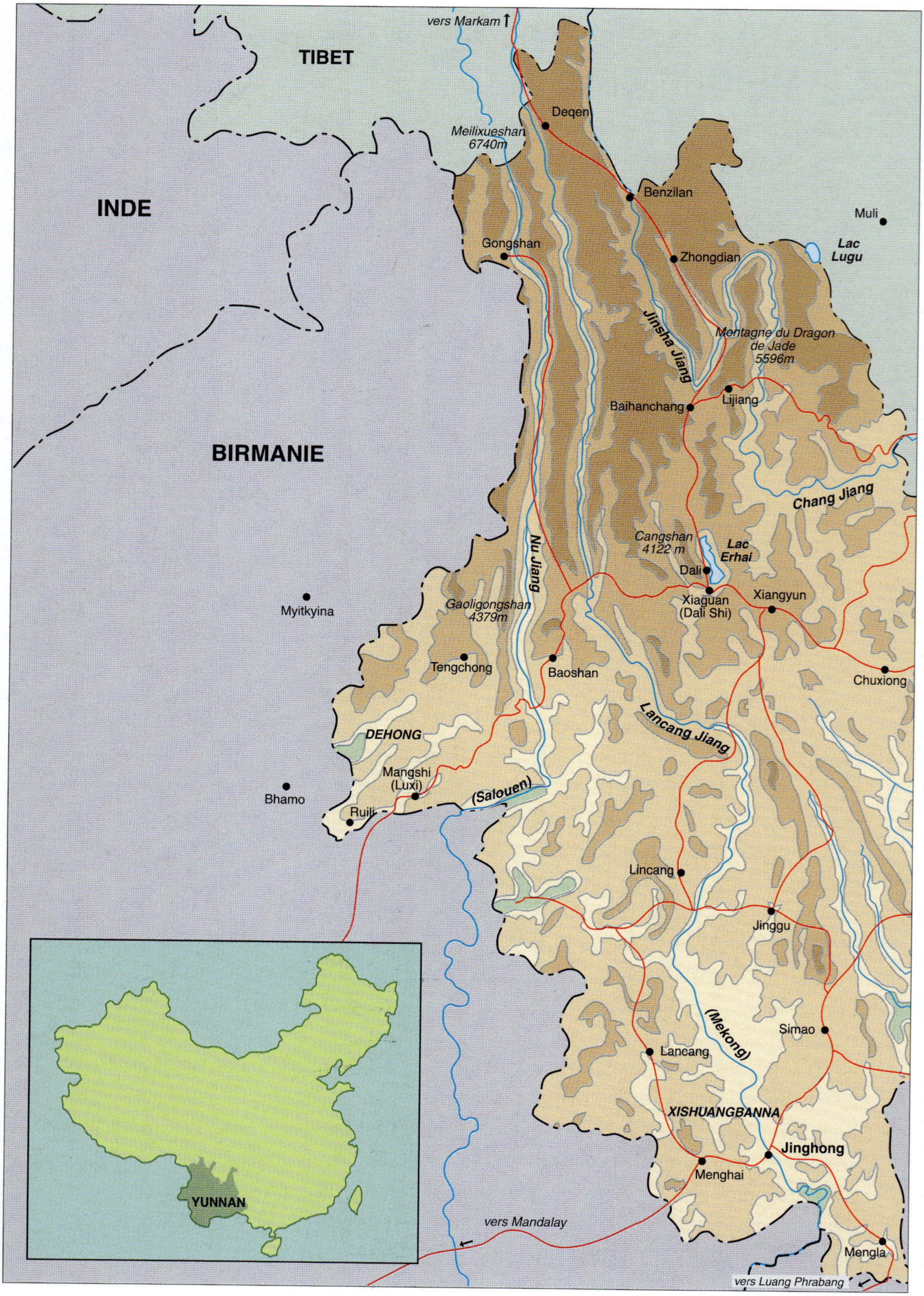
TIBET
INDE
BIRMANIE
vers Markam
Deqen
Meilixueshan 6740m
Benzilan
Muli
Lac Lugu
Gongshan
Zhongdian
Jinsha Jiang
Montagne du Dragon de Jade 5596m
Lijiang
Baihanchang
Chang Jiang
Cangshan 4122 m
Lac Erhai
Dali
Xiaguan (Dali Shi)
Xiangyun
Nu Jiang
Myitkyina
Gaoligongshan 4379m
Tengchong
Baoshan
Chuxiong
Lancang Jiang
DEHONG
Mangshi (Luxi)
Bhamo
Ruili
(Salouen)
Lincang
Jinggu
Simao
(Mekong)
Lancang
XISHUANGBANNA
Jinghong
Menghai
YUNNAN
vers Mandalay
Mengla
vers Luang Phrabang

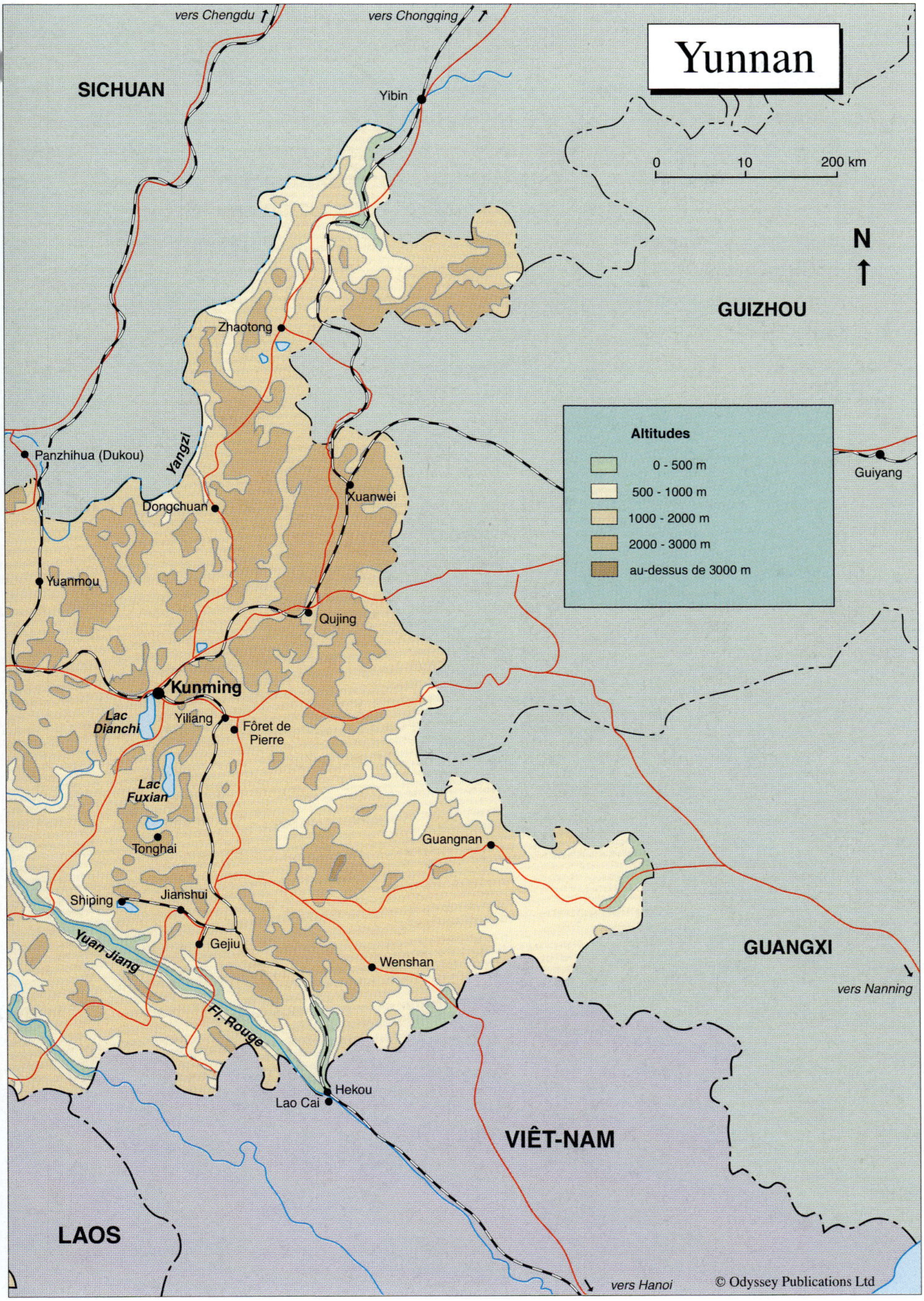

Yunnan
vers Chengdu
vers Chongqing
SICHUAN
Yibin
0 10 200 km
N
GUIZHOU
Zhaotong
Altitudes
0 - 500 m
500 - 1000 m
1000 - 2000 m
2000 - 3000 m
au-dessus de 3000 m
Panzhihua (Dukou)
Yangzi
Guiyang
Xuanwei
Dongchuan
Yuanmou
Qujing
Kunming
Lac Dianchi
Yiliang
Fôret de Pierre
Lac Fuxian
Tonghai
Guangnan
Shiping
Jianshui
Gejiu
Yuan Jiang
Wenshan
GUANGXI
vers Nanning
Fl. Rouge
Hekou
Lao Cai
VIÊT-NAM
LAOS
vers Hanoi
© Odyssey Publications Ltd

KUNMING

Le climat du Yunnan et la grande beauté du lac Dian, près de Kunming, font de cette dernière ville, la capitale de la province, un endroit particulièrement agréable, même en hiver. Kunming est une base pratique à partir de laquelle il est possible de visiter les villes et les villages de la région proche. La ville en elle-même est attrayante avec ses magnifiques jardins et parcs, ses spécialités culinaires telles que les «nouilles traversant le pont», ses vieux temples et pavillons, et bien sûr les excursions sur le lac Dian. Ceux qui ne disposent pas de suffisamment de temps pour sortir de la ville auront quand même l'occasion de découvrir l'artisanat et la culture des minorités dans les musées et les boutiques.

Visite de la ville

Le **Musée provincial du Yunnan** est un bon point de départ pour visiter Kunming. Il comprend une section très intéressante consacrée aux minorités qui sert d'excellente introduction à ces divers groupes et à leurs modes de vie. Vous remarquerez que les femmes dai, dont les villages se trouvent près des frontières du Laos et de la Birmanie, portent le sarong que l'on voit dans tout le Sud-Est asiatique. Au premier étage sont les magnifiques bronzes du royaume de Dian qui remonte à 1200 avant J.-C. Ces bronzes méritent d'être examinés attentivement, car ils montrent des scènes très détaillées de la vie quotidienne. Les bronzes animaliers sont particulièrement remarquables.

Le **temple Yuantong** et son parc se trouvent à proximité du zoo, au nord de la ville. Le parc est réputé pour ses arbres et ses arbustes qui fleurissent tout au long de l'année: les cerisiers au printemps, les rhododendrons en été, les chrysanthèmes en automne, les camélias et les magnolias en hiver. Le temple avait été fondé sous les Yuan et a été très largement restauré.

Au sud de la rue Jinbi, la principale rue commerçante de la ville, se dressent deux anciennes **pagodes** du 9e siècle, la pagode de l'Est et celle de l'Ouest. La première, qui comporte quatre coqs dorés à son sommet, peut être visitée.

L'importante communauté musulmane du Yunnan remonte à l'époque Yuan. Cinq **mosquées** sont actuellement ouvertes à Kunming et peuvent être visitées à condition de s'habiller correctement (pas de shorts) et d'être discret avec les appareils photo. La plus grande mosquée est celle de la rue Shuncheng, située dans un quartier musulman de petits magasins et de restaurants *halal*.

Excursions depuis Kunming

Dans une région boisée à 12 km au nord-ouest de Kunming, se trouve le **temple des Bambous** (Qiongzhusi) qui aurait été fondé sous les Tang. Selon une légende, deux princes auraient pourchassé un rhinocéros jusqu'à cet endroit lorsque des moines apparurent soudainement, tenant des cannes de bambou qui se seraient miraculeusement transformées en bosquets. On remarquera les statues des 500 *luohan* qui datent du 19e siècle.

Au nord-est de la ville (11 km) on visitera le joli **temple d'Or** (Jindian), dédié à l'immortel taoïste Zishi. L'accès au temple se fait par une montée à travers de très beaux bois de pins.

La plupart des visiteurs à Kunming prennent l'un des nombreux bacs qui traversent le **lac Dian**. Les rives à l'ouest du lac s'élèvent abruptement vers les **monts de l'Ouest** (Xichan), une chaîne de quatre montagnes connues pour leurs temples et leurs magnifiques points de vue. Le **temple Huating**, le plus grand temple bouddhiste de Kunming, est situé dans un impressionnant jardin avec un lac ornemental et un mur d'enceinte interrompu par des stupas. Plus haut sur la montagne, se trouve le **temple Taihua**, également entouré d'un agréable jardin. A l'arrière du temple est une salle dédiée à Guanyin, la déesse de la Miséricorde, représentée ici avec un enfant dans les bras.

Un peu plus loin s'élève le **pavillon Sanqing**, un sanctuaire taoïste. Il reste peu de choses d'origine à l'intérieur mais il est possible de s'arrêter ici pour prendre un thé avant de repartir vers la **porte du Dragon** d'où l'on a une vue remarquable sur le lac.

Le **parc Daguan**, sur la rive nord du lac, renferme un petit pavillon qui abrite un célèbre poème composé par un poète Qing qui est inscrit sur la façade du bâtiment et qui loue la beauté du site.

Les rives est et sud du lac sont moins escarpées et les champs et les villages s'étendent ici jusqu'au bord de l'eau. Une excursion d'une journée en bus ou en taxi dans ces villages vous permettra d'avoir un aperçu de la vie rurale. Une visite à la petite ville de **Jinning** est recommandée pour son musée qui commémore le grand amiral de la dynastie Ming, Zheng He, né dans cette ville. Les expéditions maritimes qu'il effectua entre 1405 et 1433 le conduisirent jusqu'en Afrique et en Arabie, bien plus loin que n'avaient voyagé les explorateurs portugais et espagnols du 15e siècle.

A 17 km au nord-ouest de la ville, se trouve le **jardin botanique de Kunming** qui intéressera particulièrement les jardiniers amateurs. On y voit un grand nombre de plantes originaires des vallées et des montagnes du Yunnan, dont des rhododendrons, des pins, des camélias et des crysanthèmes. On pourra en profiter pour visiter près de là le temple taoïste de l'**Etang du Dragon noir**.

Selon une légende locale, un lettré taoïste parvint à maîtriser dix dragons qui sévissaient dans la région, chassant neuf d'entre eux et en apprivoisant le dixième qui vit, dit-on, dans l'étang.

L'excursion la plus courante à partir de Kunming (à faire en un ou deux jours) est à **Shilin**, la Forêt de Pierre, à 126 kilomètres au sud-est de la ville. On peut s'y rendre soit en se joignant à une excursion, soit en prenant le train jusqu'à Yiliang, puis le bus. La Forêt de Pierre est un lieu étrange de pics et de roches calcaires qui se dressent tels des troncs d'arbre pétrifiés, le résultat de millénaires d'érosion patiente par l'eau. Dans les villages environnants vivent les Sani qui viennent souvent présenter des spectacles de chant et de danse dans les hôtels.

DALI

A l'ouest de Kunming, à 400 kilomètres par la route de Birmanie (Burma Road), se dressent les montagnes d'Azur dont les pentes s'élèvent au-dessus de la plaine de Dali. Grâce à son environnement particulièrement favorable – des terres fertiles, des dépôts de marbre, le **lac Erhai** où pullulent les poissons et de petits cours d'eau qui permettent d'irriguer les champs – Dali est une région très prospère. Le groupe ethnique prédominant à Dali sont les Bai. Malgré leur nom, qui signifie «blanc», les femmes bai portent des tuniques rouges brillantes, des tabliers multicolores et des chapeaux aux formes complexes avec des pompons et des rubans tressés. On estime la population bai à près d'un million de personnes, ce qui fait d'eux le plus important groupe de minorités de la province après les Yi.

Dali est à la fois le nom de la région et celui de la capitale de la préfecture autonome bai. Elle était autrefois la capitale du royaume de Nanzhao, lorsque le Yunnan était gouverné par un peuple autochtone et que l'Empire chinois ne s'immiscait pas dans ses affaires. A l'apogée de son pouvoir, aux 8e et 9e siècles, le Nanzhao envoya même des troupes conquérir des régions de la Birmanie et du Laos. Au 10e siècle, le royaume fut renommé Dali et parvint à maintenir son indépendance face à la Chine jusque sous la dynastie des Yuan.

Pour aller à Dali il est nécessaire de passer d'abord par **Xiaguan**, la plus grande ville de la région. Pour le moment il n'y a ni ligne de chemin de fer ni aéroport dans la région et la route reste le seul moyen de venir jusqu'ici. A Xiaguan vous pouvez vous promener dans le parc au bord du lac qui comprend un jardin botanique réputé pour ses camélias, ses azalées et ses magnolias. Il est aussi possible de visiter une **fabrique de thé** où le fameux thé du Yunnan est transformé en briques destinées à l'exportation au Tibet et à l'étranger.

La ville de **Dali** est plus attrayante avec ses bâtiments en pierre, ses murs blanchis et ses toits d'ardoises. Au nord de la ville, se dressent les **Trois pagodes** (Santasi) dont la plus haute (9e siècle) est un très bel exemple du style Tang, semblable à la pagode de la Petite Oie sauvage à Xian. Près de là se trouve une **marbrerie** où la célèbre pierre de la région est taillée et polie de manière à faire ressortir les motifs naturels qui ressemblent à des nuages ou à des montagnes. Le marbre provient des montagnes d'Azur et a été extrait depuis plus de 1200 ans. D'ailleurs, le mot chinois pour «marbre» est «dalishi» ou « pierre de Dali».

Le meilleur moyen de visiter la région est le bateau. La CITS organise des voyages en bateau mais vous pouvez aussi, en marchandant un peu, en louer un sur les quais. La côte ouest du lac est plate avec des champs cultivés, alors que la côte orientale est rocailleuse et intéressante pour ses petits villages aux murs de pierres sèches avec leurs flottilles de bateaux amarrés. Les îles du lac méritent d'être découvertes, l'**île de la Navette dorée** pour ses temples et ses pavillons, aujourd'hui restaurés, et l'**île de Xiaoputuo** pour son temple pittoresque dédié au Bodhisattva de la Miséricorde, Guanyin. Au retour du lac il est possible de s'arrêter à la **source des Papillons**; malheureusement, les papillons ont pour la plupart disparu aujourd'hui mais on les comptait autrefois par milliers.

Les environs de Dali

Au nord-ouest de Dali s'élève la **montagne de la Patte de poule** (Jizushan) ainsi nommée pour ses crêtes striées semblables à des pattes d'oiseau. Cette montagne attirait autrefois des pèlerins taoïstes et bouddhistes venus de très loin et ses flancs étaient couverts de temples et de monastères. Malheureusement, tous ces sites religieux ont souffert de la Révolution culturelle et il en reste très peu à l'heure actuelle. Une pagode du 7e siècle a survécu, ainsi que quelques zones de forêts de noyers où les habitants de la plaine prélevaient autrefois du bois de construction.

Pour ceux qui ont un peu de temps, une visite des grottes bouddhiques de la **montagne de la Cloche de pierre** (Shizhongshan) est recommandée. Elles se trouvent dans une zone assez éloignée de Dali (130 km) et renferment des sculptures qui datent du royaume de Nanzhao. Une grotte est particulièrement intéressante car elle contient des sculptures d'organes génitaux féminins, pourtant rarement représentés en Chine. Il est également possible d'arranger une visite à un pont suspendu en fer appelé le **pont de l'Arc en Ciel** (Jihongqiao). Les Chinois furent les premiers au monde à construire des ponts suspendus métalliques. Celui-ci date de 1475, mais un pont similaire a existé dès l'an mille environ. Des inscriptions sur les falaises avoisinantes attestent du rôle joué par le pont comme lien entre cette région et l'Inde, la Birmanie et la Thaïlande.

LIJIANG

Il n'existe qu'un seul moyen d'aller de Dali à Lijiang (196 km), par une route qui monte à travers la région montagneuse du nord-ouest du Yunnan, passant par des forêts de rhododendrons et d'azalées, tandis que devant soi se dressent les austères sommets enneigés de la chaîne des Neiges du Dragon de Jade. Lijiang est la terre des Naxi, un peuple qui parle une langue tibéto-birmane et s'habille de vêtements noirs ou bleu foncé. On trouve d'autres groupes ethniques moins nombreux dans la région, dont les Lisu, les Pumi et les Nuosu Yi. Les Lisu habitent les régions plus éloignées près de Nujiang (le nom chinois du Salween).

Les Naxi étaient traditionnellement une tribu matriarcale et les biens étaient transmis dans une famille au plus jeune enfant de sexe féminin. Il revenait aux hommes de faire de la musique et d'élever les enfants. Dans l'actuel climat politique qui se veut plus libéral envers les minorités, les orchestres naxi traditionnels connaissent un renouveau. Les Naxi sont connus pour leurs pratiques chamanistes, fréquentes à une époque dans la Chine ancienne et qui survivent encore aujourd'hui parmi certaines tribus sibériennes, en Corée et dans les communautés tibétaines. Chez les Naxi, les chamanes, ou *dongba*, avaient la charge de transcrire les connaissances de la tribu dans leur propre écriture pictographique – connaissances qui sont aujourd'hui traduites en chinois dans une tentative de préservation de l'héritage naxi.

Lijiang, située à 2400 m d'altitude, est formée de deux zones distinctes, la vieille ville et la nouvelle. La partie ancienne, classée parmi les sites de l'UNESCO, est infiniment plus intéressante avec ses passages caillouteux, ses plantes de montagnes en pot et ses petits restaurants qui servent des *baba*, des gâteaux de blé frits et fourrés d'une variété de manières différentes. Le **bassin du Dragon noir** est la principale attraction de la ville avec son Pavillon embrassant la Lune (une construction moderne depuis que le pavillon Ming a brûlé en 1950). Un des bâtiments adjacents abrite l'Institut de recherches culturelles sur les Dongba alors que le temple du Dieu Dragon sert de salle d'exposition. La **salle des Cinq Phénix** faisait autrefois partie du monastère Fuguo, aujourd'hui disparu.

Le Fuguosi était l'un des cinq grands temples de Lijiang fondés par un roi naxi du 17e siècle, Mu Tian Wang. C'était un homme très croyant qui contribua à la croissance de la secte bouddhiste des Bonnets rouges dans son royaume.

Le Pavillon embrassant la lune, sur le bassin du Dragon noir, à Lijiang.

Le **temple du Sommet de jade** est célèbre pour la forêt de pins qui l'entoure et pour un camélia qui, à fin février ou début mars, fleurit avec une telle abondance que les habitants du pays prétendent qu'il porte 20 000 fleurs. Dans le **temple des Bienfaits universels**, auquel on arrive après une agréable promenade en montagne, sont exposés des *thanka* tibétains et des statues du Bouddha. A quelques kilomètres au sud de la ville, le **temple du pic de la Culture** était autrefois un centre de méditation réputé. Le quatrième temple, le **Zhiyunsi** situé dans la ville voisine de Lashiba, a été transformé en école.

Les environs de Lijiang

Le nord du Yunnan est traversé par le fleuve Yangzi; on peut le voir à la très spectaculaire **gorge du Tigre bondissant** où l'eau s'engouffre bruyamment entre des murs de plusieurs centaines de mètres de hauteur. Selon une légende locale, un tigre pourchassé avait un jour put s'échapper en franchissant le gouffre d'un seul bond. A l'endroit où le Yangzi fait une grande boucle vers le nord se trouve le village de **Shigu** (Tambour de pierre) qui doit son nom à un tambour en pierre commémorant une victoire des troupes chinoises et naxi sur les forces tibétaines en 1548. Shigu est connu dans l'histoire moderne chinoise pour être le lieu où, en 1936, les survivants de l'armée communiste qui effectuaient la Longue Marche traversèrent le fleuve pour échapper aux troupes nationalistes qui les poursuivaient.

Le village de **Nguluko** est un village naxi typique; ce fut également là que vécut pendant presque trente ans le botaniste et explorateur austro-américain Joseph Rock. Arrivé dans la région en 1922, il fut un pionnier de la recherche sur la flore du Yunnan et sur l'ethnologie naxi. L'ancienne ville de **Baoshan**, au nord de Lijiang, offre un spectacle rare puisque c'est l'une des quelques villes chinoises qui ont conservé leurs fortifications.

Baisha, autrefois la capitale du royaume des Naxi, est devenu un petit village tranquille, au pied des monts Yulongxue. Certaines des anciennes constructions du village, qui remontent au 15e siècle, à la dynastie des Ming, renferment des peintures murales d'époque. Celles-ci reflètent bien le caractère pragmatique des Naxiet leur grande tolérance religieuse: dieux tantriques bouddhistes, *bodhisattva mahayana*, immortels daoïstes et chamanes naxi s'y côtoient en toute harmonie. Malheureusement, certaines ont été endommagées pendant la Révolution culturelle.

ZHONGDIAN

Zhongdian est à la fois le nom d'un grand district et du chef-lieu de ce district; il fait partie de la Préfecture autonome du Diqing tibétain du Yunnan. Les Tibétains, eux, l'appellent Gyelthang.

Cette région est très variée géographiquement, allant du Meilixueshan (mont Kawakarpo), qui culmine à 6740 m sur la frontière avec le Tibet, jusqu'au fond des gorges du Yangzi, du Salween et du Mékong, à 1480 m seulement. Pour les amateurs de plantes rares et les géographes du début du 20e siècle, Zhongdian était un véritable paradis, et aujourd'hui encore, il attire principalement par la richesse et la variété de ses paysages et de sa végétation.

La ville de Zhongdian n'a été ouverte au tourisme qu'en 1992. L'aéroport est relié par vol direct à Kunming, mais beaucoup de visiteurs préfèrent emprunter la route, malgré la distance, pour mieux apprécier la beauté des paysages et la finesse de l'architecture vernaculaire de la région.

La ville elle-même, située à 3160 m d'altitude, comporte encore une partie ancienne entièrement bâtie de maisons de style tibétain. Parmi les visites à faire en ville et dans les alentours, notons le parc, avec une belle vue sur toute la ville, la fabrique de bols en bois, et le grand **monastère de Songzhanling**, appartenant à l'école des Bonnets Jaunes, fondé au 17e siècle. A quelques kilomètres au nord de Zhongdian se trouve le **Napa Hai**, un lac situé dans une réserve naturelle. A 25 km à l'est, s'étend un autre lac, le **Bita Hai**.

Le site naturel le plus connu de la région est le **Baishuitai** (la Terrasse de l'Eau blanche), dans le sud-ouest du district, à deux heures et demie de voiture de Zhongdian. Au début d'une vallée escarpée, monte une série de terrasses, toutes blanches et incrustées de minéraux, et comportant chacune un petit étang d'eau claire. Des terrasses semblables existent en Turquie et en Nouvelle-Zélande, mais celles-ci sont particulièrement belles car situées dans un environnement très spectaculaire. Le volume d'eau et l'étendue des terrasses sont à leur maximum au mois de mars, et des milliers de pèlerins et de touristes viennent alors y pique-niquer et boire l'eau qui aurait, dit-on, des vertus thérapeutiques.

LE XISHUANGBANNA

La préfecture autonome dai du Xishuangbanna occupe la section sud-ouest de la province du Yunnan, près des frontières du Laos et de la Birmanie. Les Dai forment l'un des groupes ethniques les plus importants du Yunnan dont un tiers environ vit dans le Xishuangbanna.

L'histoire ancienne des Dai est mal connue mais leur langue et leur culture suggèrent un lien avec les Thaïs. Au 2e siècle avant J.-C., des chefs dai envoyèrent des ambassades chargés de tribut aux empereurs Han. Entre le 8e et le 12e siècle, le Xishuangbanna fut incorporé aux royaumes de Nanzhao et de Dali. Entre le 14e et le 19e siècle, les administrations impériales chinoises mirent en pratique une politique de pacification pour tenter de maintenir le contrôle des zones frontalières, mais ceci n'empêcha pas les Français basés en Indochine, puis les Britanniques, d'empiéter sur la région. Pendant la première moitié du 20e siècle, le Yunnan était, tout comme d'autres régions de la Chine, contrôlé par un seigneur de la guerre. Les forces communistes ne s'emparèrent de la région qu'en 1950 et depuis le Xishuangbanna a joui d'une autonomie relative, à l'exception de la période de la Révolution culturelle.

Les pratiques religieuses des Dai sont les mêmes que celles des bouddhistes birmans et laotiens et leur architecture ressemble de près à celle de l'Asie du Sud-Est. Le fameux festival d'éclaboussement d'eau est semblable au festival Songkran de Thaïlande et a lieu pendant trois jours au milieu du mois d'avril. Il commémore une victoire légendaire des forces du Bien sur un démon destructeur. C'est également une occasion de laver symboliquement ses péchés.

Le Xishuangbanna a un climat tropical avec une saison des pluies qui dure de juin à octobre. La capitale de la région est **Jinghong**, que l'on peut rejoindre en avion depuis Kunming. Par la route, il faut compter deux jours de trajet en bus à travers des paysages superbes de rizières en terrasse et de jungle.

Jinghong est une ville modeste qui ne vit vraiment que les jours de marché. On y visite souvent l'**Institut de recherche sur les plantes tropicales** dans le quartier ouest de la ville. Au-delà de Jinghong, près du Mékong, se trouvent des villages très intéressants de maisons sur pilotis, un style de construction courant en Asie du Sud-Est où les fortes inondations sont fréquentes. Les toits à double avant-toit des maisons dai ressemblent aux maisons malaises et thaïes ; ces avant-toits sont conçus pour une aération optimale et comme protection contre les abondantes pluies tropicales. Dans ces villages se tiennent des marchés très animés où les femmes dai, hani et jinuo viennent vendre des bijoux et d'autres produits artisanaux.

Un tour en bateau d'une heure en descendant le Mékong vous mènera à **Menghan**, un petit village dai construit sur la plaine des Oliviers (Ganlanba), au milieu de plantations d'hévéas et d'arbres fruitiers.

La principale occupation de la ville de **Menghai**, à l'ouest de Jinghong, est la culture et le traitement du thé. C'est ici que pousse le fameux thé Pu Er. Aux environs de **Mengzhe**, près de là, se dresse la pagode du Grand Bouddha Manlei.

Une autre excursion recommandée est de suivre la route de Jinghong jusqu'à la frontière birmane. **Damenglong**, à 70 km au sud-ouest de Jinghong, ne se trouve qu'à 8 km de la Birmanie. Près de là se dresse la pagode Blanche, une structure du 13e siècle avec huit petits stupas placés autour d'une haute flèche centrale. Les dévots bouddhistes laissent des offrandes d'argent, de fleurs et de fruits au pied de la pagode.

La Peinture Chinoise

Il existe deux traditions de peinture en Chine, celle du lettré et celle de l'artiste professionnel. Toutes deux se chevauchent et s'influencent mutuellement, mais de manière générale la tradition du lettré demeure la plus prestigieuse.

La peinture du lettré se développe de façon manifeste avec l'avènement de la dynastie des Tang. Malheureusement, rares sont les peintures Tang originales qui nous soient parvenues, la plupart étant des copies faites des siècles plus tard. Il existe une longue tradition dans les arts chinois de l'étude des techniques et des méthodes des maîtres anciens et la copie d'une œuvre connue était considérée comme une partie importante de l'apprentissage pratique de la peinture.

A l'époque Song, que l'on considère comme l'apogée de la peinture paysagiste chinoise, les styles et le répertoire pictural, ainsi qu'un riche vocabulaire de symboles qui formait une sorte de langage intérieur propre à la peinture, avaient été établis. Les principales catégories de sujets étaient les paysages, les hommes et les objets, les oiseaux et les fleurs, les herbes et les insectes. De ces quatre thèmes, les paysages étaient les plus prisés. Sous la dynastie des Song du Nord, des maîtres comme Li Cheng, Fan Kuan, Guo Xi et Xu Daoning créèrent des paysages magiques et monumentaux de montagnes et de brumes dans lesquels les humains, lorsqu'ils s'y trouvaient, n'occupaient qu'une place mineure.

Pour l'œil occidental habitué à la peinture classique européenne, les peintures de paysages chinois se ressemblent toutes à première vue et peuvent rapidement devenir lassantes, mais ce que le connaisseur chinois apprécie sont les différences très subtiles de composition du tableau et l'emploi d'une variété de traits de pinceau qui sont le reflet du talent de l'artiste. En effet, si les éléments qui composent le tableau sont presque toujours les mêmes – montagnes, plans d'eau, bambous, pins, rochers –, les manières de les traiter sont très diverses. Tous les grands peintres sont réputés pour une technique de représentation d'un ou plusieurs de ces éléments qui leur est particulière, qui pour ses brumes matinales denses, qui pour ses troncs de pin noueux ou ses feuilles de bambou couvertes de rosée.

Ni Zan (1301-1374), l'un des plus célèbres peintres de la dynastie des Yuan, employait de longs traits fins pour les rochers et les montagnes, et des traits plus courts mais délicats pour les arbustres, les bambous et les feuilles. Ses compositions sont généralement simples, dépouillées, avec de grands espaces ouverts, sans aucune présence humaine. Toute leur force réside dans la tension créée entre l'arrière-plan et le premier plan, séparés l'un de l'autre par une large étendue d'eau calme. A la même époque, Wang Meng (1308-1385) peignait des paysages d'un style complètement différent, d'une grande complexité, mais exécutés avec une extrême minutie. L'eau et le ciel occupent une partie très limitée de l'espace alors que dominent des masses rocheuses enchevêtrées et des arbres aux troncs tortueux et au feuillage dense.

C'est dans ces paysages classiques que l'on voit la différence fondamentale entre la peinture occidentale et la peinture chinoise: la perspective. Suite aux réalisations de Giotto au 13e siècle en Italie, la peinture occidentale se développa en n'employant qu'une seule perspective fixe. Les peintres chinois, en revanche, bien que conscients de l'existence de la perspective, rejetaient l'emploi d'un point unique qui disparaît dans le lointain, préférant des paysages dans lesquels le spectateur devient le voyageur dans le tableau. Les problèmes créés par une telle technique sont résolus par l'utilisation inventive de l'espace et en donnant au tableau une illusion de niveaux changeants de perspectives. Les étendues de brouillard et d'eau créent des changements subtils du point de vue. Lorsqu'on regarde une peinture verticale, l'œil se dirige vers le sommet des montagnes en passant par une série de changements de scène. Avec un rouleau horizontal, traditionnellement déroulé section par section, le même effet est créé de droite à gauche.

La deuxième grande différence qui existe entre la peinture occidentale et la peinture chinoise réside dans les moyens d'expression eux-mêmes. La plupart des chefs-d'œuvre occidentaux sont peints à l'huile alors que l'artiste chinois travaille à l'encre noire sur de la soie ou du papier absorbant, en employant quelquefois, mais avec modération, des couleurs minérales. Les deux couleurs traditionnelles de la peinture chinoise sont le bleu et le vert. L'artiste tente de capturer l'esprit ou l'essence du sujet, plutôt que de recréer ce dernier par le détail, et l'utilisation d'encre noire dans une variété de tons et de traits donne un résultat plus évocateur que précis. Le peintre choisissait ses sujets en harmonie avec son humeur et la saison car pour lui rien ne pouvait être peint sans une compréhension du caractère essentiel de la nature. Par conséquent, la peinture de paysage était moins une célébration de l'individualité d'un endroit particulier, qu'une évocation de l'essence de *tous* les paysages, capturée dans une scène particulière à une saison précise.

Mais le pinceau et l'encre ne donnent pas droit à l'erreur: une fois que le pinceau est posé sur le papier, il doit être manié avec force et fluidité pour que le tableau soit vivant. Contrairement à l'artiste qui emploie des peintures à l'huile, le peintre chinois ne peut pas faire de retouches ni retravailler ses traits initiaux. A cause de cette importance du trait de pinceau, l'évolution du peintre chinois a été intimement liée à celle du calligraphe.

Paysage à l'encre,
de Li Huashen.

Le peintre-lettré avait pour but de développer un style fluide et confortable qui serait infaillible. Ceci explique en partie pourquoi Su Dongpo, le célèbre poète et calligraphe Song, considérait la poésie, la peinture et la calligraphie comme des arts inséparables. En effet, une partie de la beauté d'une peinture chinoise réside dans le poème que l'artiste choisit d'écrire sur le côté de son tableau, ainsi que dans le style dans lequel il le trace. Des manuels de maniement du pinceau ont été compilés pour que les jeunes artistes puissent admirer et copier les maîtres anciens, apprenant par exemple comment ceux-ci peignaient un arbre en hiver ou au printemps et précisément quels traits ils utilisaient.

Dans sa manière de traiter les oiseaux, les animaux et les fleurs, le peintre chinois se distingue également de son homologue occidental. Il ne verrait aucun intérêt à peindre des natures mortes à l'européenne. La tradition chinoise est de montrer les animaux et les fleurs dans leur décor naturel. Ici on accorde beaucoup d'attention aux détails et on attend de l'artiste qu'il dépeigne la façon dont l'arbre change avec les saisons et comment un animal ou un oiseau bouge ou s'arrête. Mais cela ne veut pas dire pour autant que la faune et la flore sont rendues de façon réaliste. Il s'agit plutôt de reproduire la «vraie nature» du sujet.

Ceci s'applique aussi au vocabulaire intérieur de la peinture chinoise. Les quatre symboles favoris du peintre-lettré sont le bambou, le prunier, le chrysanthème et l'orchidée, qui tous reflètent les qualités que le lettré s'efforce d'atteindre dans sa propre conduite. Le bambou se penche mais ne casse pas. Le prunier fleurit en hiver, s'élevant au-dessus des conditions adverses, comme le fait également le chrysanthème, alors que l'orchidée représente le parfum et l'élégance de la forme.

LE YANGZI

Le Yangzi, ou Changjiang en chinois, peut être parcouru en bateau sur près de la moitié de sa longueur, soit sur les quelque 2500 kilomètres qui séparent Chongqing de Shanghai. Ceux qui désireraient voir les affluents en amont du Yangzi (sur lesquels la navigation est impossible) devront partir en expédition dans le nord du Yunnan, au Tibet et jusqu'à la source même du fleuve dans le Qinghai.

Si le Yangzi est l'une des grandes voies de communication naturelles de la Chine, sa navigation a été, jusqu'à la deuxième moitié du 20e siècle, très hasardeuse. Depuis 1949, le gouvernement a mis en place divers systèmes hydrauliques pour tenter de contrôler le flot de ses eaux. Les rapides des fameuses gorges sont toujours une force imprévisible, mais ils ne sont plus aussi menaçants depuis que les troupes chinoises ont dynamité la plupart des obstacles dans les années 1950. Le barrage Gezhouba à Yichang a déjà fortement contribué à régulariser le cours de la rivière. Le contrôle de ces eaux tumultueuses est l'une des principales raisons à l'origine du projet dit des Trois Gorges, le plus vaste chantier de construction en Chine depuis la Grande Muraille et le Grand Canal. Le projet prévoit de créer un immense lac de retenue qui inondera des milliers d'hectares de terres cultivées et submergera à jamais des dizaines de sites historiques. Les travaux devraient se terminer à la fin de la décennie, mais déjà le niveau de l'eau est monté dans les Gorges, et plus d'un million de personnes ont dû abandonner villes et villages pour être relogées ailleurs. Le projet a suscité – et suscitera encore – de très vives controverses, notamment pour les dommages écologiques qu'il va entraîner.

REMONTÉE ET DESCENTE DU FLEUVE

La remontée du Yangzi depuis Shanghai ou Wuhan est une croisière plus lente que la descente que l'on effectue généralement à partir de Chongqing. La plupart des groupes de touristes s'arrêtent pendant la croisière pour visiter les villes le long du fleuve. Comme les bateaux de ligne qu'empruntent les Chinois ne s'arrêtent pas suffisamment longtemps pour ces visites, le voyage organisé reste le meilleur moyen de voir le fleuve pour le moment.

Chongqing est le point d'embarquement habituel pour effectuer la descente du fleuve. Cette ville est l'un des principaux centres industriels du sud-ouest de la Chine et elle a servi de capitale sous l'occupation japonaise pendant la

Le cours du Yangzi

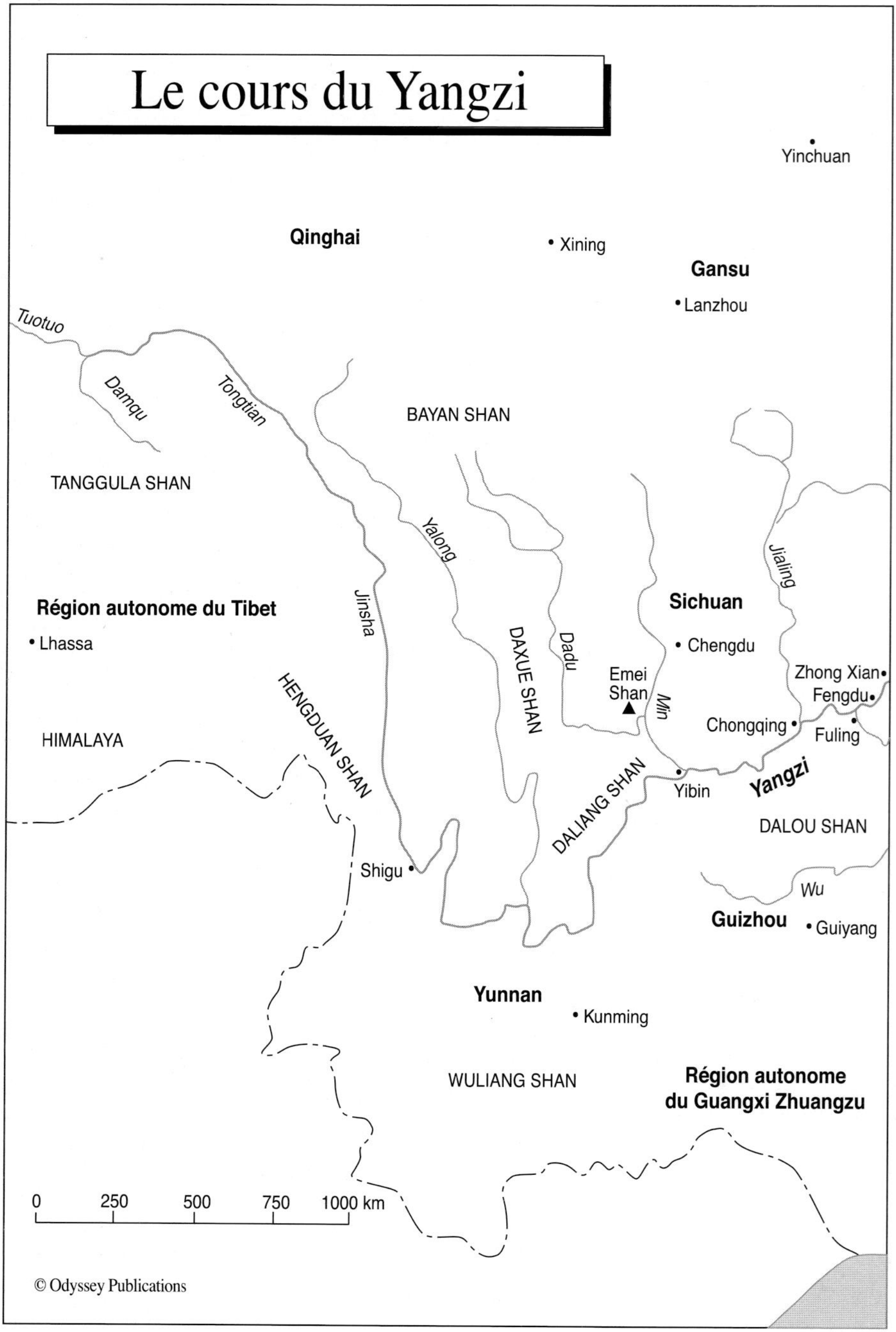

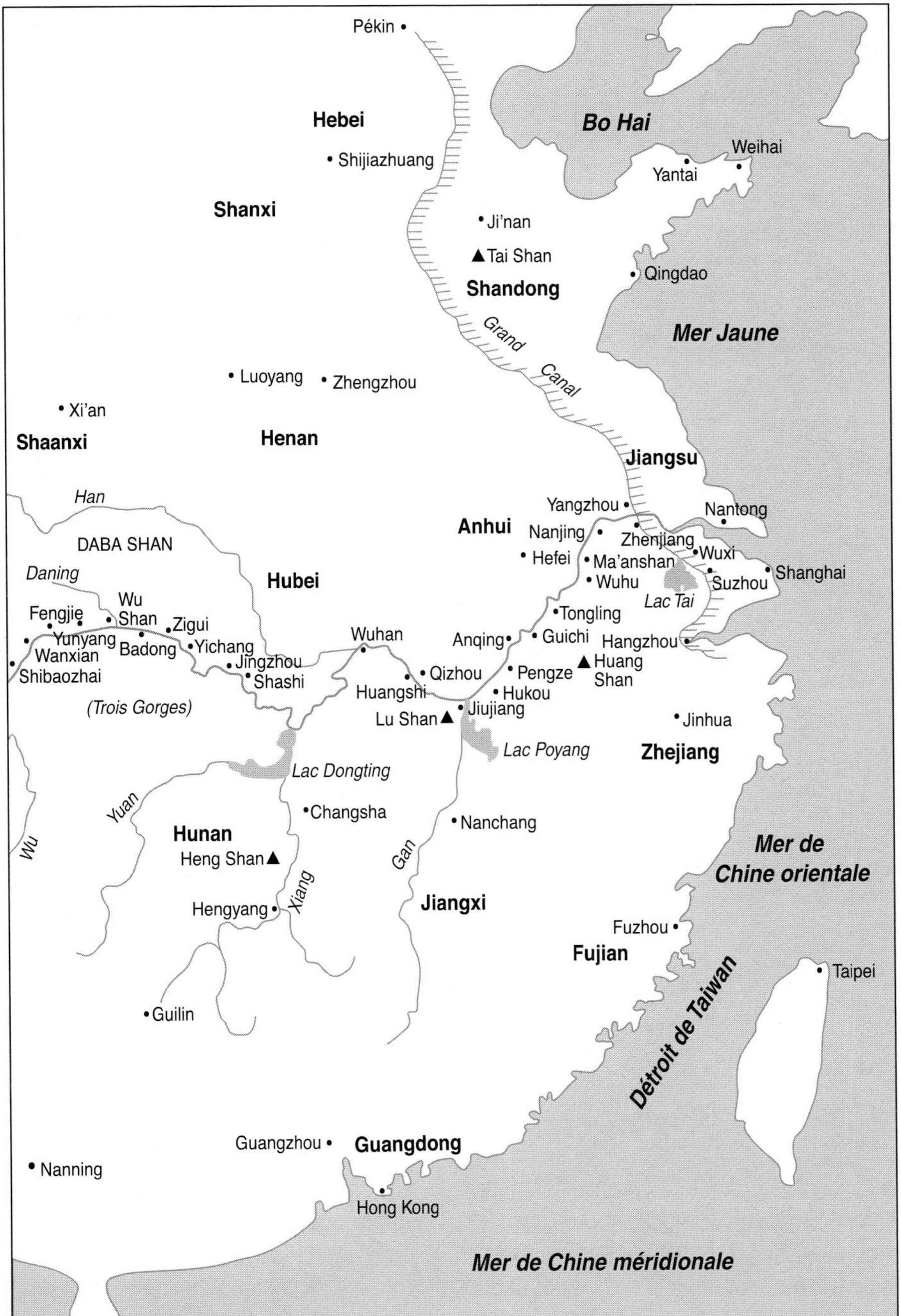
Pékin
Hebei
Shijiazhuang
Shanxi
Bo Hai
Weihai
Yantai
Ji'nan
Tai Shan
Shandong
Qingdao
Grand Canal
Mer Jaune
Luoyang
Zhengzhou
Xi'an
Shaanxi
Henan
Jiangsu
Han
Yangzhou
Nantong
Anhui
Nanjing
Zhenjiang
DABA SHAN
Hefei
Ma'anshan
Wuxi
Shanghai
Daning
Hubei
Wuhu
Suzhou
Wu Shan
Lac Tai
Fengjie
Zigui
Tongling
Yunyang
Badong
Yichang
Wuhan
Anqing
Guichi
Hangzhou
Wanxian
Jingzhou
Qizhou
Pengze
Huang Shan
Shibaozhai
Shashi
Huangshi
Hukou
(Trois Gorges)
Lu Shan
Jiujiang
Jinhua
Lac Poyang
Zhejiang
Lac Dongting
Yuan
Changsha
Hunan
Nanchang
Mer de Chine orientale
Wu
Heng Shan
Gan
Xiang
Hengyang
Jiangxi
Fuzhou
Fujian
Taipei
Guilin
Détroit de Taiwan
Guangzhou
Guangdong
Nanning
Hong Kong
Mer de Chine méridionale

Deuxième Guerre mondiale. L'épais brouillard qui recouvre la ville presque toute l'année lui aura été salvatrice à cette époque car elle l'a cachée des bombardiers japonais. L'histoire de Chongqing remonte au 4e siècle avant J.-C. Appelée alors Yuzhou, elle occupait une situation stratégique importante au confluent du Yangzi et de la rivière Jialing et était la capitale de l'ancien Etat de Ba sous la dynastie des Zhou. Les pratiques funéraires de Ba différaient de celles de la Chine du Nord et les morts étaient enterrés dans des cercueils en forme de bateaux, perchés sur des rebords de falaises le long de la rivière. On peut voir quelques-uns de ces étranges cercueils au **Musée de Chongqing**. Le nom moderne de Chongqing, qui signifie «double célébration», lui a été donnée par un prince Song lorsqu'il devint empereur.

Située à l'origine sur un promontoire sur la rive nord du Yangzi, la ville s'est ensuite agrandie et s'est déversée sur les deux rives du Yangzi et de la rivière Jialing. Des téléphériques et des ponts relient les nouveaux quartiers de Chongqing au vieux centre-ville situé sous les falaises. Depuis la colline Pipa on a une très belle vue au crépuscule sur la ville avec ses ruelles illuminées qui descendent vers les eaux sombres du fleuve. Les itinéraires des voyages organisés comprennent souvent la visite du **village du Rocher rouge** (Hongyan cun) et du **jardin des Cassias** (Guiyuan) qui ont été les quartiers généraux communistes pendant les années 1930 et 1940 (mais qui ne sont pas passionnants à voir). Essayez plutôt de descendre vers les quais de **Chaotianmen** pour voir les docks et les bateaux.

La petite ville de **Fengdu**, non loin de Chongqing, est traditionnellement connue sous le nom de «Ville fantôme» et possède un temple dédié au Roi des Enfers. Cette étrange association remonte à la dynastie des Han: à cette époque, deux lettrés ermites qui vivaient dans les environs auraient réussi à percer le secret de l'immortalité. La combinaison de leurs noms a donné lieu au titre «Roi des Enfers»!

Fuling était le site des tombes royales de l'Etat de Ba au 4e siècle (plusieurs des bateaux-cercueils du Musée de Chongqing ont été retrouvés ici). Mais le plus important vestige historique de Fuling est la série de sculptures gravées le long de la falaise qui forme la rive du Yangzi et qu'on ne peut apercevoir que lorsque les eaux de la rivière sont très basses. Ces sculptures comprennent des représentations de poissons et des inscriptions qui renseignent sur l'hydrologie et la cosmologie du temps passé.

Cours supérieur du fleuve Yangzi,
près de Deqin et du Tibet.

Le nom de **Shibaozhai** signifie «la forteresse de la Pierre précieuse». La pierre en question est un rocher de 30 mètres de haut qui s'élève dans l'air et qui ressemblerait à un sceau en pierre (les sceaux de la Chine ancienne étaient gravés sur une face avec un nom ou un titre et servaient de signature officielle). Sous la dynastie des Qing, un temple a été construit au sommet du rocher. A l'origine, on ne pouvait visiter le temple qu'en grimpant à l'aide d'une chaîne de fer mais à la fin du 19e siècle une pagode en bois de neuf étages fut construite à côté du rocher de manière que l'ascension se fasse par l'escalier. Au 20e siècle, trois autres étages furent rajoutés. Selon une légende locale, il existait autrefois un trou dans le rocher duquel s'écoulait une provision constante de riz destinée à nourrir les moines du temple. Un moine trop gourmand estima qu'il pouvait faire fortune en élargissant le trou pour avoir plus de riz, mais il fut puni car dès que le trou fut agrandi la source de riz se trouva tarie.

C'est à **Wanxian** que les bateaux s'arrêtent pour la nuit avant de s'engager à l'aube dans les trois gorges. La ville est un ancien port fluvial et possédait autrefois un chantier de construction de jonques très prospère. Le marché de nuit de la ville est très animé et l'on y trouve des fruits régionaux délicieux et une grande variété d'objets artisanaux en bambou et en rotin. Dans les environs de la ville se trouve le **rocher Taibai**, où le célèbre poète Tang, Li Bai (Li Po) aurait séjourné. La surface du rocher près du pavillon commémoratif est recouverte d'inscriptions calligraphiées.

La ville de **Yunyang**, sur la rive nord du fleuve, apparaît fréquemment dans les histoires qui relatent les événements de la période des Trois Royaumes (220-265). C'est, par exemple, à Yunyang que le général Zhang Fei du royaume de Shu (aujourd'hui le Sichuan) aurait été assassiné. Le **temple Zhang Fei**, situé dans un cadre très paisible et entouré de jardins, fut construit en son honneur. On peut y voir notamment des pierres gravées datant du 5e et du 6e siècle.

Fengjie, qui garde l'entrée ouest des Trois Gorges, est ausi associée avec l'époque des Trois Royaumes. C'est là que Liu Bei, le roi de Shu, mourut de désespoir après la défaite de ses armées aux mains des forces de Wu et là également que le fameux général de Shu, Zhuge Liang, entraînait ses soldats. La ville est construite dans un cadre magnifique et quelques vestiges des remparts Ming sont toujours visibles.

On accède à **Baidicheng**, la ville de l'Empereur Blanc, par bac depuis Fengjie. Cette ville offre des vues splendides sur l'embouchure de la gorge Qutang, et possède un temple dédié à l'origine au mythique empereur Blanc. Sous la dynastie des Ming, le temple fut re-dédié, cette fois-ci au général Zhuge Liang. L'une des salles contient une «forêt de stèles», une collection de tablettes de pierre gravées dont une très célèbre, la tablette du poème de la Feuille de bambou, sur laquelle les caractères sont gravés en forme de trois branches de bambous.

LES TROIS GORGES

Les trois gorges du Yangzi s'étendent sur 200 kilomètres entre la municipalité de Chongqing et le Hubei. La première gorge à laquelle on arrive depuis Chongqing est celle de Qutang; c'est la plus courte, mais également la plus spectaculaire. La deuxième gorge, Wuxia (la Sorcière), traverse un paysage enchanteur de forêts s'élevant jusqu'à des cimes montagneuses aux formes étranges. La dernière gorge, celle de Xiling, est la plus longue avec des rapides qui recouvrent la rivière boueuse d'une écume couleur de café.

Les gorges enserrent la rivière dans un entonnoir et ses eaux furieuses se déversent, par endroits, à une vitesse de 80 000 mètres cubes par seconde. La rivière est comprimée dans un espace large de 150 mètres seulement en certains points et le courant peut atteindre 25 kilomètres/heure. La plus spectaculaire des gorges, la **gorge de Qutang**, était connue des étrangers au siècle dernier sous le nom de «Boîte aux Vents». Par beau temps, lorsqu'une légère brume s'accroche aux plus hautes falaises qui s'élevent à plus de 1200 mètres, ce nom ne semble guère approprié. Mais lors d'une tempête, si le niveau d'eau est élevé, il est impossible de naviguer dans la gorge, et des centaines de personnes ont perdu la vie en voulant passer le Qutang. Pendant la traversée de la gorge, essayez d'apercevoir l'escalier Meng Liang, une série de trous dans la paroi rocheuse qui s'arrête à mi-hauteur. C'est vers le sommet de cette falaise qu'ont été retrouvés certains des cercueils de l'Etat de Ba qui sont aujourd'hui exposés au Musée de Chongqing.

Les passagers des bateaux de croisière peuvent débarquer à **Wushan** et prendre de petits bateaux à moteur pour remonter les trois petites gorges de la **rivière Daning**. Le Daning est un affluent du Yangzi qui prend sa source dans la province du Shaanxi. Ses petites gorges sont appelées la Porte du dragon, la Gorge brumeuse et la Gorge verte. Les bateaux remontent la rivière sur une cinquantaine de kilomètres à travers un paysage tranquille de falaises verdoyantes et de champs en terrasses, avant de faire demi-tour. Dans la quiétude des gorges, des bandes jacassantes de singes aux poils dorés vivent en toute liberté. La région est réputée pour ses plantes médicinales rares.

Les douze sommets de la **gorge Wuxia** ont tous des noms poétiques telles la cime de la Pomme de pin, la cime des Immortels réunis, et la cime des Grues assemblées. Les Chinois créent beaucoup de légendes autour de phénomènes naturels étranges, et ces gorges et ces montagnes sont parmi les paysages qu'ils

Le village de Meirendao, dans les Trois Gorges. Le projet de construction du grand barrage a nécessité le déplacement de sa population.

préfèrent. Le sommet le plus connu est la **cime de la Déesse** (Shennüfeng) qui ressemblerait à la silhouette d'une jeune fille agenouillée devant un pilier. Selon la légende, la jeune déesse, la fille de la Reine Mère de l'Ouest, serait tombée amoureuse de cet endroit et s'y serait installée. Au pied de la cime des Immortels réunis se trouve une autre relique associée au général Zhuge Liang : la **tablette de Kong Ming** qui est recouverte d'inscriptions gravées dans le style calligraphique du célèbre stratège militaire. Les caractères sont assez grands pour être vus depuis le bateau lorsque celui-ci se dirige vers la petite ville de **Peishi**, qui marque la frontière entre le Sichuan et le Hubei.

La **gorge Xiling** s'étend sur 75 kilomètres entre des pentes plantées d'orangers. Elle est divisée en sept gorges plus petites dont les plus connues sont celles de l'Epée et du Livre sur l'Art de la Guerre, celle du Foie de Bœuf et du Poumon de Cheval, et celle du Bœuf Jaune. Les écueils et les rapides de la gorge Xiling étaient autrefois les plus dangereuses de toutes. Jusque dans les années 1950, lorsque les écueils ont été dynamités, les bateaux qui naviguaient dans cette section du fleuve devaient être tirés par des haleurs.

Juste au-delà des Trois gorges, le courant de la rivière est interrompu par le **barrage de Gezhouba**, haut de 70 mètres et qui produit annuellement quelque

138 milliards de kilowattheures d'énergie. Les bateaux doivent passer par une des trois écluses de chaque côté du barrage.

Yichang marque la fin du cours supérieur du Yangzi et le début du bassin moyen qui mène au delta. La ville a toujours été un port fluvial important où les marchandises étaient transbordées des grands bateaux qui ne pouvaient remonter le fleuve. A l'ouest de la ville la **grotte des Trois Voyageurs** qui est célèbre pour ses inscriptions poétiques des Tang et des Song. Depuis la colline au-dessus de la grotte on a une très belle vue sur l'entrée est de la gorge Xiling. Yichang est également le site de la bataille de Yiling qui eut lieu entre les royaumes de Shu et de Wu au 3e siècle. L'armée de Wu était plus petite et plus faible que celle de Shu mais parvint à détruire les camps de cette dernière en les brûlant. Liu Bei, le roi de Shu, mourut peu après à Fengjie.

Un peu plus en aval se trouve la ville de **Shashi**, avec sa pagode de Longévité construite sous le règne de l'empereur Qianlong des Qing. Depuis Shashi, il est possible de se rendre à **Jiangling** (Jingzhou) pour voir ses anciennes fortifications et son musée consacré essentiellement aux objets en laque, en poterie et en bronze de l'Etat de Chu, de l'époque des Royaumes Combattants (5e-3e siècle avant J.-C.).

Au sud de Shashi s'étend le vaste **lac Dongting**, autrefois le plus grand lac d'eau fraîche de Chine mais aujourd'hui réduit par l'accumulation des alluvions et le drainage de la terre. Les légendes sur le Dongting sont très nombreuses; l'une d'elles datant de la dynastie des Tang raconte que le lac était le domaine du Roi des Dragons. Le lac faisait autrefois partie d'un réseau complexe de canaux qui permettait de transporter des produits vers le nord depuis Canton en empruntant d'abord la rivière Xiang, puis le lac et le Yangzi jusqu'à Yangzhou et finalement le Grand Canal qui mènait aux capitales impériales au nord.

LE COURS INFÉRIEUR DU YANGZI

C'est dans la triple ville de **Wuhan**, située au confluent de la rivière Han et du Yangzi, que beaucoup de voyageurs finissent ou commencent leur croisière sur le fleuve. Wuhan a toujours été le principal port fluvial de l'intérieur de la Chine et elle marque le point au-delà duquel les navires de haute mer ne pouvaient plus naviguer. Au siècle dernier, la ville devint un port ouvert au commerce étranger et s'enrichit grâce au commerce du thé qui était alors centré sur Hankou (l'une des trois villes de Wuhan avec Hanyang et Wuchang).

Hankou était la ville des concessions étrangères et elle demeure encore le centre commercial de Wuhan. **Hanyang** est située sur la même rive du fleuve alors que **Wuchang** s'étend sur la berge opposée. A Hanyang, on visitera le pavillon du Luth et le monastère bouddhiste Guiyuan. Le **pavillon du Luth** est composé d'une série de terrasses et de pavillons disposés au milieu de très beaux jardins. Le **monastère Guiyuan**, fondé pendant la dynastie des Qing, était devenu un centre important de bouddhisme chan (zen). Il contient une belle collection de statues dorées des 500 *luohan* (disciples bouddhistes), superbement travaillées et qui sont considérés comme des œuvres de très grande qualité. Un restaurant végétarien jouxte le monastère.

Wuchang a joué un rôle important dans l'histoire révolutionnaire chinoise car c'est là que débuta la rébellion militaire qui devait renverser la dynastie des Qing et permettre l'établissement d'une république. On peut y visiter le **quartier général de la Révolution de 1911**, appelé également «Maison Rouge». A l'extérieur du bâtiment se trouve une statue du Dr Sun Yat-Sen. Le **Musée provincial du Hubei**, situé près du lac de l'Est, est particulièrement intéressant: il abrite le mobilier funéraire de la tombe du marquis Yi de Zeng, daté du début de l'époque des Royaumes Combattants (5e siècle avant J.-C.) dont un impressionnant carillon de 65 cloches de bronze, de superbes objets en laque et des vases de bronze incrustés.

La prochaine grande étape sur le Yangzi est **Jiujiang**, dans la province du Jiangxi. Autrefois port fluvial important pour le commerce du thé, Jingiang est prospère aujourd'hui grâce à son industrie du coton. La ville est située juste à l'ouest du **lac Boyang**, l'une des réserves naturelles les plus connues de Chine où hivernent des espèces rares, notamment la grue blanche. Depuis Jiujiang il est également possible de se rendre au mont **Lushan**, célèbre pour ses superbes paysages. La ville est très belle au printemps lorsque les azalées sont en fleurs, mais durant les mois d'été elle connaît une forte affluence de visiteurs qui fuient l'intense chaleur de la plaine du Yangzi. Près de Jiujiang se trouve la **colline de la Cloche de pierre** qui donne sur le lac Boyang. La colline attire les voyageurs depuis la dynastie des Han à cause de son mystère – qui n'est toujours pas résolu – à savoir l'origine du son de cloche que l'on y entend et qui serait peut-être produit par de l'eau courante. Pendant la dynastie des Song le poète Su Dongpo est venu ici trois fois tant il était intrigué par cette colline.

Xiaogushan est une petite île qui est aujourd'hui reliée à la rive par des dépôts d'alluvions. Selon une légende, une jeune fille du nom de Xiaogu Niang Niang qui fuyait avec son amant sur un parapluie volant, laissa tomber sa pantoufle dans la rivière. La pantoufle se transforma miraculeusement en île. Quand aux deux amants, ils tombèrent du ciel et devinrent des montagnes, séparés l'un de l'autre par la rivière. Sur l'île, se trouve un temple dédié à

Xiaogu Niang Niang, où les femmes stériles viennent dans l'espoir d'avoir un enfant. Près de là, toujours sur la rive nord, se dresse la **pagode Zhenfeng** d'Anqing, datée de la dynastie des Ming. A cet endroit, le fleuve traverse la province d'Anhui, dont les grands sites touristiques sont les monts Huangshan et Jiuhuashan (voir pages 248 et 251). Pour y aller, il est nécessaire de descendre à **Wuhu**, ville située au confluent du Yangzi et du Qingyi. Comme ce confluent rendait la navigation dangereuse, une pagode-phare fut construite sur la berge: c'est la **pagode Zhongjiang**, ou «centre de la rivière».

Pour **Nankin**, voir pages 95 à 101.

Zhenjiang était une ville stratégique à l'époque des Trois Royaumes et servait de capitale à l'Etat de Wu. C'est à Zhenjiang que le grand canal rejoint le Yangzi, ce qui a donné à la ville une importance commerciale considérable. Les collines qui l'entourent ont été une source d'inspiration à de nombreux peintres de l'école des Song du Sud. Au milieu de la rivière s'élève la **colline Jiao** où le peintre Mi Fei des Song et le poète Lu You ont fait graver sur pierre des exemples de leur propre calligraphie. La **colline Jin** était autrefois une île de la rivière mais est aujourd'hui reliée à la rive sud. Le monastère qui s'y trouve est toujours un important lieu de pèlerinage bouddhiste. La **colline Beigu**, située au nord-est de la ville, est considérée comme la plus belle colline de Zhenjiang. Elle apparaît dans beaucoup des histoires du roman classique *Les Trois Royaumes*.

Au nord du Yangzi, sur le Grand Canal, se trouve la ville de **Yangzhou**, autrefois l'une des villes les plus prospères de Chine grâce au commerce du sel qui était un monopole impérial. Elle devint pour cette raison un centre artistique. Yangzhou a conservé son charme d'autrefois et l'un des meilleurs moyens de sentir l'ambiance de la ville est de se promener dans les ruelles qui relient les canaux. Une importante communauté de commerçants arabes résidaient dans la ville sous la dynastie des Yuan et la **mosquée** (Xianhe si) date du 13e siècle. Un certain Puhaddin, un descendant du Prophète à la 16e génération, arriva en Chine à la même époque et fut enterré à Yangzhou. Au **musée** on pourra voir une belle collection des œuvres des «Huit peintres excentriques de Yangzhou» qui vivaient au 18e siècle. Contrairement à la plupart des peintres-lettrés de l'époque, pour qui la peinture n'était qu'une recherche purement intellectuelle, ces peintres peu conventionnels gagnaient leur vie en vendant leurs tableaux aux riches marchands de Yangzhou.

Pour **Shanghai**, voir pages 120 à 131

Pages suivantes:
Les pics de grès rouge des monts Longhu,
près de la ville de Yingtan, Jiangxi.

LE FUJIAN

La province côtière du Fujian située dans le sud-est de la Chine est l'une des régions les moins visitées par les touristes étrangers. La province comprend pourtant de nombreux sites historiques et possède une cuisine régionale particulièrement intéressante qui fait grand usage de poissons et de fruits de mer frais. De plus, grâce à son climat subtropical on peut y voyager en hiver. Les quatre principales villes du Fujian sont Fuzhou, la capitale, Xiamen (Amoy), Quanzhou et Zhangzhou. Dans le nord de la province se trouve la région très pittoresque des monts Wuyi.

Le Fujian a un long littoral très découpé qui donne directement sur des montagnes abruptes mais dont une grande partie du sol est trop pauvre pour la culture du riz. Les Fujianois ont donc traditionnellement vécu des produits de la mer et de la culture de fruits et de légumes. La pauvreté et la proximité de la mer ont encouragé l'émigration, et ce depuis la fin des Song mais surtout au 19e et au début du 20e siècle. La communauté fujianoise d'outre-mer est actuellement la deuxième par sa taille après celle des Cantonais. Ces Chinois d'outre-mer originaires du Fujian se sont établis en grande partie dans le sud-est asiatique et aux Philippines. Au cours des trois derniers siècles, l'île de Taiwan, distante de 160 km seulement des côtes du Fujian, a également recueilli de nombreux émigrés. Le commerce – qui passe souvent par Hong Kong – ne cesse de se développer entre le Fujian et Taiwan malgré l'absence de contacts diplomatiques officiels entre les deux pays. Les plantes médicinales rares et les champignons ramassés dans les montagnes du Fujian trouvent facilement preneur à Taiwan, alors que la République populaire est très friande de biens de consommation fabriqués à Taiwan (qui peuvent aller du vêtement de mode au parapluie télescopique). Le rôle des *huaqiao* (Chinois d'outre-mer) dans le développement économique du Fujian est considérable et ils ont investi des sommes importantes dans la zone économique spéciale de Xiamen.

Le Fujian a de tout temps fait du commerce avec le monde extérieur. Fuzhou et Xiamen (alors appelée Amoy) firent partie des cinq ports ouverts en 1842 aux bateaux étrangers. La ville de Quanzhou comptait déjà une importante population d'étrangers sous les dynasties des Tang et des Yuan, dont un grand nombre d'Arabes. Leurs descendants vivent toujours dans des communautés musulmanes distinctes. Les peuplades montagnardes du Fujian ne sont pas des Chinois Han mais appartiennent à divers groupes de minorités. La plus importante est celle des She. Les jeunes des villages she travaillent maintenant souvent dans les villes pour gagner suffisamment d'argent pour pouvoir se marier.

Il existe au Fujian des sites hors des sentiers battus qui nécessitent de prendre les transports locaux (surtout le bus car il n'y a que peu de voies ferrées dans la province). Avec l'arrivée ces dernières années de nombreux touristes chinois d'outre-mer qui viennent visiter leurs villages ancestraux, les hôtels ont proliféré et les moyens de transport se sont nettement améliorés. Des services de bus directs relient maintenant Hong Kong et le Fujian.

FUZHOU

Fuzhou, la capitale de la province, est située dans un cadre exceptionnel sur les rives de la rivière Min, sur un arrière-plan de montagnes. La ville s'est agrandie autour de trois collines – Yushan, Gushan et Wushan – qui abritent une foule de pavillons, de temples et de musées. La ville est réputée pour ses laques et pour son théâtre de marionnettes mais on y trouve également d'excel-

Province du Fujian, dans les années 1900.

lents restaurants de fruits de mer et des ateliers d'artisanat, et il existe de belles excursions à faire dans les environs.

La colline **Yushan** est située à l'embouchure de la rivière Min. Bien que de petite taille, elle possède trois temples, plusieurs pavillons et les célèbres **pagodes Blanche et Noire**, hautes de sept étages et construites au 10e siècle.

A l'ouest du Yushan s'élève la petite colline de **Wushan**, qui était autrefois un lieu de retraite taoïste. Elle comprend sept pavillons placés de manière à profiter des très belles vues sur la campagne et l'estuaire. Sur la colline, on remarquera plusieurs sculptures de pierre dont une représentation du Bouddha sur le versant sud-est. Près de l'université de Fuzhou se trouve le **temple Xichan**, très animé et qui a été restauré grâce aux dons de Chinois d'outre-mer.

Juste à l'extérieur de la ville est le **temple de la Montagne d'or** situé sur une île au milieu de la rivière Wulong, et auquel on accède en radeau. Dans les faubourgs est de Fuzhou, se dresse la **montagne du Tambour** (Gushan) avec son temple de la Source jaillissante. Un escalier de pierre bordé d'arbustes en fleurs y conduit. Ce temple est un important centre religieux et compte une communauté de plusieurs centaines de moines. Une visite au **temple de la Cime enneigée** au nord de Fuzhou vous donnera l'occasion de découvrir la campagne et de vous promener dans les collines.

QUANZHOU

L'ancienne ville portuaire de Quanzhou se trouve au sud de Fuzhou sur la rivière Jin. Elle fut le principal port de Chine sous les dynasties des Song et des Yuan. Plus tard, sous les Ming, son port s'est ensablé et la ville ne joue aujourd'hui qu'un rôle mineur comme centre agricole régional.

Quanzhou a conservé une communauté musulmane florissante qui descend des marchands arabes qui s'y sont installés entre les dynasties Tang et Yuan. La **Grande mosquée** se trouve à quelques pas de l'hôtel des Chinois d'outre-mer. Construite au début du 11e siècle, elle est un lieu de culte actif. Sur la colline Ling à l'est de la ville sont enterrés deux missionnaires musulmans qui ont vécu à Quanzhou sous la dynastie Tang.

Le **temple Kaiyuan**, l'un des plus célèbres de la région, se trouve dans le vieux quartier au nord-ouest de la cité. Il a été fondé sous la dynastie Tang et conserve quelques rares exemples de bâtiments et de sculptures bouddhistes de la dynastie des Song. Plus à l'est, vous verrez à l'**Exposition du bateau ancien** les vestiges d'un navire Song, retrouvé en aval de la ville. Autre construction de la même époque, le **pont Luoyang** qui enjambe la rivière Luoyang (près de la route en direction de Fuzhou).

ZHANGZHOU

Comme Quanzhou, Zhangzhou était une importante ville portuaire jusqu'à ce que sa crique se soit ensablée et qu'elle soit éclipsée par le port voisin de Xiamen. Zhangzhou joue actuellement le rôle de marché principal pour les fermiers de la plaine fertile du Jiulong. La région est réputée pour ses fruits tropicaux (ananas, bananes, litchis et longans) ainsi que pour ses narcisses, la fleur du Nouvel An. La ville est aussi renommée pour ses galeries d'art, ses ateliers d'artisanat et ses troupes d'opéra local qui donnent souvent des représentations en plein air.

Le **temple Nanshan**, au sud de la ville, est un important monastère bouddhiste qui comprend un restaurant végétarien ouvert au public. L'un des trésors du monastère est un Bouddha en jade d'un blanc laiteux, qui a été rapporté de Birmanie en Chine.

A sept kilomètres au sud de la ville se trouve le **village des Cent Fleurs** qui possède un jardin botanique datant de la dynastie des Ming. Vous pourrez y admirer ses fleurs et surtout une exposition de *penjing* (arbres miniatures, plus connus sous leur nom japonais de bonsaï). Une visite aux vergers de litchis à quelques kilomètres à l'est du jardin est recommandée en été, saison des litchis.

XIAMEN

Xiamen, ville portuaire très animée de la côte sud du Fujian, est devenue le symbole de la réussite de l'actuel programme de réformes économiques en Chine. La ville est située sur une île reliée au continent par une étroite bande de terre; à cause de cet environnement exceptionnel aucune industrie lourde n'a été autorisée à s'y implanter, évitant ainsi la pollution atmosphérique qui est le fléau de tant d'autres cités chinoises. Au large de Xiamen se trouvent plusieurs îles dont **Gulangyu**, qui est la station balnéaire de la ville, avec des vieilles villas et des rues sans aucune circulation automobile. Son monastère des Fleurs de Lotus, connu également sous le nom de monastère de la Lumière du Soleil, s'élève sur le sommet de l'île. De là on a une très belle vue sur le détroit de Taiwan. Une autre île voisine est celle de **Quemoy**, tenue par les troupes nationalistes du gouvernement de Taiwan.

C'est justement pour des raisons de défense nationale dues à la proximité de Taiwan et de Quemoy que Xiamen a été interdite aux touristes étrangers jusqu'au début des années 1980. La ville est maintenant devenue la troisième zone économique spéciale du pays et son industrie électronique est en pleine expansion. De plus, son infrastructure portuaire lui permet d'accueillir des navires de haute mer et la nouvelle piste d'atterrissage de son aéroport est maintenant suffisamment longue pour permettre aux avions gros-porteurs d'atterrir.

A l'est du centre ville de Xiamen, le **monastère bouddhique Nanputuo** s'élève en une série de terrasses et de cours sur la flanc du mont Wulao. Il abrite l'une des rares écoles bouddhiques de la Chine ; dans une cour latérale du temple, vous trouverez un excellent restaurant végétarien.

Près de là, se trouve le **musée des Chinois d'Outre-Mer**, construit par un enfant du pays, Tan Kah Kee, qui fit fortune à Singapour avant de rentrer dans sa ville natale où il dispense généreusement son argent. Le musée raconte l'histoire de la diaspora chinoise.

Pendant les mois chauds, profitez des plages de sable doré de l'île de Gulangyu, et du très pittoresque village avec ses ruelles étroites bordées d'étals. On peut y visiter le monastère de la Fleur de Lotus, aussi appelé **monastère de la Lumière du Soleil** (Riguangsi). Il se dresse sur un rocher du même nom qui offre, à l'aube, de merveilleux levers de soleil au-dessus de la mer. L'île compte quatre églises qui, chaque année, résonnent à la veille de Noël des chants traditionnels.

LES MONTS WUYI

Enfin, au nord-ouest de la province, vous découvrirez la merveilleuse région des monts Wuyi dont le paysage est aussi évocateur que celui de Guilin. Beaucoup de voyageurs font l'excursion en bateau à fond plat sur la **rivière aux Neuf méandres** (Jiuqu xi) qui passe sous des falaises abruptes aux étranges formations rocheuses. La région est d'une grande beauté et c'est la raison pour laquelle lettrés et peintres viennent ici depuis des siècles, comme l'attestent les nombreuses inscriptions rupestres que l'on voit au bord de la rivière. A **Chong'an**, se trouve une exposition de cercueils en forme de bateau vieux de 3000 ans qui furent découverts sur une corniche dominant les falaises de la rivière. Les ornithologues et les amateurs de plantes se rendront avec plaisir à la **réserve naturelle de Wuyi** où pousse une jungle subtropicale vierge et qui est un lieu de passage d'oiseaux migrateurs.

Jeune femme Sani de la Forêt de Pierre,
dans le Yunnan.

LA FAUNE SAUVAGE

Martin Williams

Les touristes qui se passionnent pour la faune et qui espèrent voir des oiseaux et des mammifères rares au cours de leur voyage en Chine, risquent fort d'être déçus. En effet, la dégradation de l'environnement, la chasse incontrôlée et la pression imposée aux divers écosystèmes par la croissance démographique ont contribué à la disparition des animaux sauvages dans de vastes régions du pays.

Il y a pourtant encore des zones riches en espèces animales rares ou même uniques à la Chine. Les réserves de panda au nord du Sichuan, dont les forêts abritent également de rares faisans, le lac Boyang où vivent en hiver plus de 90% de la population mondiale de grues de Sibérie, et les forêts tropicales du Xishuangbanna qui abritent plus de 400 espèces d'oiseaux et plus de la moitié des espèces de mammifères chinois, sont quelques-uns des lieux où même le naturaliste le plus aguerri trouvera un intérêt. Les pandas géants, les tigres de Manchourie, les dauphins d'eau douce, les singes dorés et les ibis blancs du Japon sont parmi les espèces menacées qui ont depuis peu bénéficié de nouvelles mesures de protection introduites par le gouvernement chinois.

Ces réserves d'animaux sont souvent difficiles ou fatigantes à atteindre et ne sont pas toutes accessibles aux étrangers ; certaines sont réservées aux visiteurs qui participent à des voyages organisés. Aussi, les circuits organisés, qui sont souvent accompagnés de guides spécialisés, constituent le meilleur moyen pour voir la faune chinoise.

Certaines localités que vous pouvez visiter par vos propres moyens sont mentionnées ci-dessous. L'accent est mis sur les oiseaux puisque la majorité des naturalistes qui ont visité la Chine ces dernières années sont des ornithologues. Toutefois, n'oubliez pas que certains sites touristiques peuvent aussi s'avérer de bons endroits pour observer les oiseaux, surtout en période de migration, notamment la Grande Muraille à Badaling et le palais d'Eté près de Pékin. Les temples bouddhistes, souvent entourés de forêts dans des régions autrement déboisées, peuvent également abriter des espèces intéressantes.

Changbaishan, province de Jilin. Les pentes de ces montagnes sont recouvertes de superbes forêts et d'innombrables oiseaux y nichent. Les tigres de Manchourie ont quelques fois été aperçus ici.

La ***réserve naturelle de Zhalong***, Heilongjiang (à 250 km au sud de Qiqihar), est une immense étendue de terres marécageuses. Les grues blanches du Japon et les grues à cou blanc se reproduisent ici, et quatre autres espèces de grues vivent dans les parages ou y passent pendant la migration. D'avril à début mai, il y a environ 500 grues de Sibérie dans la région.

Beidaihe, province du Hebei, est une station balnéaire et l'un des meilleurs endroits en Asie pour observer la migration des oiseaux. Environ 280 espèces y passent chaque année. Plus de 700 grues de quatre espèces différentes passent au début du printemps (la meilleure période se situe du 20 mars au 4 avril). De début avril à fin mai, c'est la principale période de migration de printemps pour la plupart des autres oiseaux (surtout de fin avril à la mi-mai). Début septembre est une excellente saison pour voir les oiseaux limicoles et les busards pies, et la migration d'automne se poursuit jusqu'à la mi-novembre avec les grues, les oies, les cigognes blanches orientales et les grandes outardes qui passent en grand nombre au début du mois. A cette époque, la plupart des petits oiseaux sont déjà partis vers le sud.

La ***réserve naturelle de Yan Chinao***, dans la province du Jiangsu, est une zone marécageuse côtière où se reproduit le goéland de Saunders et où l'on voit en hiver plus de 200 grues blanches du Japon et des milliers de canards et d'oiseaux limicoles. Bien que la réserve soit très grande, un ornithologue y a vu 50 grues blanches pendant une promenade d'une demi-journée depuis le village de Yancheng.

Le ***lac Qinghai***, dans la province de Qinghai. Le plateau tibétain du Qinghai est peu peuplé mais est relativement riche en oiseaux, et la visite des environs de Kokonor (aux abords du lac Qinghai) permet de voir des espèces très intéressantes, dont certaines sont uniques en Chine.

Jiuzhaigou, dans la province du Sichuan, est l'un des rares endroits où vivent encore les pandas géants (que l'on voit très rarement). D'autres espèces menacées, notamment des faisans, peuvent également être observées ici.

Le ***Emeishan***, dans la province du Sichuan, possède des forêts très propices à l'observation des oiseaux. L'une des espèces, le garrulaxe de Steer, habite exclusivement cette montagne.

LES MONTAGNES SACRÉES

L'escalade des montagnes a toujours été un passe-temps favori de la Chine ancienne. Les empereurs se rendaient à la montagne pour offrir des sacrifices aux cieux et aux divinités. Les lettrés venaient y chercher l'inspiration pour leurs poèmes ou leurs tableaux, alors que les mystiques espéraient y devenir des moines bouddhistes ou des ermites taoïstes. Le peuple y venait pour prier et pratiquer leurs cultes. Aussi, l'ascension d'une montagne en Chine représentait beaucoup plus qu'un sport; c'était une activité populaire à la fois religieuse et culturelle. Ceci explique en partie pourquoi les montagnes chinoises sont si bien aménagées: on y trouve des sentiers de randonnée balisés, des ermitages, des monastères, des auberges et des pavillons de thé.

Les Chinois ont classifié leurs montagnes selon leur association soit taoïste soit bouddhique. Les taoïstes étaient des philosophes qui s'intéressaient à l'alchimie, aux plantes médicinales et à la nature en général. Ils considéraient la recherche de l'immortalité et l'union avec le cosmos comme un mode de vie. Les pratiques taoïstes quotidiennes du peuple comprennent également le culte rendu à un panthéon de divinités. Pour les bouddhistes, la voie vers l'illumination passait par la charité, la connaissance des écritures bouddhiques et la méditation à l'écart du monde. C'est pourquoi aussi bien les taoïstes que les bouddhistes considéraient les montagnes comme un refuge naturel. A une époque ancienne, l'affiliation religieuse d'une montagne n'était pas clairement définie et diverses communautés religieuses se partageaient souvent la même montagne. Aujourd'hui, ces divisions sont plus nettes. Les quatre montagnes bouddhiques de la Chine sont l'Emeishan au Sichuan, le Wutaishan dans le Shanxi, le Putuoshan au large des côtes du Zhejiang, et le Jiuhuashan dans la province de l'Anhui. Les cinq montagnes taoïstes sont le Taishan au Shandong, le Huashan au Shaanxi, le Hengshan nord au Shanxi, le Hengshan sud au Hunan et le Songshan au Henan. Le Huangshan dans la province de l'Anhui n'appartient à aucune catégorie, et n'est pas strictement parlant une montagne sacrée.

LE TAISHAN

Le Taishan (le mont Tai) s'élève au-dessus des collines de la péninsule du Shandong au nord-est de la Chine. Déjà à l'époque de Confucius, au 4e siècle avant

Pages précédentes:
Femmes de Hui'an, dans la province du Fujian.

J.-C., c'était un lieu de pèlerinage renommé. Ainsi que le disait Confucius : « La terre paraît petite vue du sommet du mont Tai ». Au 2e siècle avant J.-C., Qin Shi Huangdi, le premier empereur, a escaladé le Taishan pour y faire un sacrifice mais une légende raconte qu'une violente tempête aurait soufflé au sommet, un signe de mécontentement du ciel en raison du manque de vertu du souverain.

A travers les âges, les empereurs se sont régulièrement rendus au mont Tai, en laissant derrière eux les traces de leur passage, quelques vers, par exemple, calligraphiés sur un rocher près d'un point de vue favori. Aujourd'hui le voyageur peut se joindre aux pèlerins modernes qui affluent vers la montagne du printemps à l'automne. Au sommet, une petite auberge accueille ceux qui ont réussi à gravir les 7000 marches creusées dans la montagne (même si un téléphérique a été installé récemment, c'est en marchant que l'on apprend le mieux à connaître la montagne).

Le mont Tai a un peu plus de 1500 mètres de hauteur et toute personne en bonne condition physique peut monter jusqu'au sommet en quatre à cinq heures. Pour être sûr d'arriver avant le coucher du soleil, il est recommandé de commencer l'ascension tôt le matin, car les marches dans la dernière partie de la montée sont extrêmement raides et nécessitent une bonne luminosité. Le lever du soleil par temps clair, lorsque la mer de nuages cache la plaine, est une expérience à ne pas manquer. La meilleure époque de l'année pour grimper le Taishan est le printemps, quoique certaines personnes le fassent en plein cœur de l'hiver, lorsqu'elle est recouverte de neige.

Les touristes chinois ne manquent pas de se rendre au **temple Dai** au pied de la montagne et aux divers autels et temples que l'on passe en cours de route. Pour les paysans, une visite au Taishan est toujours un pèlerinage. Le Taishan est dédié à une divinité taoïste, l'Empereur de Jade mais l'autel le plus fréquenté est dédié à la fille de l'Empereur et s'appelle le **temple de la Princesse des Nuages colorés**. Les paysannes du Shandong s'y rendent pour prier pour qu'elles aient des fils et des petits-fils, une prière qui est d'autant plus fervente à cette époque moderne où les familles n'ont droit qu'à un seul enfant, et que parents et grands-parents souhaitent avoir un héritier mâle pour assurer la continuation de leur lignée. L'accès au Taishan se fait depuis Tai'an, une petite ville reliée par train à Jinan, la capitale proviciale.

LE HUANGSHAN

Le Huangshan (la montagne Jaune) dans la province de l'Anhui n'a jamais été classée parmi les montagnes sacrées, mais elle est devenue l'une des destinations favorites de la Chine orientale, grâce en grande partie à sa proximité avec

Shanghai. Il vaut mieux donc éviter cette montagne en été si vous le pouvez, à moins d'aimer particulièrement la foule.

Contrairement au Taishan qui s'élève en pente douce, le Huangshan est composé d'une chaîne de pics escarpés qui ont inspiré toute une école de peinture sous les Ming. Les pics eux-mêmes sont dotés de noms poétiques qui reflètent la vénération des lettrés chinois pour les montagnes : le pic de la Fleur de Lotus ou encore le pic du Sommet brillant et de la Capitale céleste. Entre le pic du Nuage pourpre et le pic de la Fleur de pêcher se trouvent des sources d'eau chaude où il est agréable de se baigner après une marche pénible.

Les randonnées ne sont pas vraiment faciles au Huangshan, dont le sommet culmine à plus de 1800 mètres ; il faut se munir d'une bonne paire de chaussures de marche. Les conditions d'hébergement sont simples dans les auberges du sommet et les randonneurs doivent penser à emporter des vêtements chauds et des imperméables (cette mer de nuages tourbillonnants est superbe vue de loin, mais lorsqu'on la traverse à pied il vaut mieux porter des vêtements épais pour ne pas être trempé), et quelques provisions d'aliments énergétiques tels que chocolat ou fruits secs. Pour arriver au Huangshan, empruntez le bus ou une voiture depuis Tunxi (84 km). Tunxi est relié par bateau et par train avec Wuhu et par avion avec les principales villes chinoises. Il est possible de rejoindre le Jiuhuashan (voir plus bas) par route depuis le Huangshan.

LE HUASHAN

Le Huashan et ses cinq redoutables pics dominent du haut de leurs 2400 mètres la plaine de la province du Shaanxi, à l'est de Xi'an. La montagne a longtemps été fermée aux étrangers, mais les voyageurs y ont désormais accès, bien que seules les personnes en bonne santé physique et bien équipées devraient tenter l'aventure. Les sentiers de la montagne sont taillés en plusieurs endroits dans le roc même et certaines pistes passent à flanc de montagne près d'impressionnants précipices.

Tout comme le Taishan à l'est, le Huashan est une montagne taoïste et le lieu des sacrifices impériaux. Les fondateurs des dynasties Shang et Zhou auraient pratiqué des sacrifices sur cette montagne qui dominait un col stratégique là où le fleuve Jaune entame son grand méandre. Les sommets du Huashan sont parsemés de petits autels taoïstes et de vastes temples, dont certains servent aujourd'hui de *guesthouse*. C'est depuis le **monastère du pic de l'Ouest** que la vue est la plus belle. Pour arriver au Huashan, prenez le train de Xi'an ou Zhengzhou jusqu'à Mengyuan. De là, un train local ou un bus vous mènera au village de Huashan. Il existe également des liaisons directes en bus depuis Xi'an.

LE WUTAISHAN

Au nord-est de la ville de Taiyuan, dans la province du Shanxi, s'élèvent les cinq pics du massif de Wutaishan. C'est une montagne sacrée pour les bouddhistes qui représente Manjusri, le Bodhisattva de la Sagesse, appelé Wenshu en chinois. Située à proximité des prairies de la Mongolie intérieure, cette montagne était un important lieu de pèlerinage pour les Mongols qui s'étaient convertis au bouddhisme tibétain.

Malheureusement les nombreux monastères bouddhiques autrefois disséminés dans la région de Wutaishan ont pour la plupart disparu, victimes surtout des guerres du 20e siècle. Autour de **Taihuai** même, le village principal de Wutaishan, il existe une série de temples, dont beaucoup sont en cours de restauration. Parmi les plus importants signalons le Jingesi, le Longquansi et surtout le **Pusading** et les petits temples qui l'entourent. Sur la route de Taiyuan se trouvent deux autres temples qui comportent chacun des constructions datant de la dynastie Tang. Ce sont les plus anciens bâtiments en bois qui subsistent en Chine et sont donc d'un intérêt considérable pour les amateurs d'architecture orientale. Le premier, le **Nanshensi**, a été construit en 782 ; le second, le **Foguangsi**, est un peu plus tardif puisqu'il date de 857.

Dans les années 1930, il régnait une intense activité religieuse dans ces montagnes, où les pèlerins mongols se rendaient en poney et où les lamas tibétains se mêlaient aux moines bouddhistes chinois dans une amicale confusion. Cette activité a repris depuis la réouverture récemment de la région aux pèlerins et aux touristes.

Il peut faire froid à Wutaishan, même en plein été, aussi les randonneurs devront emporter des vêtements adéquats, de même que certaines fournitures de base telles que lampes de poche, aliments énergétiques, vêtements de pluie et chaussures confortables.

La gare la plus proche de Wutaishan est Xinzhou (trains directs depuis Pékin) ; de là, il faut prendre le bus local ou s'arranger avec la CITS de Taiyuan pour qu'une voiture vous attende à la gare. Un service de bus direct existe depuis Taiyuan (6 heures de trajet). Plusieurs hôtels et auberges ont été construits à Taihuai, le village principal de la région.

LE EMEISHAN

Le Emeishan se trouve au sud-ouest de Chengdu, dans la province du Sichuan. C'est une montagne bouddhiste qui représente Puxian, le Bodhisattva du Bienfait universel. Comme elle est plus élevée que la plupart des autres montagnes sacrées de Chine (3000 m), on ne peut la visiter en moins de 3 jours, en prévoyant de passer deux nuits dans les monastères disséminés sur ses flancs.

Il y a un grand choix de sentiers de randonnée suivre, mais l'ascension jusqu'au sommet nécessite d'escalader certaines pentes raides, aussi faut-il une bonne préparation. Une fois au sommet, vous aurez une vue spectaculaire (à condition d'y être un jour de beau temps). Dans les meilleures circonstances, vous ne verrez pas seulement le soleil, mais aussi cet effet particulier de la lumière que l'on appelle «halo du Bouddha» et qui apparaît entre les nuages.

Les promenades au Emeishan sont vraiment magnifiques. Contrairement aux pistes des montagnes du nord, qui traversent des paysages de rochers et des pins, celles d'Emeishan passent dans des fourrés de bambous où d'innombrables papillons dansent à la lumière du soleil. Des torrents coulent au pied de petites fermes et une remarquable variété de buissons et d'arbustes pousse le long des sentiers. Le **pavillon des Eaux limpides et chantantes**, où l'on peut passer la nuit, est situé au confluent de deux torrents, le Noir et le Blanc. L'auberge est tenue par des moines, et la nourriture y est simple et végétarienne.

Selon certains experts, des pandas vivraient sur le flanc ouest de la montagne, où il n'existe aucun sentier. Il est toutefois peu vraisemblable que vous aperceviez l'une de ces timides créatures. La montée au sommet vous mènera plus probablement face à face avec une horde de singes bavards. Méfiez-vous de leur amitié, ce sont d'incorrigibles mendiants, qui détestent qu'on leur refuse quoi que ce soit.

Le Emeishan est devenu un lieu touristique très fréquenté pendant les mois d'été, aussi nous vous conseillons de réserver votre séjour à l'avance par l'intermédiaire de la CITS. Il est également possible de réserver des lits à l'avance au bureau du **monastère Baoguo**, au pied de la montagne. Les randonneurs qui ne disposent pas de beaucoup de temps peuvent prendre le bus jusqu'à un point à mi-chemin de la montée. Le bus s'arrête en route au **temple de Wannian** qui contient une grande statue en bronze de Puxian sur son éléphant. Au terminus, vous pouvez soit prendre le téléphérique jusqu'au sommet, soit partir à pied. Des cartes de randonnée de la montagne sont disponibles au Baoguosi et au Wanniansi. Il existe deux routes principales vers le sommet, celle du nord (plus courte et plus directe) et celle du sud (qui fait plus de détours et qui est plus rude). Quel que soit votre itinéraire, ne vous encombrez pas d'objets inutiles – la marche est ardue – et n'oubliez pas de prendre quelques provisions, des imperméables, un lainage épais et des vêtements de rechange au cas où vous auriez du mauvais temps.

La ville de Emei se trouve à trois heures de train depuis Chengdu et à cinq heures en bus. Les chemins de randonnée partent de Jingshui ou de Baoguosi au pied de la montagne (service de minibus entre les deux).

LE PUTUOSHAN

Le Putuoshan est un îlot rocheux de sept km sur cinq km au large de la côte du Zhejiang. L'île a été un lieu de pèlerinage bouddhique depuis la dynastie des Tang et est encore un havre de paix d'une beauté remarquable. Au début du 13e siècle, la montagne fut dédiée par decret impérial à Guanyin, le Bodhisattva de la Miséricorde.

Autrefois interdite aux touristes étrangers, l'île est maintenant une «zone touristique» à laquelle on accède en bateau depuis Shanghai, Ningbo ou l'île de Dinghai. Les monastères de Putuoshan avaient été fermés pendant la Révolution culturelle, et les milliers de moines et de religieuses qui y vivaient furent contraints de retourner dans leurs villes et villages. Certains bouddhistes originaires de l'île sont maintenant retournés y vivre et Putuoshan est redevenu depuis quelques années un lieu de culte actif.

Les trois grands monastères de Putuoshan sont le Pujisi, le Huijisi et le Fayusi. Les bâtiments du **Pujisi** remontent à la dynastie des Qing, mais les tuiles du toit de la Grande Salle du monastère proviennent des palais Ming de Nankin, détruits par les troupes manchoues lors de la conquête de la Chine en 1644. Le **Huijisi**, édifié sur le pic du Bouddha, a été fondé sous les Ming; on y accède par un escalier de 1000 marches, ou en bus. Le **Fayusi** est plus tardif; il se trouve dans un cadre plus agréable et s'élève en terrasses au milieu de pentes boisées.

LE JIUHUASHAN

Le pic bouddhique de Jiuhuashan se trouve au sud du Yangzi, dans la province de l'Anhui. Le Jiuhuashan est dédié au Bodhisattva Dizang. Ses 90 pics s'élèvent à presque 1000 mètres de hauteur au-dessus d'une plaine boisée. Les sentiers sont faciles à l'exception de ceux qui conduisent aux sommets. Il existe encore une centaine de monastères et de temples dans la région. Le plus célèbre d'entre eux est le **Dizangsi**, dédié au Bodhisattva Dizang qui aurait le pouvoir d'ouvrir les portes de l'enfer pour libérer les âmes souffrantes; ce monastère est donc devenu traditionnellement un lieu de pèlerinage pour les parents des morts. Certains des temples de la montagne ont été fondés dès le 4e siècle, mais la plupart des édifices que l'on voit aujourd'hui datent de la dynastie des Qing. L'accès le plus direct à Jiuhuashan est par la route, soit depuis la ville de Tongling soit depuis le Huangshan (voir plus haut). Tongling est relié par train à Nankin et Wuhu.

Pages suivantes: Le lac Tianchi, à 2194 m d'altitude, sur la frontière entre la Chine et la Corée du Nord, occupe le cratère d'un ancien volcan.

HONG KONG

RÉGION ADMINISTRATIVE SPÉCIALE

Pendant la nuit du 30 juin au 1er juillet 1997, Hong Kong a changé de mains, et l'attrait que l'ex-colonie britannique avait toujours exercé sur les voyageurs s'en est trouvé encore renforcé. Longtemps considérée comme la porte vers la Chine, Hong Kong fait maintenant à nouveau partie de ce vaste pays, même si elle conserve un statut particulier, celui d'être une Région administrative spéciale. La législation prévoit qu'elle conserve son économie capitaliste pendant 50 ans encore, un arrangement justifié dans l'idéologie chinoise par la célèbre formule de Deng Xiaoping, « un pays, deux systèmes ».

Avec ses marchés de rue bondés, ses innombrables restaurants, ses magasins élégants et son paysage urbain de tours qui se dressent entre la montagne et la mer, Hong Kong est une ville passionnante et très animée. Les valeurs et les coutumes chinoises traditionnelles cohabitent ici avec les mœurs et les idées occidentales. La population de Hong Kong est très travailleuse et aime s'occuper de commerce et d'investissements (cela est probablement dû à la forte proportion de réfugiés de la première ou de la deuxième génération). Elle est également très ouverte vers l'étranger sans toutefois oublier ses propres racines.

Les zones les plus peuplées de Hong Kong sont l'île même de Hong Kong et la péninsule de Kowloon. Ces deux zones furent cédées à la Grande-Bretagne « à perpétuité » par les « Traités inégaux » signés après les guerres de l'Opium entre l'Angleterre et la Chine au 19e siècle. Par la suite, Hong Kong est devenue prospère grâce au commerce de l'opium. En 1898, l'Angleterre a en outre obtenu de la Chine la concession du nord de Kowloon et des Nouveaux Territoires pour une durée de 99 ans. En 1984, une déclaration conjointe sino-britannique fut signée par Deng Xiaoping et le Premier Ministre britannique de l'époque, Margaret Thatcher, en vertu de laquelle Hong Kong serait restituée à la Chine en 1997, année de l'expiration du bail.

Le bail de 1898 a cédé à Hong Kong un grand nombre d'îles en plus des Nouveaux Territoires. Ce sont dans ces îles et dans les zones les plus éloignées des Nouveaux Territoires que le visiteur pourra entrevoir la vie rurale de Hong Kong. Les fermiers de ces zones sont principalement des Hakka ; on les reconnaît facilement car les femmes portent encore les coiffes traditionnelles en jonc tissé à franges noires. Dans les Nouveaux Territoires, vous pourrez voir les fameux **villages fortifiés** des Hakka (destinés à l'origine à les protéger de leurs voisins cantonais). Petit à petit, les villages les plus proches ont été englobés par la ville de Hong Kong qui ne cesse de s'étendre, mais à Tsuen Wan, sur l'île de Hong Kong, une vieille maison hakka a été préservée et transformée en **musée** (Sam Tung Uk).

Le monde rural de Hong Kong disparaît tout doucement car les jeunes préfèrent travailler en ville plutôt que de rester à la campagne. Après tout, Hong Kong est la quatrième place financière et l'un des plus grands ports du monde. Ce sont les affaires qui dominent à Hong Kong et qui ont conduit à sa prospérité. Si vous vous promenez dans une rue animée de Central, le quartier de la finance, vous verrez les attroupements qui se forment autour des affichages vidéo des banques qui renseignent sur les derniers mouvements de la bourse. La totalité des opérations boursières de Hong Kong n'atteint pas la valeur des transactions de Wall Street, mais ce marché demeure considérable sur le plan international en raison de sa position régionale et du créneau qu'elle occupe dans les fuseaux horaires internationaux. Les plus grands couturiers parisiens et italiens ont tous des succursales à Hong Kong, et les nouveaux bâtiments construits à Central ont été conçus par des architectes de réputation mondiale. Le nouveau siège de la Banque de Chine est l'œuvre de I. M. Pei, le célèbre architecte sino-américain qui a également dessiné la Pyramide du Louvre à Paris.

Visites de la ville

Le territoire de Hong Kong offre un vaste choix d'excursions et de visites au voyageur. La plupart des touristes profitent de leur passage pour faire des achats et pour manger dans quelques-uns des innombrables restaurants de la ville qui proposent une cuisine chinoise de très haute qualité et des spécialités parfois introuvables ailleurs. Entre deux flâneries dans les rues, prenez l'un des bateaux qui font la navette entre les îles ou passez la journée au célèbre centre marin du **Parc océanique**. Ce qui suit comprend un choix nécessairement limité de visites possibles; les offices du tourisme pourront vous renseigner en plus de détail. Ces bureaux pourront également vous fournir des plans de ville et des brochures gratuites qui s'avéreront très utiles.

La plupart des hôtels touristiques sont situés soit au bout de la péninsule de Kowloon, à Tsim Sha Tsui, soit autour de Central, sur l'île de Hong Kong. Vous serez donc appelé à traverser assez souvent le bras de mer qui sépare ces deux zones. Un trajet en **Star Ferry** est le moyen le moins onéreux de le faire; c'est aussi une expérience très agréable qui permet de voir tout le port depuis la mer. Le métro, très propre et très efficace, relie également Hong Kong à Kowloon et est un moyen pratique de se déplacer, surtout si l'on est pressé.

Mais si vous avez le temps, prenez plutôt les bus de style anglais à deux étages ou le fameux tram en bois qui circule à Hong Kong.

Une fois débarqués à Hong Kong, explorez les petites ruelles qui relient Queen's Road et Des Vœux Road, entre les districts de Central et Western. On y trouve une multitude d'échoppes qui vendent tissus, vêtements, montres bon marché, imitations de produits de marque, etc. Plus loin sont les marchés de fruits et de légumes et les magasins plus traditionnels dont les clients sont chinois plutôt qu'étrangers.

Le **Peak**, ou Victoria Peak (pic de Victoria), est le quartier résidentiel des personnes influentes et riches du territoire. C'est un endroit merveilleux pour contempler Kowloon, le port et les îles. Il est possible de monter à pied jusqu'au sommet mais bien plus agréable – et impressionnant – de prendre le **Peak Tram**, qui part de Garden Road. A la descente du tram, vous pouvez soit monter à pied jusqu'au sommet soit emprunter le chemin circulaire qui part juste à droite de la sortie. Le restaurant très moderne qui surplombe la falaise est célèbre pour la vue magnifique sur la ville.

Le **jardin botanique** qui se trouve sur la colline derrière Central est souvent ignoré des touristes mais mérite une visite. C'est un endroit particulièrement agréable pour se reposer loin des bruits et de l'activité de la ville. Le matin, les personnes âgées s'y retrouvent pour bavarder et y faire leur exercices de *taiji*. Le jardin est occupé en partie par un petit zoo réputé pour avoir réussi à élever en captivité des espèces rares telles que le paon de Palawan et la grue chinoise.

Près de là, de l'autre côté de Garden Road, se trouve un autre parc, ouvert il y a quelques années seulement, et qui renferme une énorme volière où a été recréé de toutes pièces un morceau de la jungle tropicale de Bornéo. On s'y promène le long d'une galerie surélevée d'où l'on a une vue exceptionnelle des diverses espèces d'oiseaux qui habitent les différents niveaux de la jungle. Le Flagstaff House, qui abrite maintenant le **musée du Thé**, est situé dans le même parc. On peut y voir une collection très intéressante de petites théières dites de Yixing, de couleurs et de formes parfois extravagantes.

Les environs de Hong Kong

La plus grande des îles «extérieures» de Hong Kong est **Lantau**. Malgré la construction du nouvel aéroport sur sa côte sud, pour remplacer celui de Kowloon, Lantau est resté un havre de paix. On y visite notamment le **monastère Po Lin** (très pittoresque mais aux couleurs criardes) et une plantation de thé. Mais l'île est surtout connue pour ses randonnées qui traversent des paysages grandioses de montagnes, de vallées paisibles et de plages tapies au creux de petites baies. (Les sentiers sont bien balisés ; pour plus de renseignements sur les possibilités de randonnée à Hong Kong, référez-vous aux brochures et aux livres vendus sur place.)

L'île de **Lamma**, au sud de Hong Kong, est plus petite que Lantau et la circulation automobile y est interdite. Malheureusement, un côté de l'île est défiguré par les deux énormes cheminées d'une centrale électrique. Lamma est toutefois renommée pour ses excellents restaurants de poissons et de fruits de mer.

Au sud-ouest de Hong Kong se trouve **Cheung Chau**, connue pour son festival des petits pains qui a lieu chaque année en mai. L'île est maintenant devenue la cité-dortoir des banlieusards de Hong Kong.

Au large de la côte orientale des Nouveaux Territoires se trouvent les deux ravissantes petites îles de **Ping Chau** et **Tap Mun**. On ne peut visiter Ping Chau, située près de la frontière chinoise, que le week-end en ferry. Grâce à l'absence de villages habités, l'île est devenue une sorte de parc naturel avec une incroyable variété de papillons, de libellules et d'oiseaux sauvages. Tap Mun est également très petite, mais elle est habités par des familles de pêcheurs. Ceux-ci viennent prier au célèbre temple Tin Hau, dédié à la déesse taoïste du sud de la Chine, protectrice des pêcheurs. On peut accéder à Tap Mun tous les jours par le ferry. Les ferries à destination de ces deux îles partent depuis l'Université, sur la ligne de chemin de fer Kowloon-Canton.

La péninsule de **Sai Kung** est la plus belle et la plus intacte région de la côte est des Nouveaux Territoires et elle a été désignée comme parc régional dans les années 1970. Les visiteurs peuvent partir à la découverte des collines et de la côte en empruntant les nombreux sentiers ou en prenant l'un des ferries qui relient les villages entre eux. Les plages sont propres et désertes, et au cours de ces promenades vous aurez des vues merveilleuses sur la baie de Mir et la côte chinoise. Un peu plus au nord, à **Fan Ling**, se trouve le Royal Hong Kong Golf Club.

Les achats et les divertissements

La grande majorité des objets produits en Chine pour l'exportation est en vente à Hong Kong, généralement à des prix raisonnables. On trouve des grands magasins de produits chinois, appelés **China Products**, dans tout le territoire. La qualité des marchandises en vente est souvent supérieure à ce que l'on trouve en Chine. D'autres grands magasins sont les **China Arts and Crafts**, dont les plus connus sont situés près du Star Ferry à Kowloon et de Wyndham Street, à Central.

Toutes les boutiques de marques célèbres se trouvent à Central. Les prix sont généralement très proches de ceux pratiqués à New-York ou à Londres.

On obtient les meilleurs prix dans les points de vente des usines qui vendent au rabais des marchandises destinées à l'exportation. Les listes de ces points de vente figurent dans la brochure distribuée par l'Office du tourisme de Hong Kong.

Les marchés de rue et les marchés de nuit sont très animés à Hong Kong. Le marché de nuit le plus fréquenté des touristes est celui de **Temple Road** à Kowloon, près de la station de métro Jordan. Vous pourrez y acheter des T-shirts peints à la main ou y goûter une cassolette d'escargots à l'ail. Un autre marché intéressant se trouve autour de **Sai Yeung Choi Street**, près de la station de métro Mongkok.

En ce qui concerne la cuisine, le choix de restaurants est si grand qu'il vaut mieux consulter le guide de l'Office du tourisme de Hong Kong qui inclut une liste complète des établissements. Si vous venez juste de quitter la Chine et que la cuisine occidentale vous manque, Hong Kong possède certains des meilleurs restaurants occidentaux du monde. Les restaurants occidentaux des grands hôtels sont toujours très corrects mais essayez également les restaurants français ou italiens indépendants.

Certains des restaurants locaux les plus intéressants sont les maisons de thé traditionnelles, où l'on sert les **dim-sum** cantonais (raviolis et petits pâtés), mangés au petit déjeuner ou à midi. Les maisons de thé les plus connues sont le Luk Yu à Stanley Street (Hong Kong) et le Wan Loy, dans Shanghai Road à Mongkok (Kowloon), la maison de thé des oiseaux où les hommes à la retraite viennent avec leurs oiseaux en cage.

Hong Kong est également réputée pour sa vie nocturne. A Causeway Bay, les magasins ne ferment pas avant 22 heures, et les boîtes de nuit sont ouvertes jusqu'à 4 heures du matin. Tous les hôtels sont équipés de bars et de discos et les bars karaoke ont fait leur apparition à Tsim Sha Tsui et à Wanchai. Attention aux prix pratiqués dans les bars avec hôtesses qui peuvent s'avérer très onéreux.

Le couloir maritime sur le port de Hong Kong
est l'un des passages les plus fréquentés au monde.

AUTRES DESTINATIONS

Les villes et les sites présentés ci-dessous par ordre alphabétique sont des destinations «secondaires» qui peuvent être visitées à partir des grandes villes décrites plus haut comme Pékin, Shanghai ou Canton. Elle seront surtout intéressantes pour les touristes qui souhaitent sortir des sentiers battus.

CHANGCHUN

Les visiteurs qui se rendent à Harbin, au Heilongjiang (voir p. 267), pour assister au festival de glace ou pour les sports d'hiver, peuvent s'arrêter à Changchun, la capitale de la province du Jilin, située au centre de la région du Dongbei (nord-est), autrefois appelée la Manchourie. C'est cette région que les Japonais ont d'abord annexée en 1931 avant de poursuivre l'occupation militaire de la Chine. L'annexion de la Manchourie fut achevée le 9 septembre avec l'assaut donné sur Shenyang. Le général Chiang Kai-shek retira ses 200 000 hommes des troupes nationalistes de la ville sans tirer un coup de feu, considérant son combat contre les communistes comme plus urgent que l'invasion japonaise.

La région fut renommée Manchukuo, et Changchun devint Xinjing, la «Nouvelle Capitale». Henry Puyi, le dernier empereur des Qingi, déchu de sa fonction impériale en 1911 lors de la proclamation de la République, avait obtenu la permission de demeurer un premier temps dans la Cité Interdite à Pékin et de conserver son titre d'empereur Xuantong. Cependant, en 1924, il fut contraint de quitter son palais et fut emmené à Tianjin; là, il fut intercepté par des agents japonais et séquestré d'abord à Shenyang, puis à Changchun. En 1932, le Japon lui «proposa» de devenir le chef du gouvernement de l'Etat nouvellement annexé du Manchukuo. Le 1er mars 1934, il fut couronné empereur Kangde dans un palais moderne construit pour l'occasion à Changchun. Le **palais**, aujourd'hui ouvert aux visiteurs, représente l'endroit où cet homme, le dernier de sa dynastie, avait retrouvé le pouvoir, qui ne fut jamais que purement symbolique. Puyi espérait que sa collaboration avec le Japon conduirait à la restauration de la dynastie des Qing. Pour cette raison, il refusa d'épouser une femme japonaise pour maintenir la pureté de la lignée dynastique manchoue.

CHANGSHA

Changsha, située sur le fleuve Xiang, est la capitale de la province méridionale du Hunan, et un arrêt sur la ligne de chemin de fer Pékin-Kowloon et Pékin-Canton. Mais la ville doit sa célébrité surtout à ses liens étroits avec Mao

Zedong. Celui-ci arriva à Changsha en 1910 à l'âge de 17 ans. Le 10 octobre de l'année suivante eut lieu à Wuhan un incident qui déclencha une vaste rébellion qui conduisit à la chute de la dynastie Qing et au début de la période républicaine en Chine. Mao en profita pour s'engager dans les milices rebelles. Avec la diminution des combats en 1912, il décida de suivre des cours au Collège du Hunan. Ce bâtiment en bois fut incendié par les troupes japonaises, mais a été bien rénové et fonctionne à nouveau comme centre de formation pour les enseignants. On peut le visiter: on y voit notamment des portraits de Mao, dont un qui le représente à l'occasion du 104e anniversaire de Karl Marx.

Les débuts de l'histoire de la Révolution chinoise sont retracés en détail au **Musée provincial du Hunan**. De nos jours, toutefois, le musée est plus célèbre pour son exposition d'objets de l'époque Han trouvés dans un tombeau en 1972 à Mawangdui, près du centre de Changsha. Cette sépulture était celle d'une marquise, décédée vers l'âge de 50 ans, en 141 avant notre ère environ. Elle contenait une série de cercueils en bois laqué, emboîtés les uns dans les autres. Le cercueil extérieur est divisé en cinq compartiments dans lesquels avaient été entreposés toute une variété d'objets funéraires, plus de 1000 en tout, en laque, en bambou, en bois, tous parfaitement conservés. Certains des vases et des plats en laque contenaient encore de la nourriture; quant à la marquise, elle avait été embaumée puis habillée d'une vingtaine de couches de vêtements et de tissus, encore une fois parfaitement préservés. Tous ces objets, ainsi que la momie de la défunte, sont exposés au musée.

En se rendant à **Shaoshan**, à 104 km à l'ouest de Changsha, le visiteur reprend la dernière étape d'un «pèlerinage» accompli par des millions de Gardes Rouges au plus fort de la Révolution culturelle lorsqu'ils effectuaient leurs Nouvelles Longues Marches (parfois pied nu pour tempérer leur esprit révolutionnaire). Le trajet en bus prend aujourd'hui quatre heures mais il est également possible d'y accéder en train. L'arrivée à la gare est surprenante car les bâtiments furent construits pour recevoir des dizaines de milliers de passagers par jour alors qu'il n'en vient plus que quelques centaines. L'immense salle d'attente, vide et silencieuse, est impressionnante. Autrefois, la place devant la gare était remplie par les masses révolutionnaires; il ne reste que le portrait du Grand Timonier et une statue de Mao jeune dans le parc en face.

Mao est né le 26 décembre 1893 dans une famille de paysans de classe moyenne. La maison familiale est aujourd'hui ouverte aux touristes; c'est un bâtiment au toit partiellement recouvert de tuiles – et non pas simplement de chaume –, signe de la relative prospérité des parents du grand dirigeant communiste. Près de là se trouve le Shaoshan Guesthouse où résida Mao lorsqu'il visita sa villa natale en 1959.

DALIAN

La péninsule du Liaodong s'avance dans la mer juste en face de la péninsule du Shandong, de manière à encercler presque entièrement le golfe de Bohai. **Dalian**, à l'extrémité méridionale de cette péninsule, a depuis longtemps été une ville côtière importante par sa situation stratégique permettant de contrôler les entrées et les sorties maritimes du golfe.

Au début du siècle, la ville était occupée par les troupes japonaises. En 1945, à l'issue des Accords de Yalta, elle se trouva sous administration soviétique, jusqu'en 1954. Les trams que l'on y voit encore maintenant, ainsi que les nombreux squares agrémentés de gazon et de massifs de fleurs, sont des rappels de cette époque où l'influence de l'Europe de l'Est se faisait sentir. Dalian est une ville propre et bien entretenue, et un endroit apprécié pour les congrès, aussi les hôtels sont-ils bondés à la haute saison.

Dalian se trouve actuellement à 17 heures de train de Pékin; il est également possible d'y aller en ferry depuis Xingang, le port de Tianjin, à deux heures de bus de Pékin. La ville est une agréable étape pour ceux qui projettent de voyager plus au nord encore, vers Harbin, Jilin, Changchun, ou Dandong sur la frontière avec la Corée du Nord, ou vers les stations de montagne dans les monts Changbai. Juste à l'extérieur de la ville se trouve la base navale de Lushun, autrefois d'accès strictement limité mais aujourd'hui en grande partie ouverte. Près de là se dresse la Colline des Balles, un site commémoratif en forme d'énorme balle de fusil, érigé à la mémoire des soldats russes tués à la fin de la Deuxième Guerre mondiale lors de l'attaque contre l'Etat de Manchukuo soutenu par le Japon. Après des années d'abandon et même de profanation, le site à été remis en état et ouvert aux visiteurs.

DATONG

A un peu moins de 300 km au nord-est de Pékin, à 7 heures de train, Datong donne l'impression de se trouver à des siècles de distance, loin du développement effréné de la capitale. C'est une ville poussiéreuse, desséchée et polluée; cependant, peu de visiteurs la quittent déçus car elle recèle de véritables trésors.

Les plus célèbres sont les **grottes de Yungang**, à 15 km à l'ouest de la ville, les plus anciennes et peut-être les plus spectaculaires grottes bouddhiques en Chine propre. La plupart d'entre elles furent creusées dans la falaise sous la dynastie des Wei du Nord (460-494), lorsque Datong, alors appelée Pingcheng, servait de capitale. Il existe 55 grottes en tout, dont 21 peuvent être visitées. Contrairement à d'autres sites rupestres comme Longmen, les grottes de

Datong sont restées pendant des siècles complètement inconnues et n'ont subi que relativement peu de dommages. En particulier, les statues de pierre ont conservé leurs couleurs d'origine, ce qui est très rare pour des sculptures de cette époque, et n'ont pas été réparées ou remodelées ultérieurement. Ces grottes ont été creusées pour la plupart entre 460 et 490, soit sur une période très courte, et dans un style très homogène qui est chronologiquement juste antérieur à celui de Longmen, à Luoyang (Henan). On compte quelque 51 000 sculptures en tout, dont beaucoup montrent des influences artistiques indiennes, persanes et grecques qui sont arrivées jusqu'ici par la Route de la Soie. Ne manquez pas la grotte n°5 : elle renferme un immense Bouddha contemplatif de plus de 16 m de haut.

Dans la ville même de Datong, prenez le temps de visiter les deux principaux temples bouddhiques, le **Huayansi** et le **Shanhuasi**, dont les bâtiments en bois remontent à la dynastie des Liao (970-1125). Le Huayansi est célèbre pour sa bibliothèque en bois, sculpté en forme de pavillons miniatures, et pour sa statuaire, datant des 11e et 12e siècles.

Datong est aussi un centre pratique à partir duquel il est possible de visiter plusieurs sites intéressants dans les environs. Le **Temple suspendu**, ou Xuankongsi, se trouve à 65 km au sud-ouest de Datong, au pied du Mont Heng, une des cinq montagnes sacrées du daoïsme. Ce site est particulièrement impressionnant car les bâtiments du temple sont littéralement suspendus à mi-hauteur de la falaise. Le **mont Heng**, qui culmine à 2017 m, peut être gravisans difficulté ; comptez une bonne demi-journée pour avoir le temps de visiter les nombreux petits temples daoïstes qui ponctuent le sentier tout au long de l'ascension.

Autre visite intéressante, la **Pagode en Bois** (Muta) à Yingxian, à 70 km au sud de Datong. Cette pagode haute de 97 m, l'une des plus grandes structures en bois du monde, a été érigée en 1056, sous les Liao. C'est un véritable chef-d'œuvre de l'architecture traditionnelle chinoise qui a survécu aux tremblements de terre les plus dévastateurs grâce à un système de construction d'une complexité et d'une efficacité étonnantes.

GUIYANG

La province du Guizhou est l'une des moins visitées et pourtant elle offre au voyageur étranger un visage de la Chine très particulier. Guiyang, la capitale provinciale, est facilement accessible en train depuis Kunming à l'ouest, ou Chongqing au nord. Un nouvel aéroport vient d'y être construit, avec des liaisons quotidiennes vers la plupart des grandes villes chinoises, y compris Hong

Kong. La ville de Guiyang, située à plus de 1000 m d'altitude, est entourée de collines et forme une agglomération très compacte en comparaison d'autres villes chinoises.

La région a joué un rôle important pendant l'époque révolutionnaire et particulièrement pendant la Longue Marche, lorsque l'Armée Rouge a traversé la province par des chemins difficiles pour échapper aux nationalistes et aux seigneurs de la guerre qui la poursuivaient. Chiang Kai-shek arriva à Guiyang en mars 1935, alors que les forces de Mao avaient déjà quitté la ville. Pendant une dizaine d'années, jusqu'en 1945, Guiyang devait servir de capitale temporaire durant toute la lutte anti-japonaise.

Il n'y a que peu de sites à voir en ville même, le charme de Guiyang étant plutôt lié au mélange ethnique qui s'y trouve. Néanmoins, le Musée provincial, le jardin botanique et le Pavillon des Lettrés méritent qu'on leur consacre une journée. Il faut surtout se promener dans les marchés où les minorités Miao et Bouwei viennent vendre leur artisanat (batik, bijoux, ornements divers, broderie).

L'une des principales excursions vous emmèneta aux **chutes de Huang-goushu**, près de Anshun, à l'ouest de Guiyang. Ce sont les plus grandes chutes d'eau d'Asie, avec 68 m de haut et 84 m de large. A partir de là, il est possible de continuer en bus sur Kunming, au Yunnan.

La ville de **Kaili**, à l'est de Guiyang, a un marché du dimanche très réputé et très animé où se rendent en particulier les femmes Miao, habillées de jupes noires plissées et couvertes de bijoux. On y trouve de tout, fruits, légumes, viande, textiles, ornements, médicaments et simples. Depuis Kaili, le chemin de fer rejoint Huaihua, au Hunan, ou Changsha.

La renommée de la ville de **Zunyi**, plus au nord, est étroitement liée à l'histoire de la Longue Marche. Depuis qu'elle avait été lancée, à la fin de l'année 1934, la migration de l'Armée Rouge à travers les provinces du Hunan, du Guangxi et du Guizhou avait pris l'allure d'une véritable marche funéraire avec près de 30 000 morts en trois mois. Les événements qui eurent lieu à Zunyi marquèrent un tournant dans la carrière de Mao et dans l'histoire de la Révolution chinoise. En janvier 1935, le Bureau politique, réuni en conférence dans une ancienne maison de propriétaire terrien, décida que la direction prise par les dirigeants du Parti, Bo Gu et Wang Ming, des communistes formés à Moscou et influencés par l'agent allemand du Comintern Otto Braun, portait atteinte au Parti et à l'armée. A la sortie de la conférence, Mao avait été élu membre du comité du Bureau politique et assistant principal de Zhou Enlai dans la planification des affaires militaires. A partir de ce moment, Mao détenait le contrôle effectif de l'Armée Rouge et du Parti communiste.

En plus de la salle de réunion, il est possible de visiter le site du Département politique de l'Armée Rouge, autrefois une église, qui abrite une exposition détaillant les grands moments de la Longue Marche. A voir également, l'impressionnant monument aux Martyrs de l'Armée Rouge, érigé en 1985 par l'Académie des Arts du Sichuan.

D'autre sites de cette époque peuvent être visités plus au nord encore. Le **col de Loushan**, un passage stratégique dans les monts Dalou, fut occupé par l'Armée Rouge en février 1935. Cette victoire contre les nationalistes raviva quelque peu les esprits défaillants des jeunes soldats, exténués par deux semaines de marche continuelle en rond, pratiquement sans repos, à traverser et à retraverser la rivière Chishui, avant de parvenir à s'emparer de Loushan. Il est possible d'emprunter une route circulaire qui suit à peu près l'itinéraire des soldats, passant par le col de Loushan et la rivière Chishui: de Zunyi, prendre le bus pour Tongzhi, puis Tucheng et Maotai, où est distillé le fameux alcool du même nom, avant de retourner à Zunyi.

Le Guizhou attire depuis quelques années de plus en plus de touristes (français et allemands pour la plupart) lors des nombreux festivals – plus de mille! – qui se déroulent tout au long de l'année, selon le calendrier lunaire en usage parmi les différents groupes ethniques de la province. L'un des festivals les plus importants est celui des «Sœurs», un grand rassemblement des clans Miao de la région de Taijiang (à l'est de Kaili), qui a lieu en avril et en mai chaque année. Les voyageurs qui ont le goût de l'aventure peuvent faire un voyage d'une semaine par la route entre Guiyang et Guilin (Guangxi) qui comprend des arrêts à Kaili, Ruojiang et Sanjiang. Les voies sont souvent défoncées et l'hébergement se fait dans des maisons de village, mais la beauté des paysages et l'accueil des habitants Miao, Yao et Dong font oublier ces quelques désagréments.

HAINAN

Dans la géographie traditionnelle chinoise, on pensait que la Terre était plate, et on imaginait que l'île rocheuse de Hainan sur la côte méridionale de la Chine était située à proximité du bout du monde. Les Chinois Han ne l'explorèrent pas et n'y installèrent pas de colonies, mais des groupements Li et Miao, qui osèrent faire la traversée depuis le Guangxi et le Guangdong, finirent par habiter la côte nord de l'île où ils pratiquaient la pêche aux huîtres perlières. Ils l'appelèrent Zhuya, ou Côte des Perles. Les premiers Han à habiter à Hainan furent des personnes condamnées à l'exil sous les Tang. De petites communautés se développèrent, dont certaines exploitèrent la roche locale, le quartz rose,

une activité qui donna un autre nom à l'île: Qiongzhou, ou royaume du Joyau de Quartz.

Pendant la guerre civile, quelques soldats de l'Armée Rouge se réfugièrent à Hainan pour échapper à leurs poursuivants nationalistes. Ils furent hébergés par les Li et les Miao, dont beaucoup furent ensuite recrutés par les communistes.

Hainan faisait partie de la province du Guangdong jusqu'en 1988 lorsque l'île devint une province à part entière, la plus petite de Chine, ainsi qu'une zone économique spéciale, avec une politique d'investissement très favorable aux compagnies étrangères. Malgré ces développements, Hainan demeure un paradis tropical avec ses plages ensoleillées, ses palmiers et ses fruits exotiques. C'est une destination très prisée des hommes d'affaires chinois.

Sanya, sur la côte méridionale, est la plus grande station balnéaire et la mieux aménagée, avec de superbes plages de sable doré et une mer d'un bleu profond. Les grandes chaînes hôtelières ont commencé leur invasion dans l'espoir de transformer la région en un Hawaii chinois. Sanya est accessible depuis Hankou, la capitale de l'île, où un grand aéroport a récemment été ouvert et propose des liaisons directes avec Pékin.

HARBIN

Harbin est la capitale provinciale la plus septentrionale de Chine, et le **Heilongjiang**, littéralement la Rivière du Dragon noir, donne sur l'Extrême-Orient russe. Pendant des siècles, la région a changé constamment de mains, appartenant tantôt aux Chinois, tantôt aux Russes, tantôt aux Japonais. En 1917, un demi-million de Russes Blancs s'enfuirent vers le sud jusqu'à Harbin et finirent par dominer la vie économique et politique de la ville. Entre 1930 et 1954, elle appartint successivement à l'Union soviétique puis au Japon, avant d'être rendue à la Chine. A la fin des années 1960, Harbin vit arriver une nouvelle vague d'envahisseurs, la jeunesse chinoise qui avait été envoyée en rééducation dans les champs sous la tutelle des paysans pauvres. Ce mouvement de masse débuta en 1968 et pendant les cinq années suivantes, plus d'un demi-million de jeunes, la plupart venus de Pékin et d'autres grandes villes, furent envoyés au Beidahuang, les «grandes contrées désertes du Nord». Ils furent chargés du défrichage et de l'assainissement des zones du nord-est de la province, théoriquement pour les transformer en terres propices à la culture du blé.

Représentant de la minorité Dong,
dans le sud-ouest du Guizhou.

La plupart des visiteurs au Heilongjiang viennent en hiver pour skier, pour la chasse, ou encore pour le festival de sculpture sur glace, qui a lieu tous les ans. Des sculpteurs venus du pays entier convergent ici pour créer de fantastiques compositions, souvent de taille gigantesque. Harbin est situé sur la rivière Songhua, complètement gelée en hiver et qui se transforme en une vaste patinoire et piste de luge. Il faut dire que les températures ici peuvent descendre pendant la journée jusqu'à –30°C...

L'aspect extérieur de la ville donne une indication sur l'origine de ses habitants récents car beaucoup de bâtiments rappellent les constructions russes. Le gouvernement municipal a d'ailleurs conservé et rénové une des rues du centre pour protéger cet héritage particulier. La cathédrale Sophie, une église orthodoxe russe avec ses dômes caractéristiques, construite en 1903 par des soldats du tsar, est en cours de restauration.

Les trains pour Harbin partent de Pékinet le trajet dure maintenant moins de 20 heures.

HEFEI

Cette capitale de la province de l'Anhui a récemment bénéficié économiquement des projets de développement du Yangzi, fleuve qui coupe la province en deux. Ces projets visent à réduire l'énorme fossé qui s'est creusé entre les régions côtières, qui connaissent un boom sans précédent, et l'intérieur du pays, pauvre et sous-développé.

Jusqu'à la victoire communiste en 1949, **Hefei** n'était qu'une petite ville de 50 000 habitants; elle est devenue une cité en pleine expansion, située au cœur d'une région potentiellement très productive du point de vue agricole. En approchant de la ville en train, le voyageur traverse pendant des heures des plaines recouvertes de champs de blé et de rizières. Mais entièrement dépendante de sa production agricole, la région de l'Anhui a souffert pendant des siècles des aléas du climat, et a régulièrement connu des famines. Aujourd'hui, avec la timide mécanisation de l'agriculture, la province est surtout devenue exportatrice de main-d'œuvre, et des milliers d'hommes – et de femmes – la quittent pour tenter de trouver du travail sur les chantiers de construction des grandes villes, dans les usines des zones économiques spéciales, dans les hôtels, ou comme servantes dans des familles aisées.

Peu d'étrangers visitent Hefei, sauf pour affaires. Parmi les sites intéressants, notons le Musée provincial, qui abrite plus de 100 000 objets archéologiques, et le Mémorial à Bao Gong, un officiel incorruptible de la dynastie des Ming.

Depuis Hefei, il est possible de se rendre à deux montagnes sacrées, le **Huangshan** (voir p. 247) et le **Jiuhuashan** (p. 251), en passant par Tunxi.

NANCHANG

La veille du 1er août 1997, une grande réunion à laquelle assistèrent tous les dirigeants chinois et plusieurs vétérans révolutionnaires fut conviée à Pékin dans la Grande Salle du Peuple. Cette célébration marquait le 70e anniversaire de la création des Forces armées chinoises, fondées à la suite d'un événement qui se déroula à Nanchang, capitale de la province du Jiangxi, dans le sud-ouest de la Chine. Une armée de paysans conduite par Zhou Enlai et Zhu De avait provoqué un soulèvement dans la ville, et prit le contrôle de la place forte nationaliste pendant plusieurs jours. Cette action du 1er août 1927 est considérée comme la toute première à avoir été directement organisée par le Parti communiste chinois; elle fut plus tard choisie pour marquer la fondation des Forces armées chinoises. Cette date, abrégée en 8-1, apparaît en caractères chinois sur tous les insignes des armées de terre, de mer, et de la marine.

Le Jiangxi est une province qui reçoit peu de visiteurs étrangers et pourtant elle offre des sites historiquement et culturellement très intéressants. Les passagers qui descendent ou remontent le Yangzi peuvent se rendre à Nanchang depuis Jiujiang, un port fluvial à l'ouest du lac Poyang. Cette ville était autrefois un des trois grands ports de commerce du thé. Les bateaux transportant le thé remplissaient ici leurs cales de feuilles fraîchement cueillies, puis descendaient le fleuve jusqu'à son embouchure, et traversaient les océans jusqu'à Londres. Les plus rapides pouvaient atteindre l'Angleterre en 30 jours. Ces superbes bateaux à voile naviguèrent sur le Yangzi dès l'ouverture des ports au commerce étranger, après la signature du Traité de Tianjin en 1858.

Longtemps auparavant, Jiujiang avait eu l'honneur de recevoir deux des plus célèbres poètes chinois, Li Bai (701-762) qui y fut emprisonné pendant quelque temps, et Bai Juyi (772-846), qui y fut exilé.

Depuis Jiujiang, il est possible de se rendre à Nanchang, à 150 km au sud, en train ou en bus. La route passe par **Lushan**, à plus de 1400 m d'altitude, un endroit agréable pour échapper à la chaleur torride qui sévit en été dans tout le bassin du Yangzi. Lorsque la température atteint les 38°C à Jiujiang, il ne fait que 24°C à Lushan. Au 19e siècle, beaucoup de marchands et de missionnaires étrangers avaient fait construire des maisons dans cette ville pour y passer l'été. Par la suite, les dirigeants nationalistes et communistes firent de même, et Chiang Kai-shek, Mao et Jiang Qing possédèrent tous une résidence dans la région.

Lushan a également été le site d'une conférence notoire en 1959 lors de laquelle un des dix grands dirigeants communistes, Peng Dehuai, fut destitué de ses fonctions. Cette huitième session plénière fut conviée à la suite du désastre économique et humain engendré par le Grand Bond en avant. La plupart des cadres avaient peur de révéler à Mao la vérité de la situation ; seul Peng, qui était le commandant en chef de l'Armée de Libération du Peuple, osa le faire, mais il paya cher son audace.

Depuis Nanchang, le voyageur peut prendre le bus pour **Jingdezhen**, le grand centre de production de porcelaine chinoise, sur la rive est du lac Poyang. Les amateurs de l'histoire révolutionnaire pourront se rendre au sud-ouest, à Jinggangshan, puis à Yudu et à Ruijin, dans le sud du Jiangxi.

Jinggangshan est un réduit militaire situé au sommet d'une montagne. Après la rupture du Front Uni qui avait existé entre nationalistes et communistes de 1923 à 1927, Mao organisa un soulèvement dans sa province natale du Hunan. Ce fut un échec et il dut conduire ses rebelles vaincus au Jinggan-shan, une chaîne de montagnes sur la frontière entre le Hunan et le Jiangxi. L'année suivante, en 1928, des forces dirigées par Zhu De rejoignirent celles de Mao, et le premier soviet de montagne fut créé. Des mémoriaux érigés en ville immortalisent les héros et les héroïnes qui s'étaient rassemblés ici.

En 1929, l'armée de Mao et de Zhu partit vers le sud jusqu'à **Ruijin**, une ville proche de la base révolutionnaire du Fujian. La première République soviétique de Chine fut établie là, très rapidement encerclée par les troupes nationalistes. Aujourd'hui, Ruijin possède une abondance de « temples à la Révolution », dont le quartier général du Gouvernement soviétique, des salles de réunion, les demeures des dirigeants et des musées. La ville est célèbre pour avoir été le point de départ de la Longue Marche qui commença à la mi-octobre 1934, lorsque des milliers de soldats de l'Armée Rouge traversèrent de nuit le pont sur la rivière pour échapper à l'encerclement des nationalistes. Deux semaines plus tard, le *New York Times* écrivait que 40 000 bandits avaient traversé le Hunan en pillant et en ravageant la contrée. En réalité, c'était plus de 80 000 soldats disciplinés qui étaient partis pour une nouvelle base révolutionnaire. Il leur fallut plus d'une année pour la rejoindre, à 11 500 km de là, au nord du Shaanxi, après une marche qui est un des exodes les plus impressionnants de l'histoire de l'humanité.

QINGDAO, WEIFANG ET YANTAI

La péninsule du Shandong est une région qui mérite d'être explorée, d'une part pour l'héritage européen qui caractérise une grande partie de l'architecture, mais également pour ses plages et, à l'est, son histoire ancienne qui remonte à l'époque de Confucius.

Le port de **Qingdao**, sur la côte sud, fut saisi par les forces navales allemandes le 14 novembre 1897 après le meurtre de deux missionnaires allemands en Chine. Un traité signé l'année suivante en mars céda la ville à l'Allemagne, pour une durée de 99 ans. En dix ans, la ville fut transformée en une cité à l'européenne, avec sa propre brasserie, fondée en 1903, la fameuse Qingdao qui est, aujourd'hui encore, la bière la mieux connue de Chine et la plus exportée à l'étranger. La source d'eau minérale employée par la brasserie est située sur le mont Lao qui domine la ville. Pendant la Première Guerre mondiale, Qingdao fut occupée par les forces japonaises, puis rendue à la Chine en 1922.

Le prochain arrêt au Shandong est la ville de **Weifang**, à l'intérieur des terres, qui est l'un des plus grands centres de cerfs-volants du monde. Chaque année, les amateurs de cerfs-volants s'y rassemblent pour le festivalqui se déroule en février; à d'autres époques, le visiteur devra se rendre au musée pour apprécier toute la beauté et l'incroyable variété de ces objets.

Au nord de Weifang, sur la côte, se trouve le port de **Yantai**, autrefois appelé Chefoo. Contrairement à Qingdao et sa bière, ici c'est le raisin qui prime. Des vignobles existent au Shandong depuis un siècle environ. Les vins de raisin chinois sont souvent doucereux à notre goût, proches d'un jeune porto, mais les méthodes de vinification modernes et une meilleure sélection des cépages donnent depuis quelques années des résultats encourageants, plus proches des vins européens.

La capitale du Shandong, **Jinan**, située à l'est de la province, est une jonction de lignes de chemin de fer qui relie Qingdao et Yantai à Pékin, Shanghai ou encore Zhengzhou. On peut y visiter un musée archéologique très intéressant et surtout la **falaise des Mille Bouddhas** et les vestiges du **temple de Shentong**, juste à l'extérieur de la ville. A quelques heures de bus ou de train au sud de Jinan, l'on arrive à **Tai'an**, d'où commence l'ascension du mont sacré **Taishan** (voir p. 246). Un peu plus au sud encore, se trouve **Qufu**, la ville natale de Confucius, devenue un des principaux attraits touristiques du pays, où des millions de Chinois viennent visiter le vaste ensemble composé de la maison familiale et du temple dédié au grand maître.

QINHUANGDAO, BEIDAIHE ET SHANHAIGUAN

La région de **Qinhuangdao**, à moins de trois heures de train express de Pékin, englobe la ville à proprement parler de Qinhuangdao, la station balnéaire de Beidaihe ainsi que l'ancienne ville fortifiée de Shanhaiguan. Des hordes de touristes envahissent les plages de sable de Beidaihe chaque été. Autrefois réservées aux dirigeants communistes et aux membres du Parti, ces plages ont maintenant été ouvertes au grand public.

A 30 km au nord de Beidaihe, la ville ancienne de **Shanhaiguan**, dont le nom signifie «Passage de la montagne et de la mer», protégeait un point stratégique qui donnait accès à l'étroite plaine côtière. C'est ici que se termine la section de la Grande Muraille construite sous les Ming, qui débute à Jiayuguan, au Gansu. La Muraille émerge des monts Yan à Jiaoshan, à 7 km à l'ouest de Shanhaiguan, traverse la plaine côtière, puis suit la côte. Le meilleur endroit pour visiter la Muraille est à Jiaoshan même. Bien que les pierres du mur aient été réutilisées depuis des siècles par les paysans pour construire leurs maisons, la Muraille a encore fière allure avec ses trois mètres de hauteur. Depuis le sommet de Jiaoshan, une très belle vue s'étend sur toute la longueur de la Muraille serpentant à travers la plaine.

Autre visite à ne pas manquer, la porte principale de la Muraille, un point stratégique de ce secteur particulièrement bien fortifié. Ici, la Muraille a été restaurée, et des mannequins de soldats et de lettrés d'époque Ming ont été placés au sommet des fortifications.

Au bord de la mer, à 6 km à l'est de la ville, se trouve **Laolongtou**, la Tête du vieux Dragon, la section de la Muraille qui longe la côte. En 1986, il ne restait que quelques blocs de pierre pour marquer son emplacement, et ce que l'on voit aujourd'hui est une reconstitution fidèle de l'original Ming. Au début du 17e siècle, ce n'étaient plus les Mongols qui menaçaient l'empire chinois, mais les Manchous, venus du nord-est. En réponse, l'empereur Wanli (1572-1620) fit construire une section de la Grande Muraille depuis Shanhaiguan vers le nord-est jusqu'à l'actuel Liaoning, sur les rives de la Yalu, la rivière qui marque la frontière entre la Chine et la Corée du Nord. Cette structure n'atteignit jamais la taille de la Muraille principale des Ming, construite auparavant.

Juste en dehors de la ville, le **temple de Meng Jiangnu**, construit sous les Song du Nord (960-1127), est un symbole de toutes les souffrances endurées par les familles de ceux qui ont bâti la Muraille. Le mari de Meng fut enrôlé de force par l'empereur des Qin (221-210 avant J.-C.) pour travailler sur le chantier. Pendant l'hiver, sa nouvelle épouse se rendit à la frontière pour le chercher et pour lui donner des vêtements chauds. Mais elle apprit qu'il était décédé. Selon la légende, elle pleura si fort qu'une section de la Muraille s'écroula.

Lorsque l'affaire fut rapportée à l'empereur Qin Shihuang, il la fit venir au palais ; là, découvrant qu'elle était d'une beauté remarquable, il voulut en faire sa concubine. Révoltée par l'idée de servir le tyran, Meng Jiangnu s'échappa et se jeta dans la mer, près de Shanhaiguan.

SHENYANG

Fondée il y a quelque 2000 ans, **Shenyang**, la capitale du Liaoning, ne devint un centre important que pendant la dernière dynastie chinoise, celle des Qing (1644-1911). A la fin du 16e et au début du 17e siècle, les Manchous, sous la conduite de leur chef Nurhachi (1559-1626), commencèrent à devenir une puissance avec laquelle il fallait compter. Cette tribu venue du nord-est était devenue la menace principale contre la suprématie politique des Han en Chine du Nord. Les razzias des redoutables archers manchous, tous d'excellents cavaliers, avaient finalement conduit l'empereur Wanli à étendre la Grande Muraille de Shanhaiguan jusqu'au Liaoning. Les Manchous ne parvinrent jamais à briser la Muraille, mais pénétrèrent en Chine par traîtrise, grâce à l'aide d'un général Ming renégat qui leur permit d'emprunter le passage stratégique à Shanhaiguan. Les forces manchoues continuèrent jusqu'à Pékin où Abukai, le 14e fils de Nurhachi, établit sa capitale et fonda la dynastie des Qing en 1644.

Shenyang fut la capitale secondaire des Qing, en grande partie en raison de sa situation géographique au cœur d'une région productrice de ginseng, qui faisait l'objet d'un commerce très lucratif. Aujourd'hui, Shenyang est une cité industrielle, mais on peut toujours visiter le Palais impérial manchou, un ensemble de plus de 70 bâtiments, construits entre 1625 et 1636. L'approche du palais est jalonné de xiamamen, ou «tablettes de descente de cheval», des stèles en plusieurs langues – manchou, chinois, tibétain et ouïghour – qui proclament toute l'étendue de l'empire des Qing. Parmi les bâtiments, on notera la bibliothèque qui contenait autrefois plus de 35 000 volumes d'histoire et de chroniques, dont une histoire complète de la Chine terminée en 1782 pendant le règne de l'empereur Qianlong (1736-1795). Une partie des effets personnels de l'empereur est également exposée.

Le dernier empereur, Xuantong (Henry Puyi), passa par Shenyang en route pour Changchun en 1932 pour être intronisé empereur du Manchukuo par le Japon. C'est également dans cette région qu'il fut «rééduqué» après la prise de pouvoir des communistes en 1949.

YAN'AN

A 280 km au nord de Xi'an, la petite ville de **Yan'an**, ainsi que les villes voisines de **Wuqi** et de **Bao'an**, sont devenues célèbres pour le rôle qu'elles ont joué à la fin de la Longue Marche en 1935.

En octobre 1935, presque une année jour pour jour après le départ des 80 000 soldats de l'Armée Rouge du soviet du Jiangxi, ce qui restait des forces communistes arriva à Wuqi, un village du nord du Shaanxi. Il n'y avait que 4000 survivants, dont Mao Zedong, Zhou Enlai et Deng Xiaoping. Sain et sauf dans ces vallées retranchées du plateau de loess, Mao fit de Yan'an sa nouvelle base où il vécut de 1936 à 1947. A l'époque, il donna de longs interviews à un journaliste américain, Edgar Snow, qui fit paraître par la suite un ouvrage important, Red Star over China, qui présenta pour la première fois au monde extérieur les origines, l'évolution et la motivation de l'Armée Rouge, et qui contenait l'autobiographie de Mao.

Une fois installés à Yan'an, les communistes mirent en pratique une politique concrète de réforme agraire qui fut très largement soutenue par les paysans. En même temps, la victoire psychologique que représentait la Longue Marche, avec ses 12 500 km, fut exploitée à fond à l'intérieur du Parti et de l'armée. Pendant les années passées à Yan'an, les communistes développèrent ce qu'ils appelèrent l'esprit de Yan'an, c'est-à-dire l'autarcie complète, car il leur fallait subvenir entièrement à leurs besoins, cultivant pour se nourrir et fabriquant eux-mêmes les outils et les armes pour se défendre.

Yan'an se trouve à 8 heures de bus de Xi'an, ou à 6 heures de train. C'est une ville peu étendue, ramassée dans la vallée de la Yan. La pagode de Yan'an est devenue un symbole national reproduit sur les timbres poste, les billets de banque et les pièces de monnaie. En ville, quatre des «résidences» de Mao, toutes des habitations troglodytes de style local, peuvent être visitées (en raison des bombardements japonais, il changeait fréquemment de maison). Le Musée de Yan'an raconte toute l'histoire de la Révolution avec une grande exposition d'objets, de photos et de pièces d'archives.

ZHENGZHOU

Depuis l'époque néolithique, toute la moyenne vallée du fleuve Jaune a connu une intense activité humaine. Mais si les eaux du fleuve apportent la fertilité, elles sont aussi source de malheurs et les inondations ont été fréquentes dans la région. En 1937, alors que l'envahisseur japonais se rapprochait de Zhengzhou, les nationalistes firent bombarder, pour sauver la ville, les digues du fleuve, inondant toutes les zones agricoles alentour et sacrifiant des dizaines de milliers de vies. Zhengzhou, la capitale du Henan, aurait déjà été le site d'une ville sous les Shang, vers le 14e siècle avant J.-C. Mais c'est surtout avec la construction des premiers chemins de fer, à la fin du 19e siècle, qu'elle va se développer comme nœud ferroviaire tant pour le trafic est-ouest que nord-sud, et comme ville industrielle.

La ville actuelle est poussiéreuse et polluée, mais peut servir de point de départ pour quelques excursions intéressantes, dont **Anyang**, ancienne capitale de la dynastie Shang, **Kaifeng**, la capitale des Song du Nord (960-1127) (voir p. 93), et Luoyang avec les grottes de Longmen (voir p. 91). Il est également possible d'accéder en bus à la région du **Songshan**, la moins élevée des montagnes sacrées de Chine, ainsi qu'au fameux **monastère de Shaolin**, qui aurait été fondé par Bodhidharma, le moine indien qui introduisit le bouddhisme zen (*chan* en chinois) en Chine. Mais la réputation mondiale de ce monastère est plutôt due aux générations postérieures de moines, célèbres pour leur pratique des arts martiaux, ou *wushu*. Depuis quelques années, le nombre d'écoles d'arts martiaux dans la ville a décuplé et des étudiants du monde entier viennent ici en pèlerinage. Malgré l'afflux de touristes, les bâtiments du temple et surtout la Forêt de Pagodes (Talin) méritent une visite.

Pages suivantes:
Le grand marché du dimanche à Kashgar, ancienne étape sur la Route de la Soie.

LA GRANDE MURAILLE

William Lindesay

La Grande Muraille de Chine est une des constructions les plus remarquables que l'homme ait jamais réalisées. Elle cumule les superlatifs: c'est la plus longue, la plus ancienne, le projet qui a demandé le plus de temps et de labeur; elle fait partie intégrante de la géographie du nord de la Chine, et domine le paysage à des kilomètres alentour. Vue depuis les satellites dans l'espace, elle est repérable de manière aussi marquante que le Yangzi ou le Fleuve Jaune.

LES ORIGINES DE LA MURAILLE

La Grande Muraille est constituée en réalité plusieurs murailles, d'époques et de longueur différentes. Les principales phases de construction eurent lieu sous la dynastie des Qin (221-206 avant J.-C.), sous les Han (206 avant J.-C.-220 après J.-C.), puis sous les Ming (1368-1644). D'autres dynasties, notamment les Wei du Nord (386-534), les Qi du Nord (550-577), les Liao (916-1125) et les Jin (1115-1234) construisirent chacune des parties de muraille mais à moindre échelle.

Il n'y eut jamais en Chine de menace étrangère venant du sud, si l'on fait exception de l'arrivée des Occidentaux, mais toujours du nord où diverses ethnies – Xiongnu, Qidan, Jurchen, Mongols et Manchous – habitaient les steppes et les déserts environnants. Les Chinois Han vivaient dans les vallées centrales fertiles, cultivaient la terre et construisaient des villages et des villes en dur, qui étaient souvent fortifiés, alors que les peuplades septentrionales étaient des nomades et des chasseurs qui envahissaient le territoire Han à cheval.

De grandes murailles faites de terre battue existaient déjà à l'époque des Royaumes Combattants (475-221 avant J.-C.); construites sur de longues distances, elles entouraient une partie de certains Etats et empêchaient les invasions de masse. La construction de murailles continua de jouer un rôle important dans les stratégies de défense nationale, avec une sophistication et à une échelle toujours accrues. Roches, briques et mortier furent employés, et les garnisons qui patrouillaient étaient armés d'un arsenal ingénieux d'armes pour divers types de combat.

Ce fut à l'époque Ming que la construction de la Muraille atteignit son apogée. Ironie du sort, lorsque la Chine fut effectivement envahie par les

Manchous, la Muraille ne fut d'aucune utilité, car les soldats ennemis pénétrèrent dans le pays en empruntant un des points de passage les plus solidement fortifiés, la passe de Shanhaiguan, que leur ouvrit par traîtrise un général Ming. Les envahisseurs fondèrent la dynastie des Qing (1644-1911) et abandonnèrent la construction de murailles: leurs ennemis ne viendraient plus du nord, mais par la mer.

LES DÉFENSES MILITAIRES DES MING

Les vestiges de la Grande Muraille s'étendent depuis Jiayuguan, au Gansu, traversent le corridor du Hexi, puis le Ningxia, le Shaanxi, longent la frontière avec la Mongolie Intérieure, passent au nord de Pékin et dans le Hebei, avant d'aboutir sur la côte à Shanhaiguan. Au début du 17e siècle, en réponse à la menace grandissante d'une invasion manchoue, la structure existante fut rallongée avec la construction d'une muraille secondaire qui partait de Shanhaiguan vers le nord-est et traversait le Liaodong jusqu'aux rives du Yalu, la rivière qui marque la frontière entre la Chine et la Corée du Nord.

La région de Pékin regroupe les plus belles sections, que l'empereur Hongwu (1368-1398) fit construire dans les monts Yanshan et qui furent renforcées pendant les règnes de Yongle (1402-1424) et de Wanli (1573-1620). On compte quelque 673 km de muraille rien que dans la municipalité de Pékin.

La Chine avait souffert du joug étranger pendant près de trois siècles et, une fois que l'empereur Hongwu des Ming eut rétabli une dynastie chinoise, il décida d'empêcher toute nouvelle conquête en bâtissant des défenses frontalières adaptées. A l'époque, la capitale Ming se trouvait dans le sud, à Nankin, au cœur de la très fertile région du Yangzi, mais éloignée de la fragile frontière septentrionale. L'empereur adopta donc une politique dite de *panwang*, en installant, le long de la frontière, des princes loyaux – ses fils – pour la protéger.

Lorsque l'empereur Yongle arriva sur le trône en 1403, il décida de transférer la capitale de Nankin à Pékin. Il avait passé son enfance dans la région et y avait ensuite vécu en tant que Prince de Yan. C'était un soldat professionnel, un vétéran des escarmouches avec les Mongols, qui comprenait qu'un long règne et la stabilité de l'empire dépendaient de sa capacité à garder les hordes nomades à distance. Il fit donc massivement renforcer la Muraille et installa un système de fanaux qui permettait d'envoyer rapidement des signaux de fumée ou des signaux lumineux vers la capitale. En quelques heures seulement, l'empereur et ses ministres pouvaient être mis au courant de la situation à la frontière et pouvaient décider des mesures à prendre. Si la capitale était restée à

Nankin, l'information aurait pris plusieurs jours à parvenir à la cour. Pékin fut transformée en véritable place-forte, avec une douve et des hautes murailles autour de la Cité Impériale, qui abritait, derrière une seconde rangée de murs, le Palais lui-même. Tout le matériel de construction fut acheminé par le Grand Canal, construit des siècles auparavant sous les Sui, puis réaménagé et agrandi par les Yuan pour permettre le ravitaillement de la capitale.

Une grande partie de la Muraille au nord de Pékin suit la crête des montagnes : ici les remparts sont pratiquement impossibles à franchir pour une armée ennemie, surtout si elle se déplace à cheval. Il existait cependant quelques vallées qui avaient servi de points de passage depuis des siècles. Ces endroits stratégiques furent donc fortifiés plus solidement avec des murailles plus épaisses, des remparts plus hauts et des tours de guet plus rapprochées. Un système de murailles doubles formait des circuits fermés dans lesquels une armée pouvait être prise au piège. Des garnisons nombreuses furent maintenues à tous ces passages. Pour l'envahisseur, ce système de remparts avait dû paraître infranchissable.

Au système de défense et de communication de la Grande Muraille s'ajoutaient des expéditions militaires au cœur du territoire mongol pour détruire les campements et brûler la steppe. L'empereur Yongle conduisit personnellement plusieurs d'entre elles ; à nouveau, Pékin servait de point de départ idéal pour ce type de campagne. Ainsi, la Muraille devrait plutôt être comprise comme étant la dernière ligne de défense, et non pas la frontière elle-même.

VISITE DE LA GRANDE MURAILLE

Plusieurs sites à proximité de Pékin, dont Badaling, Juyongguan, Mutianyu, Jinshanling et Simatai, ont été reconstruits et ouverts au tourisme. Pour accéder à la Muraille à ces endroits, il est nécessaire d'acheter un billet. Trois des sites ont en outre été équipés de téléphériques, car la montée à pied, souvent raide, peut être éprouvante. En revanche, les personnes qui ont le temps et qui aiment marcher peuvent se rendre sur d'autres secteurs en dehors de ceux susmentionnés, des parties encore couvertes de végétation, loin des hordes de touristes.

Badaling fut la première section à être ouverte au public. A 65 km au nord de Pékin, et accessible par une nouvelle autoroute à péage, elle se trouve à une heure et demie de la ville. Avec plus de 10 000 visiteurs par jour en été, c'est de loin la section la plus touristique, mais la vue y est magnifique et elle a le

L'un des secteurs les plus impressionnants de la Grande Muraille, près de Jinshanling.

grand avantage pour les agences de tourisme de permettre de combiner facilement en une journée la visite des tombeaux Ming. Un **musée de la Grande Muraille** y a été ouvert, où sont exposés des armes et divers objets retrouvés dans les environs. Une scène de bataille a également été recréée, avec des explications sur les techniques de construction et les stratégies employées. Près de là, une salle de cinéma Omnimax présente, pour le plus grand bonheur des enfants, un film de 15 minutes sur l'histoire de la Muraille et quelques-unes des légendes qui s'y rattachent.

Cinq lignes de bus publics desservent Badaling depuis Pékin ; au retour, ils s'arrêtent aux tombeaux Ming. Les bus partent depuis l'est de Qianmen, en face du McDonald, depuis le côté ouest de la gare de Pékin, et en face du zoo. Les départs ont lieu le matin uniquement, de 6 h à 10 h tous les jours d'avril à novembre, et de 6 h 30 à 10 h de décembre à mars. Le trajet dure 90 minutes au moins. Au retour, les bus quittent Badaling entre 13 h 30 et 17 h 30 en été, et plus tôt en hiver. La plupart des hôtels proposent également des tours en minibus.

Le site de **Juyongguan** est visible depuis la route lorsque l'on se rend à Badaling. Cette muraille était une seconde ligne de défense, à l'arrière de la première. En 1990, une section avec des remparts, des portes et des tours a été entièrement reconstruite. Seule une petite partie du matériau de construction est d'origine, le gros ayant été réemployé par les paysans sous les Qing et à l'époque républicaine. La vue depuis le sommet des remparts est excellente et permet d'apprécier tout le caractère stratégique de ce col.

La véritable raison de s'arrêter à Juyongguan est de visiter le Yuntai, la **Terrasse des Nuages**, une plate-forme de marbre construite par les Yuan (1279-1368) pour servir de base à une pagode. Les murs intérieurs de la plate-forme sont entièrement gravés de textes et de représentations bouddhiques. Les textes, des formules de conjuration, sont écrits en six langues (chinois, ouïghour, tibétain, sanscrit et tangut).

Mutianyu, à 80 km au nord de Pékin, dans le district de Huairou, est également un secteur très visité. Du sommet des 1000 marches qui conduisent au point le plus haut s'étend un magnifique panorama, surtout en automne lorsque les collines boisées s'habillent de couleurs chaudes. Pour ceux qui ont encore de l'énergie, une promenade vers l'ouest est recommandée. Au bout d'un kilomètre, on arrive à des remparts en ruines, puis après 30 à 40 minutes de marche, à une boucle nommée «Corne de bœuf». A quelques centaines de mètres se dresse la plus haut fanal de la région.

Un bus public, la ligne 6, part pour Mutianyu depuis la cathédrale méridionale de Pékin (à l'angle nord-est de l'intersection Xuanwumen, près de la station de métro du même nom). Les bus partent de 6 h à 10 h tous les jours d'avril à novembre et, les autres mois, le samedi et le dimanche uniquement de 7 h à 9 h. Ils quittent Mutianyu entre 13 h et 17 h et s'arrêtent au retour au temple de Hongluo et au lac Yanqi. Le trajet dure deux heures environ.

Jinshanling et **Simatai** sont des sections voisines de la Muraille à l'est de Gubeikou, à 120 km au nord-est de Pékin à cheval entre la municipalité et la province du Hebei. Ces secteurs sont probablement les plus beaux de la Muraille par leur hauteur, la solitude qui y règne, et le nombre de tours de guet qui les ponctuent comme des crêtes sur le dos d'un dragon. Par beau temps, on aperçoit le lac Miyun, le principal réservoir d'eau de Pékin. A Jinshanling, la Muraille grimpe les flancs de la montagne puis s'étend entre deux pics tel un pont suspendu en pierre. Chaque angle est marqué d'une tour. Un élément frappant ici est l'emploi de petits murs de défense sur la Muraille elle-même, construits pour repousser d'éventuels envahisseurs qui auraient réussi à l'escalader.

A quelques kilomètres à l'est (à 3 h de marche), à Simatai, c'est l'un des secteurs les plus escarpés qui attend le randonneur. Une partie de la Muraille a été reconstruite, mais très rapidement l'on arrive à une montée raide qui conduit à la crête de Simatai et à la plus haute tour de guet. Attention, le chemin, très étroit, n'est pas consolidé et, en certains endroits, très aérien. Un peu plus loin, l'Escalier du Ciel est un passage encore plus délicat, vivement déconseillé à ceux qui souffrent de vertige.

Le bus touristique nº 12 quitte Xuanwumen, devant la cathédrale, pour Simatai. Les départs ont lieu toutes les demi-heures le week-end et les jours fériés. Le trajet dure 3 h environ, avec un arrêt bref à l'étang de Bailongtan au retour. Un service de minibus existe également depuis le côté est de la gare de Pékin. Jinshanling et Simatai se trouvent à l'est de Gubeikou, sur la ligne de chemin de fer Pékin-Chengde.

Une excursion très agréable d'une journée à Simatai peut être organisée par Jarrah Pour, un expatrié iranien et habitant de longue date de Pékin, qui parle couramment l'anglais (tél. mobile 9089-3026 ou 13810-14866). Il a ses bureaux à l'hôtel Jingtai, et organise des excursions en minibus (20 places) deux fois par semaine, généralement le mardi et le vendredi. Il organise également des visites à la carte de la Muraille à des prix très raisonnables. Les bus quittent l'hôtel Jingtai à 8 h 30 le matin et arrivent à Simatai vers midi. Après trois ou quatre heures sur la Muraille, ils repartent pour rentrer à Pékin vers 19 h.

Ceux qui voudraient voir la Muraille sans touristes se dirigeront vers **Huanghuacheng**, à 60 km au nord de Pékin. Ce secteur fut solidement renforcé pendant le règne de Wanli et présente une particularité : d'être construit avec des roches de provenances diverses, dont du granit rose, du gabbro gris et de la dolérite blanche. En marchant vers l'ouest, on arrive à une première tour de guet qui contient encore une plaque commémorative datant de 1580, qui rappelle les exploits des garnisons qui défendaient ici la capitale. A l'est, la montée est très raide et conduit au sommet le plus élevé de la région. Seuls les bus publics mènent à cette section de la Muraille (départ de Dongzhimen, changement à Huairou pour Huanghuacheng).

En 1987, William Lindesay a parcouru seul et à pied les 2470 km de Grande Muraille qui séparent Jiayuguan de Shanhaiguan. Il a raconté son aventure dans Alone on the Great Wall *(1989), non encore traduit en français. Depuis, il est retourné plusieurs fois à la Muraille au Gansu, au Shanxi et au Hebei. Il prépare actuellement un guide sur la Muraille.*

A Shanhaiguan, la Grande Muraille
quitte les montagnes et traverse la plaine côtière
jusqu'au golfe de Bohai.

Pages suivantes :
Le monastère bouddhique de Po Lin
sur l'île de Lantau, près de Hong Kong.

ADRESSES UTILES

HÔTELS

La liste des hôtels des principales villes chinoises qui suit n'est en aucune façon exhaustive. Comme les prix des chambres changent rapidement en Chine, les hôtels ont été groupés en quatre catégories mais sans indications précises de prix. Les hôtels de luxe, qui n'existent pas dans toutes les villes, offrent des chambres doubles à 150 US$ ou plus, les hôtels de première classe proposent la chambre double autour de 90 US$, les hôtels standard pour environ 40 US$, et les hôtels budget, pour 20 US$.

■ *CANTON* (020)

□ *Supérieur*

White Swan Hotel
(Baitian'e Binguan, le Cygne Blanc)
Ile de Shamian.
Tél. 8888-6968, fax 886-1188
Le premier des hôtels à capitaux mixtes de Canton, ouvert en 1983, aggrandi en 1988. L'un des meilleurs hôtels du sud de la Chine.

China Hotel
111-118 Liuhua lu.
Tél. 8666-6888, fax 8667-7014
L'hôtel des hommes d'affaire. Piscine, nombreux restaurants, bowling. Situé entre l'ancien hôtel Dongfang et le Palais des Expositions.

Garden Hotel
368 Huanshi dong lu.
Tél. 8333-8989, fax 8335-0467
Grande salle de conférence, piscines.

□ *Première classe*

Hôtel Dongfang
120 Liuhua lu.
Tél. 8666-9900, fax 8666-2775
Le plus ancien des grands hôtels de Canton. Construit dans les années 1950, rénové et agrandi dans les années 1980.

Holiday Inn City Centre
Huanshi dong lu.
Tél. 8776-6999, fax 8775-3126, http: //holiday-inn.com
Bien situé dans le quartier commercial, à 20 minutes de l'aéroport et 10 minutes de la gare centrale. Piscine, disco, restaurants européen et chinois.

Nuage Blanc (Baiyun)
367 Huanshi dong lu.
Tél. 8333-3998, fax 8334-3032

Ramada Pearl
9 Ming Yue Yi lu.
Tél. 8737-2988, fax 8737-7481
Dans le quartier de Dongshan, au

bord de la rivière. Excellent centre sportif avec piscines, courts de tennis et de squash, practice de golf.

Hôtel Landmark Canton
Qiaoguang lu.
Tél. 8335-5988, fax 8333-6197
Au cœur de la ville, près de la rivière. En cours de rénovation.

□ *Standard*

Aiqun, 113 Yanjiang lu.
Tél. 8186-6668, fax 81 88-3519
Bâti dans les années 1930 ; il donne sur la rivière des Perles.

■ *CHENGDU* (028)

Hôtel Jinjiang
36 Renmin nan lu.
Tél. 558-2222, fax 558-1849
Construit dans les années 1960 et rénové depuis. Un peu défraîchi.

Hôtel Minshan
17 Renmin nan lu.
Tél. 558-3333, fax 558-2154
Plus confortable que le Jinjiang.

Hôtel Sichuan
31 Zhongfu jie.
Tél. 675-5555, fax 674-5263
Bien centré ; appelé autrefois l'hôtel Dongfeng, récemment rénové.

Jiaotong Hotel (Hôtel des Transports)
Gare routière Xinnanmen.
Tél. 555-4962, fax 558-2777
Hôtel budget.

■ *CHONGQING* (023)

Holiday Inn Yangtze Chongqing
15 Nanping bei lu.
Tél. 6280-3380, fax 6280-0884, http : //holiday-inn.com
Sur la rive sud, à dix minutes en voiture de la ville.

Hôtel Marriott
77 Qingnian lu.
Tél. 6384-9301, fax 6388-8777

Hôtel Chongqing
Xinhua lu.
Tél. 6384-9301, fax 6384-3085

Chongqing Renmin
Renmin lu.
Tél. 6385-1421, fax 6385-2070

■ *DALIAN* (0411)

Holiday Inn Dalian
18 place Shengli.
Tél. 280-8888, fax 280-9704, http : //holiday-inn.com
A 15 min. du port de Dalian. Restaurants de cuisines asiatiques et occidentales.

■ *FUZHOU* (0591)

Lakeside Hotel
Hubin lu. Tél. 783-9888
fax 783-9752
Près du lac de l'Ouest, à 20 minutes de l'aéroport.

Hot Springs Hotel (Wenquan dasha)
Wusi lu. Tél. 785-1818, fax 783-5130
Au centre ville. L'eau chaude dans les chambres provient de la source proche.

Hôtel des Chinois d'outre-mer (Huaqiao dasha)
Wusi lu. Tél. 755-7603, fax 755-0648
Rénové dans les années 1980. Bureaux du China Travel Service.

Hôtel du Lac Banyan (Ronghu fandian)
17 Ronghu bei lu.
Tél. 282-3811, fax 282-5390
Autrefois la résidence du seigneur de la guerre du Guangxi, Bai Chongxi. A 15 minutes du centre ville.

Hôtel Lijiang
1 Shanhu beilu.
Tél. 282-2881, fax 282-2891
Au centre, près des rues commerçantes.

■ *GUILIN* (0773)

Sheraton Guilin
Binjiang nan lu.
Tél. 282-5588, fax 282-5598
Sur la rivière Li. Piscine.

Holiday Inn Guilin
14 Ronghu nan lu.
Tél. 282-3950, fax 282-2101, http: //holiday-inn.com
Près du lac Ronghu. Hôtel confortable dans un quartier paisible.

Hôtel Guishan
Chuanshan lu.
Tél. 581 3388, fax 581 4851
Sur la rive est de la rivière Li.

Royal Garden Hotel
Yanjiang lu.
Tél. 581 2411, fax 581 5051

Hôtel de l'Osmanthe (Dangui dajiulou)
451 Zhongshan nan lu.
Tél. 383-4300, fax 383-5316

■ *HANGZHOU* (0571)

Hangzhou Shangri-La
78 Beishan lu.
Tél. 707-7951, fax 707-3545
Donne sur le lac de l'Ouest. Autrefois l'hôtel Hangzhou, construit par les Russes.

Dragon Hotel (Huanglong)
Shuguang lu.
Tél. 799-8833, fax 799-8090
Géré par la chaîne New World de Hong Kong. Piscine, courts de tennis, salle de conférence, disco.

Hôtel Wanghu
2 Huangcheng xi lu.
Tél. 707-1942, fax 707-1350
Sur la rive nord du lac.

Parmi les hôtels moins chers, notons :
Huagang, Huanhu xi lu.
Tél. 799-8899, fax 799-2481

Huajiashan, 2 Xishan lu.
Tél. 707-1224, fax 707-3980 ;

Zhejiang Guesthouse
68 Santaishan lu.
Tél. 808-2924, fax 806-4966

Hôtel Novotel Hangzhou
298 Qingchun lu.
Tél. 721-5888, fax 721-5108,
http: //www.novotel.com

■ *HARBIN* (0451)

Holiday Inn City Centre Harbin
90 Jingwei jie.
Tél. 422-6666, fax 422-1661,
http: //holiday-inn.com
A 30 minutes en voiture de l'aéroport et à 10 minutes de la gare.

Hôtel Shangri-la
555 Youyi lu, quartier de Daoli.
Tél. 485-8888, fax 462-1777

■ *HEFEI* (0551)

Holiday Inn Hefei
1104 Changjiang dong lu.
Tél. 262-0099, fax 262-0066,
http: //holiday-inn.com

■ *HOHHOT* (0471)

Hôtel Zhaojun
11 Xinhua lu.
Tél. 696-2211, fax 696-8825
Ouvert en 1988, trois restaurants, disco.

Hôtel de la Mongolie intérieure (Neimenggu fandian)
Hulun nan lu.
Tél. 696-4233, fax 696-1479
Bureaux de la CITS dans l'hôtel.

Xincheng Guesthouse
Hulun nan lu.
Tél. 629-2288, fax 693-1141
Un peu défraîchi.

■ *KAIFENG* (0378)

Kaifeng Guesthouse
102 Ziyou lu. Tél. 595-5589

Hôtel Dongjing
14 Yingbin lu. Tél. 398-9388

■ *KUNMING* (0871)

Golden Dragon Hotel (Jinlong, Dragon d'Or)
575 Beijing lu.
Tél. 313-1402, fax 313-1082
Le plus nouveau hôtel de Kunming et le seul de style international. Dans le centre commercial de la ville. Bureaux de la compagnie aérienne Dragonair.

Green Lake Hotel (Cuihu, le Lac Vert)
6 Cuihu nan lu.
Tél. 515-8888, fax 515-7867
Vieil hôtel rénové récemment., très confortable.

Hôtel Kunhu
Beijing lu. Tél. 313-3737
Hôtel budget avec dortoir, près de la gare centrale et de la gare routière. Billets de bus en vente pour Dali et d'autres destinations.

Holiday Inn Kunming
25 Dongfeng dong lu.
Tél. 316-5888, fax 313-5189,
http: //holiday-inn.com
232 chambres, sept restaurants, piscine, sauna.

Hôtel Harbour Plaza
20 Honghua qiao.
Tél. 538-6688, fax 538-1189

Kai Wah Plaza International
(ex-Westin)
157 Bejing lu.
Tél. 356-2828, fax 356-1818

Hôtel King World
28 Beijing lu.
Tél. 313-8888, fax 313-1910

Hôtel Kunming
145 Dongfeng dong lu.
Tél. 316-2063, fax 313-8220

■ *LANZHOU* (0931)

Hôtel Jincheng
Tianshui lu.
Tél. 841 6638, fax 841 8438
Situé à côté de CITS. Sept restaurants.

Hôtel Lanzhou
204 Donggang xi lu.
Tél. 841 6321, fax 841 8608
Hôtel de style soviétique, près des marchés et de la gare. Dortoir.

Hôtel Lanzhou Legend
399 Tianshui lu.
Tél. 888-2876, fax 888-7876

Hôtel Lanzhou Huayi
14 Xijin xi lu.
Tél. 233-3051, fax 233-0304
Hôtel de style soviétique, chambres adéquates.

■ *LHASSA* (0891)

Lhasa Hotel
Minzu lu.
Tél. 633-2221, fax 633-4632
Le meilleur hôtel de Lhassa, autrefois nommé Holiday Inn. Equipé de réservoirs à oxygène pour les clients souffrant de mal d'altitude. Restaurants chinois et occidentaux.

Tibet Guesthouse
221 Beijing xi lu.
Tél. 633-4966, fax 633-6787
Près du Lhasa Hotel, construit dans un style tibétain.

■ *LUOYANG* (0379)

Luoyang Peony Hotel (Mudan)
15 Zhongzhou xi lu.
Tél. 491 3699, fax 491 3668
Nouvel hôtel avec coffee shop, bar, disco et l'inévitable karaoke.

Friendship Guesthouse
6 Xiyuan lu.
Tél. 491 2708, fax 491 3808

■ *NANKIN* (025)

Hôtel Jinling
2 Hanzhong lu, Xinjiekou.
Tél. 471 1888, fax 471 1666,
http: //www.jinlinghotel.com
Très bien situé au centre ville. Le plus moderne des hôtels de Nankin.

Hôtel Nanjing
319 Zhongshan bei lu.
Tél. 480-8888, fax 480-9999
Vieil hôtel bâti dans un grand jardin.

Hôtel Dingshan
90 Chaha'er lu.
Tél. 880-2888, fax 882-1729
Dans le quartier nord-est de la ville. Décentré mais confortable.

Hôtel Central (Zhongxin Dajiudian)
75 Zhongshan lu.
Tél. 473-3888, fax 473-3999

Hôtel Ge Plaza
89 Hanzhong lu.
Tél. 471-8888, fax 471-8727

Holiday Inn Yihua Nanjing
259 Zhongshan bei lu.
Tél. 343-8716, fax 342-6676,
http: //holiday-inn.com

Jiangsu Dajiudian
28 Zhongshan bei lu.
Tél. 332-9888, fax 332-0888
Très bon rapport qualité-prix, chambres confortables

■ *PÉKIN* (010)

□ *De luxe*

Beijing Hotel (Hôtel de Pékin)
33 Dong Chang'an dajie.
Tél. 6513-7766, fax 6513-7703
Le plus ancien et le mieux connu des hôtels de Pékin, construit en 1900. Situé près de la place Tiananmen et de la rue Wangfujin.

China World Hotel
1 Jianguomenwai dajie.
Tél. 6505-2266, fax 6505-3167/8/9
Fait partie d'un énorme complexe qui inclut le Trader's Hotel et le China World Trade Center et plus de vingt restaurants. Géré par la chaîne Shangri-La.

Grand Hôtel Beijing
35 Dong Chang'an dajie.
Tél. 6513-7788, fax 6513-0049
L'aile ouest de l'hôtel de Pékin, mais sous une autre gérance.

Great Wall Sheraton
Donghuan beilu, Chaoyang.
Tél. 6500-5566, fax 6500-1919
Hôtel à capitaux mixtes situé près de Sanlitun où se trouve la plupart des ambassades. Service de bus pour le centre ville.

Holiday Inn Crowne Plaza
48 Wangfujing dajie, Dengshi xikou.
Tél. 6513-3388, fax 6513-2513
Très bien situé à dix minutes à pied de la Cité interdite.

Holiday Inn Lido Beijing
Jiangtai lu, Chaoyang
Tél. 6437-6688, fax 6437-6237,
http: //holiday-inn.com
Sur la route de l'aéroport. Supermarché, piscine. Service de bus pour le centre ville.

Jianguo
5 Jianguomenwai dajie.
Tél. 6500-2233, fax 6500-2871
Près du centre des affaires de Pékin. Piscine.

Jinglun Beijing-Toronto
3 Jianguomenwai dajie.
Tél. 6500-2266, fax 6500-2022
Près du centre des affaires de Pékin.

Kempinski Hotel
Neijing Lufthansa Centre
50 Liangmaqiao lu.
Tél. 6465-3388, fax 6465-3366
540 chambres, 13 restaurants, bar, piscine, tennis et même une brasserie bavaroise. Situé sur la nouvelle route de contournement.

Palace Hotel
8 Jinyu hutong, Wangfujing.
Tél. 6512-8899, fax 6512-9050
Géré par le groupe Peninsula de Hong Kong. Piscine.

Shangri-La
29 Zizhuyuan Lu.
Tél. 6841 2211, fax 6841 8006
Décentré (à 15 minutes en voiture de la place Tiananmen). Service de bus pour le centre ville. Les chambres sont parmi les meilleures de Pékin.

□ *Première classe*

Beijing Airport Mövenpick-Radisson Hotel
Village Xiaotianzhu, district de Shunyi.
Tél. 6456-5588, fax 64561234
A cinq minutes de l'aéroport. Courts de tennis.

Beijing International Hotel
9 Jianguomennei dajie.
Tél. 6512-6688, fax 6512-9972
Enorme complexe avec courts de tennis, piscines, magasins.
A cinq minutes en taxi de la place Tiananmen.

Holiday Inn Downtown
98 Beishi lu.
Tél. 6833-8822, fax 6834-0696
Piscine, restaurant indien. Situé dans un quartier non touristique.

Hôtel Kunlun
21 Liangmaqiao lu, quartier de Chaoyang.
Tél. 6590-3388, fax 6590-3228,
http: //www.hotelkunlun.com

Landmark Hotel
8 Beisanhuan lu.
Tél. 6501 6688, fax 6501 3513
Complexe résidentiel et commercial près du Sheraton Great Wall.

Hôtel SAS Radisson
6A East Beisanhuan lu.
Tél. 6466-3388, fax 6465-3186
A côté du Centre des Expositions internationales.

□ *Standard*

Hôtel Capital
3 Qianmen dong dajie.
Tél. 6512-9988, fax 6512-0323

Friendship Hotel (Hôtel de l'Amitié)
3 Baishiqiao lu.
Tél. 6849-8888, fax 6849-8866

Minzu
51 Fuxingmennei dajie.
Tél. 6601 4466, fax 6601 4849

Qianmen
1 Yongan lu.
Tél. 6301 6688, fax 6301 3883

Hôtel Taiwan
5 Wangfujing Jinyu hutong (Goldfish Lane).
Tél. 6513-6688, fax 6513-6596

Zhuyuan (Bamboo Garden)
24 Xiaoshiqiao hutong, Jiugulou dajie.
Tél. 6403-2299, fax 6401 2633

□ *Budget*

Hôtel Hademen
2A Chongwenmenwai dajie.
Tél. 6711 2244, fax 6711 6865

Jinghua fandian
Nan Sanhuan xilu. Tél. 6722-2211

Qiaoyuan
Dongbinhe lu, You'anmenwai.
Tél. 6303-8861, fax 6318-4709

Tiantan Tiyu Guesthouse
10 Tiyuguan lu.
Tél. 6711 3388, fax 6711 5388

■ *QUANZHOU* (0595)

Golden Fountain Hotel (Jinquan, Source d'Or)
Baiyianqing chi.
Tél. 228-5078, fax 228-4388
Près du lac.

Overseas Chinese Mansions (Huaqiao dasha, hôtel des Chinois d'outre-mer)
Baiyuanqing chi.
Tél. 228-5601, fax 228-4612

■ *SHANGHAI* (021)

□ *Supérieur*

Grand Hyatt
Jinmao building, Pudong.
Tél. 5049-1234, fax 5049-1111
Occupe les étages 53 à 87 du plus haut immeuble de Chine. Vues imprenables sur le Bund. Ses restaurants sont parmi les meilleurs de Shanghai.

Holiday Inn Pudong
899 Dongfang lu, Pudong.
Tél. 6875-2895, fax 6875-1605

New Asia Tomson Hotel
777 Zhangyang lu, Pudong.
Tél. 5831-8888, fax 5831-7777
Construit en 1996, c'était le premier hôtel cinq étoiles de Pudong.
Très confortable et bien géré.

Shanghai Hilton International
250 Huashan lu.
Tél. 6248-0000, fax 6248-3868
Situé entre la zone de développement de Hongqiao et le centre des affaires.
Courts de tennis et de squash, piscine.

Jinjiang Hotel
59 Maoming nan lu.
Tél. 6253-4242, fax 6472-5588
Au cœur de l'ancienne concession française, à l'origine un hôtel privé pour les Français résidant à Shanghai (le bloc nord date de 1931). Restaurants, magasins, disco.

Shanghai Jingcang Mandarin
1225 Nanjing xi lu.
Tél. 6279-1888, fax 6279-1822
Ouvert en 1991. Bien situé en face du Shanghai Centre.

Portman Ritz-Carlton
1376 Nanjing xi lu.
Tél. 6279-8888, fax 6279-8800
Fait partie du Shanghai Centre.

Westin Tai Ping Yang Hotel
5 Zunyi nan lu.
Tél. 6275-7576, fax 6275-5420
Le meilleur hôtel de la zone de développement de Hongqiao.

□ *Première classe*

Jinjiang Tower
161 Changle lu.
Tél. 6433-4488, fax 6433-3265
Ouvert en 1990. Tous les services d'un hôtel international de première classe.

Peace Hotel (Heping fandian, Hôtel de la Paix)
20 Nanjing dong lu.
Tél. 6321 1244, fax 6329-0300
Construit à la fin des années 1920, cet hôtel est devenu, sous le nom de Cathay, le plus célèbre de la ville. Conserve encore le charme de cette époque. Très bien situé sur le Bund.

Yangtze New World
2099 Yan'an xi lu.
Tél. 6275-0000, fax 6275-0750
Hôtel quatre étoiles situé sur la route de l'aéroport.

□ *Standard*

Overseas Chinese Hotel (Huaqiao fandian)
104 Nanjing xi lu.
Tél. 6327-6226, fax 6372-3634
L'un des hôtels les mieux situés de la ville. Fréquenté par les Chinois d'outre-mer.

Hôtel du Parc
170 Nanjing xi lu.
Tél. 6327-5225, fax 6327-6958
Hôtel des années 1930 situé près du parc du Peuple (Renmin).

Shanghai Mansions
20 Suzhou bei lu.
Tél. 6324-6260, fax 6306-5147
Autre hôtel des années 1930 sur la rive nord de Suzhou Creek. Autrefois le Broadway Mansions.

□ *Budget*

Hôtel Pujiang
17 Huangpu lu.
Tél. 6324-6388, fax 6324-3179
En face du Shanghai Mansions, donne sur la rivière Huangpu. Rénové en 1990, abrite la nouvelle bourse de Shanghai.

Seagull Hotel (Hai'ou fandian, hôtel de la Mouette)
60 Huangpu lu.
Tél. 6325-1500, fax 6324-1263

■ *SUZHOU* (0512)

Aster Hotel (Yadu dajiudian)
156 Sanxiang lu.
Tél. 829-1888, fax 829-1838
Géré par la chaîne New World de Hong Kong. Hôtel de première classe avec piscine, bowling, etc. «Food Street» au 1er étage avec spécialités chinoises, asiatiques et occidentales.

Bamboo Grove Hotel (Zhuhui fandian)
Zhuhui lu.
Tél. 520-5601, fax 520-8778
Nouvel hôtel à 15 minutes à pied du jardin du Maître des Filets.

Hôtel Nanlin
2 Gunxiu fang, Shiquan jie.
Tél. 522-4641, fax 523-1028
Sur la principale rue commerçante de la ville. Confortable et agréable.

Hôtel Suzhou
115 Shiquan jie.
Tél. 520-5733, fax 520-4015
Hôtel plus ancien avec chambres de plusieurs catégories.

Hôtel Gusu
115 Shiquan jie.
Tél. 520-0393
Construit à côté de l'hôtel Suzhou.

■ *TIANJIN* (022)

Sheraton
Zijinshan lu, district de Hexi.
Tél. 2334-3388, fax 2335-8740
Bien situé. Restaurant italien.

Hyatt Tianjiu
Jiefang bei lu.
Tél. 2331-4222, fax 2331-0021
Au centre du quartier des affaires.

Holiday Inn Tianjin
290 Zhongshan lu.
Tél. 2628-8888, fax 2628-6666, http: //holiday-inn.com
Ouvert en 1997.

■ *URUMQI* (0991)

Holiday Inn
53 Xinhua bei lu.
Tél. 281 8788, fax 281 7422
Le seul hôtel de style international de la ville. Trois restaurants.
A côté de la CITS.

Hôtel Kunlun
Youhao lu.
Tél. 484-0411, fax484-0213
Grand hôtel au nord de la ville. Deux restaurants chinois et deux musulmans. Dortoir dans l'ancien bâtiment.

Hôtel Xinjiang
107 Changjiang lu.
Tél. 585-2511, fax 581 1354
Près de la gare. Chambres doubles avec bain ou chambres à trois ou à quatre.

■ *WUHAN* (0??)

Holiday Inn Tian An Wuhan
868 Jiefang dadao.
Tél. 8586-7888, fax 8584-5353,
http: //holiday-inn.com
400 chambres, trois restaurants chinois, disco, fitness.

Hôtel Shangri-la
700 Jianshe dadao.
Tél. 8580-6868, fax 8577-6868

■ *WUXI* (0510)

Hôtel Hubin
Liyuan lu.
Tél. 510-1888, fax 510-2637
En face du jardin Li, cadre tranquille.

Holiday Inn Milido Wuxi
2 Liangxi lu.
Tél. 676-5665, fax 670-1668,
http: //holiday-inn.com
Sur les berges du Grand Canal au cœur du quartier des affaires, à 10 minutes de la gare et 20 minutes de l'aéroport.

New World Courtyard Merriot Hotel (Xinshijie Wanyi jiudian)
335 Zhongshan lu.
Tél. 276-2888, fax 276-3388
En plein centre ville.

■ *XIAMEN* (0592)

Holiday Inn Harbour View Xiamen
Zhenhai lu.
Tél. 202-3333, fax 203-6666
Ouvert fin 1991, seul hôtel de luxe de Xiamen.
Situé au centre, à 5 minutes du quai pour Gulangyu.

Hôtel Mandarin (Yuehua)
Zone résidentielle des étrangers, Huli.
Tél. 602-3333, fax 602-1431
Hôtel quatre étoiles à l'extérieur de la ville. Courts de tennis, piscines.

Hôtel Jinbao
124-126 Dongdu lu.
Tél. 601 3888, fax 601 3122
Hôtel de classe moyenne, souvent utilisé par les groupes.

Hôtel Lujiang
54 Lujiang lu.
Tél. 202-2922, fax 202-4664
Bien situé au bord de la mer en face du bac pour Gulangyu.

Xiamen Guesthouse
16 Huyuan lu.
Tél. 202-2265, fax 202-1765

■ *XI'AN* (029)

Hyatt Xi'an
158 Dongda jie.
Tél. 723-1234, fax 721-6799
Hôtel de luxe, bien situé.

Shangri-la, Golden Flower Hotel (Jinhua fandian)
8 Changle xi lu.
Tél. 323-2981,
e-mail : slx@shangri-la.com
Ouvert en 1985, le premier hôtel de style international de Xi'an.
Au nord-est de la ville.

Xi'an Garden (Tanghua binguan)
4 Yanying lu.
Tél. 526-1111,
fax 526-1778 et 526-1998
A l'est de la pagode de la Grande oie.
Construit dans le style Tang.

Sheraton Xi'an
12 Fenggao lu.
Tél. 426-1888, fax 426-2983
A l'extérieur de la porte ouest des murailles. Plusieurs restaurants.

Hôtel Dynastie (Qindu)
55 Huancheng xi lu.
Tél. 862-6262, fax 862-7728
Ouvert en 1990. Restaurants coréen, cantonais et occidental.

Bell Tower Hotel (Zhonglou fandian)
Carrefour de la tour de la Cloche.
Tél. 727-9200, fax 721 8767
Rénové récemment. Très bien situé au centre ville, près de la mosquée.

Xi'an Guesthouse
26 Chang'an lu.
Tél. 526-1351, fax 526-1796
Au sud des murailles, près de la CITS. Hôtel de classe moyenne.

Hôtel Royal Xi'an (Xi'an Huangcheng binguan)
334 Dong dajie.
Tél. 723-5311, fax 723-5887,
e-mail : royalxa@xa.col.com.cn
Sur la rue principale de la vieille ville ; géré par la chaîne Nikko.

Hôtel Diamond (Daerman jiudian)
19 Jiangong lu.
Tél. 222-9888, fax 222-0888
e-mail : diahtl@pub.xaonline.com
Le plus grand et le plus récent des hôtels cinq étoiles de Xi'an.
A 15 minutes à l'est des murailles de la ville. 307 chambres et suites, restaurants, gym, piscine, sauna.

■ *ZHENGSHOU* (0371)

Holiday Inn Crowne Plaza Zhengzhou
115 Jinshui lu.
Tél. 595-0055, fax 599-0770,
http : //holiday-inn.com
A 3 km de l'aéroport de Zhengzhou et 4 km de la gare.

OFFICES DU TOURISME
Bureaux principaux en Chine

Pékin (010)

Beijing Tourism Building
28 Jianguomenwai dajie
Tél. 6515-8562
Fax 6515-8603, 6515-8562

FIT Service (services et billets pour voyageurs individuels)
Département multi-service
2 Chongwenmen xi dajie
Tél. FIT: 6512-2211, int. 371 (ventes)
Tél. FIT: 6512-2211, int. 351 (Europe)

Billets :
Tél. 6512-6688 int. 1752 (avion)
Tél. 6512-6688 int. 1750 (trains internationaux)
Fax 6512-2006

Canton (020)
179 Huanshi lu
Tél. 8667-1450, fax 8667-8048

Chengdu (028)
Chambre 129 Hôtel Jinjiang
180 Renmin nan lu.
Tél. 667-3689, fax 666-3794

Fuzhou (0591)
44 Dongda lu
Tél. 753-7869, fax 753-7447

Guilin (0773)
14 Ronghu bei lu
Tél. 282-3518, fax 282-2936

Hangzhou (0571)
1 Shihan lu
Tél. 515-2888, fax 515-6576

Hohhot (0471)
Inner Mongolia Hotel
Tél. 692-4494, fax 696-1182

Kaifeng (0378)
64 Ziyou lu.
Tél. 595-5130, fax 595-5131

Kunming (0871)
8 Heping xincun
Tél. 313-2895

Lanzhou (0931)
361 Tianshui lu
Tél. 841-6164, fax 841-8556

Lhassa (0891)
Beijing dong lu
Tél. 633-0353

Luoyang (0379)
Hôtel de l'Amitié (Youyi fandian)
6 Xiyuan lu. Tél. 491-3701

Nankin (025)
202-1 Zhongshan bei lu
Tél. 334-6444, fax 330-8964

Shanghai (021)
33 Zhongshan dongyi lu
Tél. 6321-7200, fax 6329-1788

Suzhou (0512)
115 Shiquan jie
Tél. 522-3783

Tianjin (022)
20 Youyi lu, district de Hexi
Tél. 2835-0102, fax 2835-2619

Wuxi (0510)
7 Xinsheng lu
Tél. 270-6702, fax 270-1489

Xiamen (0592)
15e étage, bâtiment Zhenxing
Hubin bei lu
Tél. 505-1825, fax 505-1819

Xi'an (029)
Caochang Po
faubourgs sud de Nanjiao
Tél. 526-2066, fax 526-1453

Hong Kong (852)
Bureau principal
6e étage, Tour 2, South Seas Centre,
75 Mody Rd, Tsim Sha Tsui East,
Kowloon
Tél. 2732-5888, fax 2721-7154

Central Branch
Salle 1018, Swire House
11 Chater Rd, Central
Tél. 810-4282, fax 868-1657

Mongkok Branch
Salle 1102-1104, Bank Centre
636 Nathan Rd, Mongkok, Kowloon
Tél. 388-1619, fax 385-6157

OFFICE DU TOURISME
Bureau de la CITS en France

FRANCE
Office du tourisme de Chine
51 rue Sainte-Anne, 75002 Paris
Tél. 01 42 96 95 48
Fax 01 42 61 54 68

AGENCES DE VOYAGE

France

Les spécialistes :

ORIENTS

29, rue des Boulangers
75005 Paris
Té. 01 40 51 10 40
Fax 01 40 51 10 41
www.orients.com

VOYAGEURS EN CHINE

55, rue Sainte-Anne
75002 Paris
Tél. 01 42 86 16 40
Fax 01 42 61 14 93
www.vdm.com

MAISON DE LA CHINE

76, rue Bonaparte
75006 Paris
Tél. 01 40 51 95 00
Fax 01 46 33 73 03
www.maisondelachine.fr

ARTS & VIE

251, rue Vaugirard
75015 Paris
Tél. 01 40 43 20 21
Fax 01 40 43 20 29
www.artsvie.com
Bureaux d'accueil également à Lyon, Grenoble, Nice et Marseille.

CLIO

34, rue du Hameau
75015 Paris
Tél. 01 53 68 82 82
Fax 01 53 68 82 60
www.clio.fr

et aussi :

IKHAR

32, rue du Laos
75015 Paris
Tél. 01 43 06 73 13
Fax 01 40 65 00 78
ikhar@wanadoo.fr

EXPLORATOR

16, rue de la Banque
75002 Paris
Tél. 01 53 45 85 85
Fax 01 42 60 80 00
www.explo.com

ASIA

1, rue Dante
75005 Paris
Tél. 01 44 41 50 10
Fax 01 44 41 50 19
www.asia.fr

Suisse

AU TIGRE VANILLÉ

8, rue de Rive
1204 Genève
Tél. 022 817 37 37
Fax 022 817 37 39
www.vanillatiger.ch

VOYAGES & CULTURE

10, rue de Bourg
1002 Lausanne
Tél. 021 312 37 41
Fax 021 323 27 00
www.voyages-et-culture.ch

COMPAGNIES AÉRIENNES CHINOISES

Air China
Pékin : Aviation Building,
15 Chang'an xilu,
Tél. (10) 601-3336 (vols internes),
(10) 601-6667 (vols internationaux)

China Eastern Airlines
Pékin : tél. (10) 602-4070, 602-4071
Aéroport de Pékin : tél. (10) 456-2135
Shanghai : 789 Yan'an zhong lu,
tél. (021) 247-5953/1805 (vols internes),
(021) 247-1960/2255 (vols internationaux)
Paris : 6, rue de la Paix, 75002 Paris
tél. 01 44 86 03 00
fax 01 44 86 08 68

China North Airlines
Pékin : tél. (10) 602-4078, 601-7594
Aéroport de Pékin : tél. (10) 456-2170
Shenyang : 117 Zhonghua lu, Heping,
tél. (024) 386-3705

China Northwest Airlines
Pékin : tél. (10) 601-7589, 601-7574
Aéroport de Pékin : tél. (10) 456-2367
Xi'an : 269 Xishaomen : tél. (029) 426-4111, fax (029) 426-3763

China Southern Airlines
Pékin : tél. (10) 601-6899, 601-6799
Aéroport de Pékin : tél. (10) 456-4089
Canton : 181 Huanshi xilu,
tél. (020) 669-3950

China Southwestern Airlines
Pékin : tél. (10) 601-7579, 501-6828
Aéroport de Pékin : tél. (10) 456-2870
Chengdu : 15 Renmin nanlu,
tél. (028) 666-5711

China Xinjiang Airlines
Pékin : tél. (10) 602-4803
Aéroport de Pékin : tél. (10) 456-2803
Urumqi : 62 Youhao nanlu,
tél. (0991) 484-2391

Bureaux de AIR CHINA à l'étranger

Suisse
35 Nüschelerstrasse, 8001 Zurich
Tél. 01 213 60 80
Fax 01 212 07 36

France
10, boulevard Malherbes, 75008 Paris
Tél. 01 42 66 16 58
Tél. aéroport 01 48 62 72 50

Canada
Unit 15, 131 Bloor St, West Toronto,
Ontario. Tél. (416) 968 3300

COMPAGNIES AÉRIENNES ÉTRANGÈRES EN CHINE

Swiss Air Lines
608 SCITECH Tower,
Jianguomenwai dajie, Pékin 100 004
Tél. 512-3555, fax 512-7481

Air France
2716 China World Trade Center
1 Jianguomenwai dajie
Tél. 505-1818, fax 505-1435

British Airways
Bureau 210, SCITE Tower,
22 Jianguomenwai dajie
Tél. 512-2288 extn. 270,
512-4070 extn. 272

Dragonair
L107, 1er étage, China World Trade
Center, 1 Jianguomenwai dajie
Tél. 505-4343, fax 505-4347

Japan Airlines
Chang Fu Gong New Otani Hotel,
Jianguomenwai dajie.
Tél. 500-2221

Lufthansa
2e étage, SCITE Tower,
22 Jianguomenwai dajie.
Tél. 512-3535

Thai International
SCITE Tower,
22 Jianguomenwai dajie.
Tél. 512-3881

A Hong Kong

Air France
Salle 2104, Alexandra House,
7 des Vœux Rd, Central
Tél. 2524-8145 (réservations)

British Airways
30e étage, Alexandra House,
7 des Vœux Rd, Central
Tél. 2868-0303 (réservations)
Tél. 2868-0768 (informations)

Cathay Pacific
Rez-de-chaussée, Swire House,
9-25 Chater Rd, Central
11e étage, salle 1126, Ocean Centre,
Tsim Sha Tsui, Kowloon
Magasin 109, 1er étage, Royal Garden
Hotel, 69 Mody Rd,
Tsim Sha Tsui East, Kowloon
Tél. 2747 1888 (réservations)
Tél. 2747 7888 (informations)

Dragonair
Salles 601-603, 6e étage, Wheelock
House, 20 Pedder St., Central
Tél. 2590-1188

KLM
Salle 701-5, Jardine House,
1 Connaught Place, Central
Tél. 822-8111

Lufthansa
6e étage, Landmark East,
12 Ice House St, Central
Tél. 868-2313 (réservations)
Tél. 769-6560 (informations)

Thai Airways International
24e étage, United Centre,
95 Queensway, Central
Tél. 2876-6888

AMBASSADES

Ambassades chinoises à l'étranger

Suisse
10, Kalcheggweg, 3006 Berne
Tél. (031) 44 73 33, 44 73 34

France
11, avenue George V, 75008 Paris
Tél. 01 47 23 34 45

Consulat (bureau des visas)
9, avenue Victor-Cresson,
92130 Issy-les-Moulineaux
Tél. 01 47 36 77 60, 47 36 77 90

Belgique
19, boulevard Général Jacques,
1050 Bruxelles
Tél. 640 4006

Canada
515 St. Patrick Street, Ottawa,
Ontario K1N 5H3
Tél. (613) 789 3434

Ambassades étrangères à Pékin (010)

Suisse
3 Sanlitun Dongwu jie.
Tél. 5322736-8

France
3 Sanlitun Dongsan jie.
Tél. 6539 1300, fax 6539 1301

Belgique
6 Sanlitun lu.
Tél. 5321736-8

Canada
10 Sanlitun lu.
Tél. 6532 3536, fax 6532 4072

CIS (ex-URSS)
4 Dongzhimen Beizhong jie.
Tél. 6532 1267, fax 6532 4853

Consulats étrangers à Hong Kong

Suisse
Gloucester Tower (bureau 3703),
The Landmark, 11 Pedder Street,
Central. Tél. 522 7147

France
Admiralty, Tower 2, 26e étage,
Central
Tél. 2529 4316

Belgique
St. John's Building, 9e étage,
33 Garden Road, Central
Tél. 524 3111

Délégation du Québec
Bond Centre, East Tower, 19e étage,
89 Queen's Road, Central
Tél. 810 7183

LA LANGUE

Le mandarin ou *putonghua*, le dialecte de Pékin, est la langue officielle employée à travers tout le pays et enseignée dans les écoles. Mais en plus des langues parlées par les minorités ethniques, la Chine compte également une grande variété de dialectes régionaux qui ne sont pas toujours compréhensibles entre eux. Depuis quelques années on assiste à une renaissance de certains de ces dialectes, particulièrement à Canton et Shanghai. Les principaux groupes sont les dialectes Wu, parlés à Shanghai et dans le Zhejiang, les dialectes Min du Fujian et de Taiwan, et les parlers Yue (cantonais) du Guangdong et du Guangxi. Le cantonais est également parlé à Hong Kong et dans la plupart des communautés de Chinois d'outre-mer en Asie, aux Etats-Unis et en Europe.

Quel que soit le dialecte parlé, la langue chinoise écrite demeure la même à travers tout le pays. Ainsi un habitant du Sichuan en visite à Canton pourra, au besoin, communiquer par écrit même s'il ne parle pas le cantonais. Au cours du 20e siècle, le chinois écrit a subi quelques modifications importantes. La première fut l'abolition, au début du siècle, de l'utilisation de la langue classique, ou *wenyan*, et son remplacement par le *baihua*, le parler populaire. Le second changement fut l'adoption de caractères simplifiés dans les années 1950 qui devait rendre plus facile l'apprentissage de la langue écrite. Ce système simplifié n'a pas été adopté à Hong Kong, à Taiwan et dans beaucoup de communautés chinoises d'outre-mer où les anciens caractères plus complexes sont toujours employés.

Le système officiel de transcription du mandarin, adopté – en République populaire de Chine uniquement – en 1958, s'appelle le ***pinyin***. C'est cette transcription qui est adoptée pour les noms de lieux, de personnes, etc. dans ce guide et dont la prononciation est expliquée ci-dessous.

Consonnes

Les lettres b, g, k, l, p, t, se prononcent comme en français.

c	« ts »
ch	« tch »
j	« dj »
q	« tch »
r	pas le « r » roulé français, entre un « r » anglais et un « j » français
x	« ch »
z	« dz »

zh «dj»
n final toujours prononcé. Ainsi le mot «nin» se prononce «ninne»
ng final comme les finales anglaises dans les mots «parking» ou «song»

Voyelles

a comme en français dans «m**a**re»
e comme en français dans «je» ou «le»
i comme un «i» français **sauf** après c, ch, r, s, sh, z et zh ; dans ces cas, il devient un «eu» court et guttural
o comme le «eau» français dans «beau»
u «ou», sauf après «y» après lequel il se prononce «ü»
ü comme le ü allemand

Dans les diphtongues, les deux voyelles se prononcent. Ainsi, «uo» se prononce «ou-o» et «ao» se prononce «a-o».

A noter les patricularités suivantes :

«an» se prononce «anne»
mais la combinaison «ian» se prononce «ienne»
ui «ou-é»
ong «oung»
ou «ow»
yi «i»

Il est d'usage de mettre une apostrophe pour séparer deux voyelles qui pourraient être confondues avec un troisième son. On écrira Xi'an (prononcé chi-anne) pour distinguer la ville de «xian» (prononcé chienne) qui n'a qu'une syllabe.

Voici la prononciation approximative française de quelques noms courants :

Beijing	[béidjing]
Datong	[datoung]
Guilin	[gouélinne]
Hangzhou	[hangdjow]
Qing	[tching]
Wuxi	[wouchi]
Xi'an	[chianne]
Zhengzhou	[djengdjow]

Les tons

Le mandarin est une langue tonale, ce qui signifie que chaque syllabe est parlée avec un certain ton. Il existe quatre tons en mandarin moderne. Le premier, indiqué par un trait droit au-dessus de la voyelle, est un ton haut, sans modulation. Le second, un ton montant, est indiqué par un accent aigu (´). Le troisième ton, qui monte puis redescend, est indiqué par un ˇ. Le dernier ton, le ton descendant, est marqué par un accent grave (`).

Le ton employé pour chaque syllabe détermine sa signification et il est important de ne pas se tromper de ton et donc de sens. Ainsi *măi* veut dire « acheter » et *mài* « vendre ».

Formules de politesse

Bonjour	*ní hăo ma ?*
Au revoir	*zài jiàn*
Merci	*Xìexie*
Il n'y a pas de quoi	*bú yào kèqi*
Excusez-moi	*duì bu qĭ*
S'il vous plaît veuillez	*qĭng...*
Entrez s'il vous plaît	*qĭng ĵin*
Asseyez-vous	*qĭng zùo*

Phrases utiles

Je m'appelle...	*wŏ xìng...*
nom de famille	*xìng*
prénom	*míngzi*
Monsieur...	*... xiānshēng*
Madame...	*... fūrén*
Mademoiselle...	*... xiăojiĕ*

Comment vous appelez-vous ?
nín xìng shénma ?
Je suis Français / Suisse
wŏ shì Făguórén / Ruìshìrén
Parlez-vous français ?
nĭ huì shuō făwén ma ?
Je ne parle pas le chinois
wŏ bú huì shuō zhōngguóhuà
Je ne comprends pas
wŏ tīng bù dŏng

Qu'est-ce que c'est ?
Zhe shì shénma ?

Avez-vous... ?	*yŏu... ma ?*
Il n'y a pas	*meíyŏu*
oui	*shì*
non	*bù, búshì*
bien, bon	*hăo*

Il n'y a pas à strictement parler de mots pour oui et non ; *shì* correspond au verbe être, et *bù* placé avant le verbe le met au négatif.
Dans une conversation, le verbe est simplement répété dans la réponse pour montrer une affirmation. En cas de doute, employez *shì* pour dire oui.

Où est / sont... ?	*... zài năr ?*
Où sont les toilettes ?	*Cèsuŏ zài năr ?*
Je voudrais acheter...	*wŏ yào/xiăng măi...*

Le temps et l'heure

Aujourd'hui	*jīntiān*
demain	*míngtiān*
hier	*zuótiān*
matin	*zăoshàng*
midi	*zhōngwŭ*

après-midi *xiàwǔ*
soir / nuit *wǎnshàng*
semaine *xīngqī*
mois *yuè*
année *nián*
heure (précise) *diǎn*
heure (durée) *zhōngtóu*
date *rìqī*

Les jours de la semaine

lundi *xīngqī yī*
mardi *xīngqī èr*
mercredi *xīngqī sān*
jeudi *xīngqī sì*
vendredi *xīngqī wǔ*
samedi *xīngqī liù*
dimanche *lǐbài tiān, xīngqī tiān*

En ville

banque *yínháng*
Je voudrais changer
de l'argent *wǒ yào huàn qián*
poste *yóujú*
police *gōng'ānjú*
musée *bówùguǎn*
parc *gōngyuán*
cinéma *diànyǐngyuàn*
librairie *shūdiàn*
magasin *shāngdiàn*
pont *qiáo*
rue *lù, jiē*
avenue *dàlù*
temple *miào* (confucéen)
sì (bouddhiste)
ambassade *dàshǐguǎn*
centre *zhōngxīn*
rivière, fleuve *jiāng, hé*

Les déplacements

voiture *qìchē*
bus *gōnggòng qìchē*
station de bus *qìchē zhàn*
train *huǒchē*
gare *huǒchē zhàn*
compartiment
couchette (molle) *ruànwò*
assis (dur) *yìngzuò*
avion *fēijī*
aéroport *fēijīchǎng*
taxi *chūzū qìchē*
bateau *chuán*
bicyclette *zìxíngchē*
billet *piào*
de train *huǒchē piào*
d'avion *fēijī piào*
Je voudrais aller à ... *wǒ yào qù ...*
Je voudrais un
billet de train pour Pékin
wǒ xiǎng mǎi yī zhāng hǔochē piào dào Běijīng

Directions

droite *yòubiān*
gauche *zuǒbiān*
là *zài nàr*
ici *zài zhèr*
où ? *zài nǎr ?*
où se trouve
la gare ? *chēzhàn zài nǎr ?*
devant *qiánmian*
derrière *hòumian*
nord *běi*
sud *nàn*
est *dōng*
ouest *xī*
loin *yuǎn*
près *bù yuǎn, jìn*

L'hébergement

hôtel	*bīnguǎn, lǚguǎn*
auberge	*zhāodàisuǒ*
chambre	*fángjiān*
dortoir	*sùshè*
étage	*lóu*
A quel étage ?	*jī lóu ?*
salle à manger	*cāntīng, fàntīng*
toilettes homme	*nán cèsuǒ*
toilettes femme	*nü cèsuǒ*
bagages	*xínglǐ*
lit	*chuáng*
couverture	*bèizi*
drap	*bèidān*
serviette	*máojin*
savon	*féizào*
propre	*qīng*
sale	*bù qīng, āngzāng*

Les achats

marché	*shì*
argent	*qián*
ouvert	*kāi mén*
fermé	*guān mén*
argent	*qián*
combien cela coûte-t-il ?	*yào dūoshǎo qián ?*
cher	*gùi*
c'est trop cher	*tài guì*
bon marché	*bú guì*
grand	*dà*
petit	*xiǎo*
trop petit	*tài xiǎo*
beau	*piǎoliàng, hǎokàn*
très	*hěn*

Les repas

manger	*chī, chīfàn*
restaurant	*fàndiān*
maison de thé	*cháguǎn*
petit déjeuner	*zǎofàn*
repas de midi	*wǔfàn*
repas du soir	*wǎnfàn*
cuisine chinoise	*zhōngcān*
cuisine occidentale	*xīcān*
chaud	*rè*
froid	*liáng*
baguettes	*kuàizi*
couteau	*dāozi*
fourchette	*chāzi*
cuillère	*sháozi*
bol	*wǎn*
un bol de riz	*yi wǎn fàn*
boire	*hē*
je voudrais boire...	*wǒ hē...*
du thé	*... chá*
du café	*... kāfēi*
de l'eau (bouillie)	*... kāishuǐ*
des boissons gazeuses	*... qìshuǐ*
de la bière	*... píjiǔ*
du vin (alcool)	*... jiǔ*
une bouteille de bière	*yīpíng píjiǔ*
une tasse de thé, s'il vous plaît	*qīng lái yībēi chá*
riz	*mǐfàn*
nouilles	*miàntiáo*
soupe	*tāng*
viande de mouton	*yángròu*
viande de porc	*zhūròu*
viande de bœuf	*niúròu*
poulet	*jī*
canard	*yā*
canard laqué	*kǎoyā*
poisson	*yú*
raviolis chinois	*jiǎozi*

pain à la vapeur	*bāozi*
tofu	*dòufŭ*
fruits	*shuĭguŏ*
sel	*yán*
sauce de soya	*jiàngyóu*
piment	*làjiào*
Je ne mange pas de piment	*wŏ bù chī làde*

La santé

médecin	*dàifū, yīshēng*
je suis malade	*wŏ shēng bìng*
hôpital	*yīyuàn*
dentiste	*yáyī*
pharmacie	*yàodiàn*
médicaments	
occidentaux	*xī yào*
chinois	*zhōng yào*
rhume	*gănmào*
fièvre	*fāshāo*
diarrhée	*là dùzi*
acupuncture	*zhēnjiu liáofă*

L'administration

passeport	*hùzhào*
visa	*qiānzhèng*
nationalité	*gúojí*
adresse	*dìzhĭ*
J'ai perdu...	*wŏ diūle ...*
... mon sac	*... wŏde bāo*
... mon argent	*... wŏde qián*

Pouvez-vous m'aider ?
Qiňg nĭ bāng wŏde máng

Les chiffres

zéro	*líng*
un	*yī*
deux	*èr, liăng*
trois	*sān*
quatre	*sì*
cinq	*wŭ*
six	*liù*
sept	*qī*
huit	*bā*
neuf	*jiŭ*
dix	*shí*
onze	*shíyī*
vingt	*èr shí*
cinquante-quatre	*wŭ shí sì*
cent	*băi*
deux cents	*liăng băi*
mille	*qiān*
dix mille	*wàn*

SUGGESTIONS DE LECTURE

Il existe de très nombreux livres en français sur la culture, la géographie et l'histoire de la Chine. Les titres ci-dessous n'en sont qu'une sélection destinée à guider le lecteur dans son choix.

CHINE

Littérature classique

Anthologie de la poésie chinoise classique, éd. P. Demiéville, Gallimard, 1982

Fleur en fiole d'or (*Jin ping mei*), La Pléiade, Gallimard, 1985

Xi You Ji, la périgrination vers l'Ouest, La Pléiade, Gallimard, 1991

Wang Wei, le plein du vide, éd. bilingue, Moundarren, 1985

Cao Xueqin, *Le rêve dans le pavillon rouge* (*Hong lou meng*), 2 vols., La Pléiade, Gallimard, 1985

Cheng, François, *Entre source et nuage, la poésie chinoise réinventée*, Albin Michel, 1990

Li Bai, *Sur notre terre exilée*, éd. bilingue, La Différence, 1990

Luo Guanzhong, *Les trois royaumes* (*Sanguo bianyi*), 7 vols., Flammarion, 1987-1991

Pimpaneau, Jacques, *Histoire de la littérature chinoise*, Picquier, 1989

Pou Songling, *Contes étranges du cabinet Leao*, Picquier, 1992

Shen Fu, *Six récits au fil inconsistant des jours*, Bourgois, 1982

Shi Nai'an et Luo Guanzhong, *Au bord de l'eau* (*Shuihu zhuan*), 2 vols., La Pléiade, Gallimard, 1979

Tao Yuan-Ming, œuvres complètes, trad. P. Jacob, Gallimard, 1990

Wou Tch'eng-en, *Le singe pèlerin ou le pèlerinage d'Occident*, Payot, 1992

Wu Jingzi, *Chronique indiscrète des mandarins* (*La forêt des lettrés*), Connaissance de l'Orient, 1986

Littérature moderne et contemporaine

Ba Jin, *Famille*, Livre de poche, 1989

Lao She, *Le pousse-pousse*, Picquier, 1990
Gens de Pékin, Gallimard, 1982

Lin Yutang, *L'impératrice de Chine*, Picquier, 1990. Vie romancée de l'impératrice Wu Zetian des Tang.

Lu Wenfu, *Vie et passion d'un gastronome chinois*, Picquier, 1988

Lu Xun, *Histoire d'A Q, véridique biographie*, Livre de Poche, 1989
Contes anciens à notre manière, Gallimard, 1988
Le journal d'un fou, Stock, 1981

Ma Jian, *La mendiante de Shigatze*, Actes Sud, 1988

Mo Yan, *Le clan du sorgho*, Actes Sud, 1990

Qian Zhongshu, *La forteresse assiégée*, Bourgois, 1987

Ya Ding, *Le sorgho rouge*, Livre de poche, 1989
Les héritiers des sept royaumes, Stock, 1988

Zhang Jie, *Ailes de plomb*, Maren Sell, 1986
Galère, Maren Sell, 1989

Zhang Xinxin, *Une folie d'orchidées*, Actes Sud, 1988
Au long du Grand Canal, Actes Sud, 1992

Histoire et culture

Behr, E., *Pu Yi, le dernier empereur*, Laffont, 1987

Blanchon, F., *Histoire de Chine, de la royauté à l'empire*, Presses de l'Université, Paris-Sorbonne, 1990

Chesneaux, J., *Sun Yat-sen*, Complexe, 1982

Dan Shi, *Mémoires d'un eunuque dans la Cité interdite*, Picquier, 1991

Elisseeff, D. & V., *La civilisation de la Chine classique*, Les grandes civilisations, Arthaud, 1987

Fairbank, John, *La grande révolution chinoise (1800-1989)*, Flammarion, 1989

Gernet, Jacques *La vie quotidienne en Chine à la veille de l'invasion mongole, 1250-1276*, Hachette, 1978
Le monde chinois, Armand Colin, 1990. Introduction à l'histoire et la civilisation chinoises

Guillermaz, Jacques, *Histoire du parti communiste chinois*, 2 vols., Petite bibliothèque Payot, 1975
Le parti communiste au pouvoir, 2 vols., Petite bibliothèque Payot, 1979

Leys, Simon, *Les habits neufs du président Mao*, Livre de poche, 1989
La réalité de la Révolution culturelle
La forêt en feu, essais sur la culture et la politique chinoises, Hermann, 1983
L'humeur, l'honneur, l'horreur, Laffont, 1991

Quan Yanchi, *Mao intime*, éd. du Rocher, 1991

Spence, Jonathan *Le palais de mémoire de Matteo Ricci*, Payot, 1986. La vie du prêtre jésuite Ricci en Chine

Wu Han, *Le tyran de Nankin*, Picquier, 1991. Biographie du premier empereur des Ming.

Philosophie et religion

Entretiens de Confucius, trad. de Pierre Ryckmans, Gallimard/Unesco, 1989

Les philosophes taoïstes, Lao-tseu, Lie-tseu, Zhuang-tseu, La Pléiade, Gallimard, 1980

Le traité de Bodhidharma, Le Mail, 1986. Le plus ancien texte du bouddhisme chan (zen)

Granet, Marcel, *La religion des Chinois*, Imago, 1989

Ikeda, Daisaku, *Le bouddhisme en Chine*, éd. du Rocher, 1986

Kaltenmark, Max, *La philosophie chinoise*, Que sais-je ?, PUF, 1987

Lao Tseu, *Tao-Tö King*, Gallimard, 1990

Lie-Tseu, *Le vrai classique du vide parfait*, Gallimard/Unesco, 1989. L'un des plus importants textes du taoïsme

Robinet, I., *Histoire du taoïsme*, Cerf, 1991

Schipper, Kristofer, *Le corps taoïste*, Fayard, 1982

Shang Yang, *Le livre du prince Shang*, Flammarion, 1981

Sun Tzu, *L'art de la guerre*, Flammarion, 1972

Zhuangzi, *Les chapitres intérieurs*, Cerf, 1990

Art

Miroir des arts de la Chine, le Musée de Shanghai, Office du Livre, 1984

Billeter, François, *L'art chinois de l'écriture*, Skira, 1989

Jacob, L., *Arts de la Chine ancienne*, L'Albaron, 1991

Cheng, François, *Vide et plein, le langage pictural chinois*, Le Seuil, 1991

Zhang Anzhi, *L'esprit et le pinceau – Histoire de la peinture chinoise*, Editions en langues étrangères, Pékin, 1992

Récits de voyage

Boothroyd, N. & Détrie, M., *Le voyage en Chine, anthologie des voyageurs occidentaux du Moyen Age à la chute de l'Empire chinois*, Bouquins, Laffont, 1992

de Bourboulon, C., *L'Asie cavalière, de Shanghaï à Moscou (1860-1862)*, Phébus, 1991

Guillain, Robert, *Orient extrême, une vie en Asie*, Seuil, 1989

Loti, Pierre, *Les derniers jours de Pékin*, Julliard, 1991

Salzman, Mark, *Le fer et la soie*, Gallimard, 1989

Ségalen, Victor, *Imaginaires*, Rougerie, 1981
Peintures, Gallimard, 1983
Stèles, La Différence, 1989

ROUTE DE LA SOIE

Bonavia, Judy, *Route de la Soie, de Xi'an à Kashgar*, Guide Olizane, 2002

Boulnois, Luce, *La route de la soie – Dieux, Guerriers, Marchands,* Olizane, 2001. L'histoire des échanges commerciaux et culturels entre l'Orient et l'Occident

Cagnat, R. & Jan, M., *Le milieu des empires*, Laffont, 1990

Fleming, Peter, *Courrier de Tartarie*, Phébus, 1989. Traversée de l'Asie centrale en 1935, en compagnie de Ella Maillart

Grousset, René, *L'empire des steppes*, Payot, 1985. L'histoire des conquérants d'Asie centrale

Hopkirk, Peter, *Bouddhas et rôdeurs sur la route de la soie*, Arthaud, 1989

Jan, Michel, *Le voyage en Asie centrale et au Tibet, anthologie des voyageurs occidentaux du Moyen Age à la première moitié du XXe siècle*, Laffont, 1992

Maillart, Ella, *Des monts célestes aux sables rouges*, Payot, 1986

Whittel, Gilles, *Asie centrale,* Guide Olizane, 1998

TIBET

Chan, Victor, *Tibet, le guide du pèlerin,* Olizane, 1998

Donnet, P.-A., *Tibet mort ou vif*, Gallimard, 1990

Ford, Robert, *Tibet rouge, Capturé par l'armée chinoise au Kham,* Olizane, 1999

Harrer, Heinrich, *Sept ans d'aventures au Tibet*, Arthaud, 1988

Levenson, Claude B., *L'an prochain à Lhassa,* Balland, 1993

– , *Kailash, Joyau des Neiges,* Olizane, 1995

Richardson, Hugh, *Mémoires de Tashi Kedrup, moine aventurier tibétain*, Picquier, 1997

INDEX